정신분석 세미나 XX

정신분석치료의 임상구조

정신분석 세미나 XX

정신분석치료의 임상구조

1. 신경증

임 진 수

감사의 말

10년간의 수요 정신분석 세미나를 마감하고 ≪정신분석 세미나 총서≫를 총 정리하는 주제로서 <정신분석치료의 임상구조>를 택했다. <정신분석치료의 임상구조>라는 명칭은 자못 생소하다. <분석>과 <치료>라는 용어는 서로 어색해하는 것 같고, <임상>과 <구조>라는 용어는 서로 어울리지 않는 것 같다. 왜냐하면 라캉의 말대로, 분석이 끝나더라도 치료가 끝나지 않을 수 있고, 치료가 끝나더라도 분석이 끝나지 않을 수 있기 때문이다. 또한 <임상>은 환자와의 치료 현장을 지시하고 있는 용어인 데 반해, <구조>는 증상을 떠받치는 추상적 체계 — 또는 구성요소들의 관계 — 를 가리키는 용어이다. 그러나 라캉이 <임상구조>라는 표현을 만든 것은, 아마 임상에서 마주치는 수많은 증상들을 떠받치는 구조가 있다는 사실을 강조하기 위함일 것이다. 필자가 정신분석을 치료와 연결시키고, 그것을 다시 임상구조와 연결시킨 것은, 이 연구가 정신분석에 의한 정신치료 — 즉 임상 — 시에 발견되는 정신질환의 구조에 관한 연구라는 사실을 보여주기 위함이다.

모쪼록 이 연구서에서 지금까지 보아 오던 미국 정신의학회에서 집대성한 『DSM-IV』의 방법 — 즉 정신장애의 증상과 관련된 경험적 증거 자료의 수집과 통계학적인 분석에 기초한 분류와 진단 — 과 다른, 정신분석 차원의 단순 명쾌한 정신질환의 분류와, 그 분류에 따른 각 질병 단위의 구조를, 맑은 물 들여다보듯 볼 수 있기를 희망한다. 그리하여 정신분석 치료에 많은 도움이 된다면 그보다 더한 기쁨은 없을 것이다.

이 책을 내는 데 도움을 준 많은 분들이 있다. 그분들의 이름을 여기서 일일이 열거하면서 감사의 말을 전해야 마음의 짐을 내려놓을 수 있겠지만, 지면상 그들을 불러주지 못하는 것을 양해해주기 바란다. 그들은 항상 필자 곁에 있으면서 필자를 응원해준 이동민 선생님을 비롯한 <프로이트 라캉 정신분석 학교>의 동학들이다. 그들에게 이 자리를 빌려 심심한 감사의 말을 전한다. 끝으로 이 책이 출간될 수 있도록 기회를 제공해준 유제구 파워북 사장에게도 고맙다는 인사를 전한다.

2014년 6월 10일

대구에서

임진수

차례

I

구조란 무엇인가?*

구조란 무엇인가?
임상 구조와 프로이트의 구조
심리장치 : 무의식 체계와 전의식 체계
욕동의 심리적 대표-표상과 기호형식
다른 무대와 대문자 타자
기록과 번역

10년간의 수요 정신분석 세미나를 마감하면서 『정신분석 세미나 총서』를 총정리하는 주제로서 <정신분석치료의 임상구조>를 택했다. <정신분석치료의 임상구조>라는 명칭은 자못 생소하다. <분석>과 <치료>라는 말의 결합도 그렇고, <임상구조>라는 용어는 처음 듣는 표현 같다. <임상구조>는 라캉의 structure clinique의 번역어이다. <clinique(임상)>이라는 말은 '침대에 누워 있는 환자에 관한' 또는 '환자의 직접 관찰에 의해 얻어진 사실들'을 뜻하기 때문에, 구조라는 말보다 치료라는 말에 더 어울린다.

* 본 연구는 2012년도 계명대학교 비사연구기금으로 이루어졌음.

반면에 구조는 오히려 분석이라는 개념과 친연성이 있는 것처럼 보인다. 따라서 <정신분석치료의 임상구조>보다 <정신분석구조의 임상치료>가 논리적으로는 더 타당하게 보일지 모른다. 그럼에도 라캉이 <임상구조>라는 표현을 만든 것은, 아마 임상에서 마주치는 수많은 증상들을 떠받치고 있는 구조가 있다는 사실을 강조하기 위함일 것이다. 내가 분석과 치료를 연결시킨 것도 그와 무관하지 않다. 사실 라캉의 말대로("분석이 끝나더라도 치료가 끝나지 않을 수 있고, 치료가 끝나더라도 분석이 계속 될 수 있다"), 분석과 치료는 일치하지 않는다. 전자가 무의식적인 심리 현실의 인식을 목표로 하고 있다면, 후자는 증상의 소멸을 목표로 하고 있기 때문이다.

라캉의 <임상구조>라는 용어가 도출될 수 있는 배경은 이미 프로이트에게 있었다. 프로이트는 정신분석이 정식으로 출범한 1896년 이전부터, 다시 말해 정신과 의사로서 삶을 시작할 때부터, 정신질환의 분류에 대단히 관심을 많이 가지고 있었다. 그러나 그의 분류법은 프로이트 이후에 미국 정신의학회에서 집대성한 『DSM-IV』의 방법 — 즉 정신장애의 증상과 관련된 경험적 증거 자료의 수집과 통계학적인 분석에 기초한 분류와 진단[1] — 과 다르게, 어떤 정신질환이 독립된 단위로 분류되기 위해서는 그것에 고유한 원인과 기제가 있어야 한다는 원칙을 따른다. 그 결과 『DSM-IV』에서는 800~900가지나 되는 정신장애[2]가 나열 기술되지만, 정신분석에서는 구조적인 차원의 분류이기 때문에 굉장히 단순하고 명쾌하다.(엄격히 말해 정신분

1 『DSM』의 원래 명칭 — *Diagnostic and Statistical Manuel of Mental Disorders*(정신장애의 진단 및 통계 편람) — 자체가 이미, 그것이 통계에 근거한 진단법이라는 사실을 명증하게 드러내고 있다. 『DSM-IV』는 1952년 『DSM-I』이 출간된 이래, 수많은 수정보완작업을 거쳐 1994년 5월 발간되었다.(『DSM-IV』의 개정판인 『DSM-5』(앞으로 아라비아 숫자를 쓰기로 했다고 한다)가 2013년 5월에 정식 출간되었다고 한다.)

2 프로이트는 <정신질환(maladies mentales)>이라는 용어를 사용했지만, 미국 정신의학회에서는 그것을 <정신장애(mental disorders)>라고 고쳐 사용한다.

석에 따르면 정신질환은 신경증과 정신증으로 대별된다. 여기에 도착증을 하나 더 첨부해도 세 가지로 나뉜다.) 게다가 정신분석에서는 주체에게 특별한 증상이 나타나지 않더라도 구조상으로 어떤 신경증에 고유한 기제가 엿보이면 이미 신경증이라고 진단한다.[3] 그래서 라캉은 스스로 <임상구조>라는 말을 만들어놓고서도, 정작 자신은 <프로이트의 구조(structure freudienne)>라는 말을 더 선호한다. 그것은 그가 끝까지 프로이트주의자로 남으려고 했다는 프로이트에 대한 그의 이론적 충심을 드러내는 것이기도 하지만,[4] <임상구

---

3 프로이트가 증상이 나타나지 않는 상태에서 구조만으로 강박증으로 진단하는 가장 좋은 예는 『쥐인간』이다: <"나는 6살 때 이미 발기 때문에 고생했어요. 한 번은 어머니에게 불평을 하기도 했어요. 어머니에게 그 사실을 말한 것은 불안을 떨치고 싶었기 때문이었어요. 왜냐하면 발기와 나의 상상과 호기심은 서로 관계가 있다고 느꼈기 때문이에요. 나는 그때부터 내가 생각하는 것을 부모들이 알고 있다고 생각했어요. 나는 내 생각을 말하지도 않고 말했다고 상상했어요. 저는 이것이 내 병의 시작이라고 봐요. 아주 내 마음에 드는 사람들(즉 하녀들)이 있는데, 그들의 벌거벗은 모습을 강렬하게 보고 싶었어요. 그러나 그러한 욕망을 느끼면, 동시에 섬뜩한 감정 — 즉 내가 그렇게 생각하면 마치 무슨 일이 벌어질 것 같아, 그 일이 일어나지 않도록 무슨 수라고 써야 할 것 같은 섬뜩한 감정 — 도 가지게 되었어요."
그것이 무어냐고 묻자, 그는 <아버지가 죽을지도 모른다.>는 두려움이라고 대답했다.
"그 어린 나이부터 오랫동안 나의 아버지의 죽음과 관계된 상념이 나를 사로잡고 있었고 나를 아주 우울하게 만들었어요."
그 때 나는 실제 강박관념의 대상인 그의 아버지가 수 년 전에 죽었다는 사실을 알고 놀랐다. 첫 분석에서 나의 환자가 기술한 여서 일곱 살 때의 있었던 **그 현상은, 그가 생각하는 대로, 병의 시작이 아니라, 병 자체였다. 그것은 모든 구성 요소를 갖춘 완벽한 강박증, 후에 나타날 병의 핵심이자 원형 — 이를테면 기본 조직 — 이기 때문에, 그것만 연구해도 강박증의 복잡한 구조를 파악할 수 있을 것 같았다.** 이미 본 바와 같이 그 아이는 관음증이라는 성 욕동의 지배를 받고 있었다. 그래서 그는 그가 관심을 가지고 있는 여성들의 벌거벗은 모습을 보고 싶어 하는 강렬한 욕망을 느끼곤 했다. 이런 욕망이 그 후 강박관념으로 발전된 것이다. 그 당시 그러한 욕망이 아직 강박증적인 성격을 띠지 않은 것은 그의 어린 자아가 그러한 욕망을 구태여 거부하지도, 이상하다고 느끼지도 않았기 때문이다. 그럼에도 그 욕망이 나타날 때마다 불편한 감정이 함께 나타난 것으로 보아 어디선가 그 욕망에 반대하는 힘이 작용하고 있음을 알 수 있다.>(프로이트, 『쥐인간』, 열린책들, pp.17~9. 앞으로의 모든 인용문은 번역본을 참조하여 필자가 수정 보완한 것이고, 별도의 말이 없는 한, 굵은 글씨로 강조된 것은 필자에 의한 것이다.)

4 라캉이 프로이트주의자임을 선포한 <프로이트로 돌아가자>라는 기치와, 라캉이 말년에 제자들에게 유언처럼 했다는 말 — "여러분들이 원한다면 라캉주의자가 되는 것은 여러분

조>의 기원은 바로 <프로이트의 구조>라는 사실을 함축하고 있다.

그러나 정작 프로이트는 <구조>라는 말을 별로 사용하지 않았다.[5] 묘하게도 그것은 구조주의의 창시자라고 알려져 있는 소쉬르에게서도 마찬가지이다. 그들은 정신분석학과 구조주의 언어학의 창시자임에도 불구하고, 그들의 저작에서 구조라는 용어를 찾아보기는 힘들다. 그들은 서로의 존재를 알지 못했음에도 불구하고, 약속이라도 한 듯, 똑같이 <체계(système)>라는 용어를 사용한다. 그러나 다 알다시피, 체계와 구조는 거의 동의어로, 체계는 구조라는 용어가 유행하기 전에 사용하던 전통적인 철학 용어이다. 따라서 라캉의 표현대로, <프로이트의 구조>라는 말이 성립하는지를 알기 위해서는, 우선 구조라는 용어를 정의하고, 그 정의의 관점에서 프로이트의 이론 체계가 과연 구조적(또는 구조주의적)이었는가를 살펴보아야 한다.

1.

구조는 레비스트로스의 간단명료한 정의대로, '비어 있는 장소(loci) 간의 고정된 관계'이다. 가령 'Pierre loves Helen(피에르는 헬렌을 사랑한다)'이라는 문장은 <주어+동사+목적어>라는 결합 순서에 따라 배열됨으로 해서, 의미작용이 발생한다. 다시 말해 'Pierre'가 주어일 수 있는 것은 영어의 통사론적 결합 순서가 전제된 가운데 주어의 자리에 놓였기 때문이다. 그러

에게 달려 있다. 그러나 나는 프로이트주의자다."(「카라카스의 세미나」, 1980) — 은, 그가 얼마나 프로이트를 이론적으로 추앙했는지를 보여준다.

5 프로이트가 '구조'라는 용어를 사용한 몇 안 되는 예 중의 하나가 이 논문의 각주 3)에 제시되어 있는 『쥐인간』의 사례이다. 거기서 그는 <강박증의 복잡한 구조>라는 표현을 사용하고 있다.(프로이트, 『쥐인간』, 열린책들, p.18)

한 사실은 Pierre와 Helen의 자리를 뒤바꾸어, Pierre를 목적어의 자리로 보내고 Helen을 목적어의 자리에서 주어의 자리로 옮기면, 뜻이 달라진다는 사실로써 알 수 있다. 즉 'Helen loves Pierre(헬렌은 피에르를 사랑한다.)'라는 문장에서는 사랑의 주체가 피에르에서 헬렌으로 바뀌고 있다. 이러한 사실로써 알 수 있는 것은, 주어의 기능이 Pierre나 Helen이라는 단어(또는 요소)에 내재되어 있는 것이 아니라, 주어의 자리가 그 단어들에 주어 기능을 부여한다는 사실이다. 따라서 요소들은 어떤 본질적인 혹은 본래의 속성에 의해 상호작용하는 것이 아니라, 구조 안에서 차지하는 위치를 기반으로 상호작용한다. 그 결과 어떤 구조의 특정 위치에 놓이는 요소가 무엇이든지 간에 위치들 자체의 관계는 동일하게 남는다. 레비스트로스는 오이디푸스 가문의 신화가 <신화소의 공시적 체계> — 네 항 간의 고정된 관계 — 위에, 통시적으로 서로 다른 요소가 배열되면서 줄거리가 진행된다는 사실을 밝혀낸다.[6]

그렇다면 구조와 현상은 어떤 관계에 있을까? 앞에서 예로 든, 통사론적 문법과 실제 문장 사이에는 어떤 관계가 있을까? 흔히들 구조와 현상을 표층과 심층의 관계로 이해한다. 그러나 구조가 현상을 떠받치고 있기는 하지만, 구조가 표층적인 현상과 떨어져 심층에 숨어 있는 것이 아니다. 언어학적으로 개별 언어의 발화자 전체에 공통적인 문법 체계를 랑그(langue)라고 부르고, 반면에 그 랑그의 개인적인 사용과 변이에 속하는 것을 파롤(parole)이라고 부른다. 앞에서 예로 든 통사론적 문법은 랑그이고, 실제 문장의 실현은 파롤이다. 따라서 파롤은 반드시 랑그를 준수해야 한다. 왜냐하면 랑그를 준수하지 않으면 이미 파롤로 성립하지 않기 때문이다. 시쳇말

6 질베르 뒤랑, 『상징적 상상력』(진형준 역), 문학과 지성사, pp.66~69.

로 말이 안 되는 것이다. 문법적으로 말하면 그것은 비문이고 횡설수설이다. 따라서 파롤은 랑그에 종속되어 있고, 반대로 랑그는 파롤을 지배한다. 그리고 랑그는 파롤에 우선한다. 왜냐하면 한국어의 랑그는 한국인이 한국에 태어나서 말하는 주체로서 한국어를 사용하기 이전에 이미 있기 때문이다. 그러나 랑그는 파롤을 통하지 않고서는 그 존재가 드러나지 않는다. 파롤에 의해 랑그가 실행되기까지 랑그라는 것은 없는 것이다. 랑그는 파롤과 함께 드러나고, 파롤과 함께 있고, 파롤에 의해 존재한다. 그러나 파롤은 그렇게 파롤에 의해, 파롤과 동시에 존재하게 되는 랑그에 맞춰 실행되어야 한다. 위상학적으로 말하면, 랑그는 파롤과 함께(동시에) 동일한 표면에 존재하면서, 파롤을 움직이는 가상적인 틀— 빈 장소들끼리의 고정된 관계로 이루어진 틀— 이다.

구조와 현상, 정신분석적으로 말하면 (임상)구조와 (임상)증상 사이의 관계도 랑그와 파롤의 관계와 다르지 않다. 한 마디로, 구조는 현상(또는 증상)을 통해 그 존재가 알려지지만, 현상은 구조의 지배를 받는다. 구조에 따라 움직인다는 말이다. 그러한 각도에서 구조와 현상의 관계도 심층과 표층의 관계로 환원할 수 없다. 보통 정신분석적으로 현상적이고 의식적인 증상은 무의식의 형성물로 알려져 있다. 그러한 명제를 단순히 구조와 현상에 대입하면, 무의식은 증상을 낳는 구조에 해당한다. 그런데 정신분석 개론서에 따르면, 무의식과 의식의 관계를 빙산에 일각에 비유한다. 말하자면 의식은 물 위에 드러난 빙산의 일각이고, 무의식은 물 아래 숨어 있는 거대한 빙산의 몸체라는 것이다. 그 비유는 의식과 무의식을, 내용의 차원에서 각각 표층과 심층, 조그만 일각과 거대한 몸체에 대응시키고 있지만, 사실 앞으로 밝히겠지만, 의식과 무의식은 내용의 차원에서 정의되는 것이 아니라, 심리 체계를 구성하는 서로 다른 장소일 뿐 아니라, 그것들은 동일한 종이의 앞뒷면을 구성하는 것이 아니라, 연속된 단 하나의 표면 위에서 연결되어

있다. 마치 뫼비우스의 띠처럼 말이다.[7]

"그렇기 때문에 정신분석이 과연 <심층 심리학>을 구성하는지를 다시 물어야 한다. 그러나 그러한 표상은 단호히 거부되어야 한다. 무의식은 우리의 가장 깊은 곳에 숨겨진 존재가 아니다. 우리가 일상적으로 거기에 접근하지 못하는 것은, 우리가 그것이 있는 곳(실언, 실수, 말의 이중적 의미)에서 그것을 알지 못하기(아니 차라리 그것을 듣지 못하기) 때문이다. 라캉에 따르면, 「도둑맞은 편지」가 그것을 잘 예시해주고 있다. 에드가 포의 그 소설에서 경찰은 아주 중요한 편지를 집의 가장 은밀한 장소까지(수심 측정기와 천공기의 원조를 받아) 찾아보지만 되찾지 못한다. 그렇지만 그것은 가치 없는 대상의 외양을 띠고 단순히 편지함에 꽂혀 있었다.

다 알다시피, 그러한 무의식의 새로운 표상은 그로부터, 공간의 새로운 표상을 끌어들인다. 라캉은 그러한 관념을 제공하기 위하여, 일면으로 된 표면 — 다시 말해 단 하나의 면만을 가진 표면 — 의 위상수학을 참조한다. 현재 잘 알려진 가장 단순한 것은 뫼비우스의 띠이다. 우리는 종이 띠를 잡고 그것의 양 끝을 잡고 반쯤 비틀어서 붙이면 그것을 만들 수 있다.

그러한 뫼비우스의 띠는 특히 의식과 무의식의 관계를 생각하게 한다. 사실 <지역적으로> 두 면이 있다는 인상을 받을지라도, 두 점을 하나는 표면에 다른 하나는 이면에 찍는다면, 띠 전체는 연속적으로 단 하나의 면을 갖게 된다. 개미 — 또는 인간의 손가락 — 는 가장자리[경계]를 만나지 않고 전 도정을 완수할 수 있다. 즉 두 바퀴를 돈 뒤, 두 번째 점을 거쳐 거기에 도달할 수 있다. 우리는 어떻게 그것이 무의식의 문제를 공식화하는

7 그러한 측면에서 무의식을 잠재적(virtuel)이라고 말하는 것도 틀린 표현이다. 왜냐하면 <잠재적>이라는 말은 '현상 밑에서 현상 속으로 드러날 가능성이 있는'이라는 뜻을 함축하고 있기 때문이다.

지를 보고 있다. 무의식은 다른 장소— 그 장소의 이면인 의식적 담화와는 다른— 에 써진 기록으로 생각될 수 있다. 그러나 실제로는 단 하나의 면만 있다. 무의식은 의식적 담화의 전 지점에 간섭할 수 있다."[8]

2.

프로이트가 구조주의적인 면모를 가지고 있다는 사실은, 그의 심리장치(appareil psychique)라는 개념에 잘 나타나 있다. 프로이트는 『꿈의 해석』(1900)에서 심리장치를 광학 장치와 비교하면서 정의하고 있다. "나는 복잡한 심리 기능을 세분하고 그 장치를 구성하는 각 부분에 특수한 기능을 부여함으로써, 그것을 이해시키려고 한다."[9] 여기서 말하는 심리장치를 구성하는 각 부분은 물론 일차적으로 프로이트가 인류 역사상 최초로 발견한 무의식과 전의식 체계를 말하며, 그것에 부여된 기능은 그 체계들의 관계가 전제되는 가운데 각 체계가 떠맡는 역할이나 작용을 말한다. 예컨대 <주어+동사+목적어>로 구성되는 문장에서 주어의 기능은 각 문장 성분의 결합 순서가 전제될 때, 동사 앞의 주어 장소에 위치하는 문장 요소에 부여되는 것과 같다. 이처럼 간단한 프로이트의 비유가 보여주는 것은, 심리장치가 허구적 모델의 가치를 갖고 있다는 것이다. 그것은 심리장치를 구성하는 서로 다른 체계의 공존이, 뇌의 위치 결정 이론이 제공하는 해부학적 의미로 이해되어서는 안 된다는 것을 의미한다. 말하자면 그것의 내포적 의미는, 심리는 다양한 체계의 위치와 그것을 결정하는 순서에 따라 움직인다는

8 Chemama et al., <Möbius (bande de)> in *Dictionnaire de la psychanalyse*, Larousse, 2003.
9 프로이트, 『꿈의 해석』(김인순 역), 열린책들, p.623.

것이다. 이렇게 볼 때, 프로이트의 심리장치는 무의식과 전의식으로 구성되는 장소들의 관계이고, 따라서 그것은 구조주의적인 발상이라고 할 수 있다.

그렇다고 그것들이 구조의 정의에서 엄격히 전제되어 있는 비어 있는 장소는 아니다. <지형학적인(topique)>[10] 의미에서 무의식은 억압 활동에 의해 전의식-의식 체계의 접근이 거부당한 억압된 내용으로 구성되어 있다. 여기서 주목해야 할 사실은, 첫째, 무의식과 전의식의 관계가 단순한 배열을 넘어서는 역학적 관계라는 사실이다. 우선 그것들은 서로 대립하면서 갈등하고 있는데, 전자는 후자 쪽으로 이동 접근하려고 하고(이것을 의식화라고 한다), 후자는 그 접근을 막으면서 전자를 의식 밖으로 밀어내려고 한다(이것을 프로이트는 저항이라고 한다). 이러한 대립의 기원에는 욕동과 결부된 표상 — 관념, 이미지, 기억 등 — 을 주체가 무의식 속으로 밀어내어 거기에 머물게 하려는 억압 작용이 있다. 따라서 무의식의 내용은 억압된 욕동의 표상들 — 엄격히 말하면 욕동의 <대표들(représentants)> — 로 구성된다고 말할 수 있다.

여기서 주목해야 할 두 번째 사실은, 무의식의 내용물 — 즉 욕동의 대표들 — 이 서로 관계를 맺으면서 하나의 독자적 체계를 이룬다는 점이다. 말하자면 무의식의 내용인 욕동의 <대표-표상들(représentant-représentation)>은 일차 과정의 특수한 기제인 압축과 이동에 따라, 여러 표상이 공통성을 매개로 하나로 묶이거나, 표상의 강도가 다른 표상으로 옮겨 간다. 그리하여 그것들

10 심리장치가 여러 체계로 분화되어 있다고 가정하는 이론이나 관점을, 프로이트는 <지형학적>이라고 부른다. 그에 따르면, 그 각각의 체계는 서로 다른 특성이나 기능을 가지고 있으며, 서로에 대해 독특하게 배치되어 있어서, 그것들은 심리적 장소 — 즉 공간적으로 형상화될 수 있는 심리적 장소 — 에 비유된다. 이렇게 심리장치가 심리적 장소들의 관계에 다름 아니라는 사실은, 프로이트의 <지형학>이라는 용어에 여실히 나타나 있다. 사실 <topique(지형학)>의 어원은 그리스 어의 topoi(장소)이다.

은 독특한 <무의식 체계(le système inconscient)>[11]를 구성한다. 말하자면 프로이트가 본 심리장치는 <체계들>로 구성되어 있고, 또 그 각각은 나름의 독특한 <체계>를 구성하는 것이다.(전자는 복수로 쓰고, 후자는 단수로 쓴다.) 이렇게 볼 때, 프로이트의 심리장치는 이중적으로 구조적인 셈이다.

대표-표상은 대체 무엇이기에 그것으로 구성되는 무의식을 하나의 체계 — 다시 말해 일정한 원리에 따라서 낱낱의 부분이 짜임새 있게 조직되어 있는 통일된 전체 — 라고 말할 수 있는가? 그러나 사실 대표-표상이라는 개념이 무엇인지는 프로이트조차 명확히 밝히고 있지 않다. 단지 여기서 분명히 말할 수 있는 것은, 프로이트가 육체적인 것과 심리적인 것의 관계를 욕동과 그것의 대표 — 엄격히 말해 대표-표상 — 의 관계로 정의하고 있다는 사실이다. 따라서 욕동이 육체적인 한, 억압의 영향 밖에 있고, 억압은 욕동의 심리적 대표-표상에 대해서만 작용하기 때문에, 무의식은 억압된 대표-표상으로 구성된다. 그래서 프로이트는 「무의식」(1915)에 관한 논문에서, 대표-표상을 무의식 체계의 내용, 즉 그것을 구성하고 있는 내용으로 보고 있는 것이다. 그런데 억압 작용에 의해 욕동이 어떤 대표에 고착되면서 무의식이 구성되는 것은, 단 한 번의 행위 — 원억압 — 에서뿐이다. "우리는 [···] 원억압, 즉 첫 번째 단계의 억압을 인정해야 할 이유가 있다. 그것은 욕동의 (표상적인) 심리적 대표가 의식 속으로 진입하는 것이 거부당하는 것이다. 그것과 함께 고착이 일어난다. 그로부터 그에 해당하는 대표는 변하지 않고 존속하게 되며, 욕동은 거기에 결부된다."[12] 여기서 원억압과 고착

11 이것이 바로 체계로서의 무의식인데, 프로이트는 그것을 대문자 약어 Ubw(불어로는 Ics)라고 쓰고, 형용사로서의 소문자 ubw(ics)와 구분한다. 다른 한편, 전의식 체계(le système préconscient)는 대문자 약어 Vbw(불어로는 Pcs)로 표시한다. <le système inconscient>를 지금까지 『정신분석 사전』(라플랑슈와 퐁탈리스, 열린책들)에서는 <무의식계>로 번역해왔는데, 체계의 뉘앙스를 강조하기 위하여 이 책에서는 <무의식 체계>로 번역할 것이다.

은 거의 동일한 개념으로 사용되고 있는데, 그것들은 두 가지 의미를 동시에 내포하고 있다. 하나는 욕동이 어떤 단계나 대상에 고정된다는 것이고, 다른 하나는 욕동이 무의식에 기록된다는 것이다. 그 두 작용의 접점 — 특히 후자의 기록(Niederschriften) — 이 바로 대표-표상이다.

프로이트는 「플리스에게 보낸 편지」에서 이미 그 기록의 성격을 기호로 규정하면서, 그 대표-표상이 한 체계(무의식)에서 다른 체계(전의식)로 이동하는 것을 번역에 비유하고 있다.[13] 말하자면 무의식 체계의 기록과 전의식 체계의 기록은 '내용이 같은 서로 다른 두 개의 언어'[14]일 뿐이다. 이렇게 볼 때, 무의식을 구성하는 대표-표상은 언어학적으로 언어 기호에 해당한다.(무의식 체계를 구성하는 대표-표상의 기록은 언어 기호 중에서도 '문자(lettre)'에 가깝고, 전의식 체계의 언어는 '음성언어'에 가깝다.) '무의식은 언어처럼 구조화되어 있다'는 라캉의 유명한 명제는 그러한 문맥 — 언어 기호로서의 무의식의 대표-표상 — 에서 나온다. 프로이트에서 라캉에 이르는 길은 기호에서 기호형식에 이르는 한 발자국의 거리밖에 없다. 왜냐하면 라캉은 기호로서의 대표-표상에서 기호형식을 읽어내고 있기 때문이다. 그래서 라플랑슈는 "아마 욕동과 그것의 대표의 관계를 기호 기록(언어학의 용어를 사용하면, <기호형식>의 기록)에 비유하는 것은, 대표-표상의 본질을 밝히는 데 도움이 될 것"[15]이라고 말하는 것이다.

사실 '무의식은 언어처럼 구조화되어 있다'는 명제는 동어반복에 지나지 않는다. 왜냐하면 언어가 곧 구조이기 때문이다. 현대 구조주의 언어학의

12 프로이트, 「억압에 관하여」(박찬부 역), 열린책들, p.140.
13 프로이트, 「플리스에게 보낸 편지」, in 『정신분석의 탄생』(임진수 역), 열린책들, pp.111~3 참조.
14 프로이트, 『꿈의 해석』, 열린책들, p.335.
15 라플랑슈와 퐁탈리스, 『정신분석 사전』(임진수 역), 열린책들, p.113.

창시자인 소쉬르는 그의 책 『일반 언어학 강의』에서 '언어는 실체가 아니라 형식이다'고 말하면서 '언어에는 차이밖에 없다'고 거듭 강조한 바 있다. '말이란 아 해 다르고 어 해 다르다'는 한국 속담이 있다. 이 속담의 뜻은, 말이란 같은 내용이라도 표현하는 데 따라 아주 다르게 들린다 — 즉 말뜻이 달라진다 — 는 것이다. 예컨대 '엄마'와 '어머니'가 다르고, '제는 공부 잘해'와 '제는 공부는 잘해'가 다르다. 전자는 공부를 잘한다는 사실을 단순히 기술하면서 감탄하는 말이고, 후자는 공부는 잘하지만 다른 부분에 있어서 모자람이 있다는 비난을 내포하고 있다. 그래서 그 속담은 표현이 내용을 지배한다는 사실과 동시에 표현과 내용이 붙어 다닌다 — 언어학적으로 말하면 결합되어 있다 — 는 언어학적 전제를 뒤에 숨기고 있는 듯하다. 그러나 그것을 소쉬르의 차이의 관점에서 보면, '아'는 '어'와의 차이에 의해(반대로 '어'는 '아'와의 차이에 의해) 그 음가가 결정된다는 언어학의 기본 명제를 구체적으로 예시하고 있다.

그런데 '아'라는 말은 '어'라는 말과의 차이에 의해 그 음가가 결정된다는 말은 무슨 뜻인가? '아'라는 발음은 분명히 발신자의 입안의 조음점에서 발생해서 공기의 파동을 일으키며 수신자의 고막을 울리는 것으로 봐서 물질성을 갖고 있는데, 소쉬르는 왜 말은 실체가 아니라 차이뿐이라고 말하는 것일까? 파동의 물질성으로서의 '아'라는 소리에 대한 연구는 음성학(phonétique)의 소관이다. 그런데 소쉬르가 말하려고 하는 점은, 그러한 물질성으로서의 '아'라는 소리가 '어'라는 소리와의 차이로 지각되지 않으면, '아'가 음가를 가질 수 없다는 것이다. 그것은 음성적 이미지의 차원에서의 어떤 대립이다. 다시 말해 '아'와 '어'는 각각 서로 다른 변별적 자질(traits distinctifs)로 구성되어 있는데, 그 자질들의 대립과 차이에 의해, '아'는 '아'로서, '어'는 '어'로서 들리고 구별된다.(이러한 특성에 관한 연구를 음운론(phonologie)이라고 한다.)[16] 아무튼 언어기호는 그 자체에 내용과 실체를 갖고 있는 것이 아니라, 다른 언어기호와의 차이로서만 그 가치가 드러나는 어떤 형식이다.[17] 그것은 언어가 하나의 구조라는 사실을 보여주는 것이다. 그러한 맥락에서 볼 때, 프로이트가 무의식의 대표-표상에서 기호를 발견할 때부터 이미 무의식은 하나의 체계로 규정되도록 예정되어 있었다고 할 수 있다. 사실 프로이트의 모든 텍스트는 그러한 무의식의 대표-표상에 대한 성찰을 담고 있다. 특히 『꿈의 해석』은 가히 무의식의 언어학 책이라고 해도 과언이 아니다. 그만큼 프로이트는 꿈의 언어, 무의식의 언어에 주목했다.(그래서 필자는 프로이트를 무의식의 언어학자라고 부르고, 그가 창시한 정신분석을 무의식의 언어학이라고 명명하는 것이다.) 거기서 프로이트는 꿈이 오는 <다른 무대(anderer Schauplatz)>[18]에 대해 말하고 있는데, 그 곳이 바로 무의식의 대표-표상의 장소이다. 그 다른 무대는 라캉에 이르러 '기호형식의 장소'인 <대문자 타자(Autre)>로 명명된다.[19] 이렇게 무의식은 애초부터 언어의 장소인 것이다.

3.

이제 우리는 라캉이 왜 자신의 조어인 <임상 구조> 대신에 <프로이트의 구조>라는 표현을 선호하는지 알 수 있게 되었다. 한 마디로 무의식을

16 라캉 역시 무의식을 구성하는 대표-표상에서 기호형식의 특성을 발견하고, 그것에 대한 연구를 음소학(phonématique)이라고 명명한다.

17 이러한 사실은 앞의 속담과 같은 뜻의 속담인, '말이란 탁 해 다르고 툭 해 다르다'에서 더 잘 드러난다. 그야말로 '아'와 '우'의 차이에 의해 '탁'은 청량한 느낌을 주고 '툭'은 둔탁한 느낌을 줌에 따라, 모든 뉘앙스와 뜻, 심지어는 관련자의 성격까지 달라진다.

18 프로이트, 『꿈의 해석』(김인순역), 열린책들, p.623.

19 Lacan, *Ecrits*, Seuil, pp.628, 806.

발견하고, 그것을 중심으로 심리장치를 고안해낸 프로이트는, 라캉이 보기에 구조주의자였고 그의 이론은 구조주의적이었던 것이다. 그러나 <프로이트의 구조>라는 말의 뜻은 그보다 훨씬 앞으로 나아간다. 프로이트가 발견한 — 정확히 말하면 발명한 — 심리장치는 단순히 특수한 심리 장소가 서로 연결됨으로써 각 장소가 서로 다른 기능을 갖는다는 것을 훨씬 넘어서는 의미를 갖고 있다. 그는 그 장소들에 시간적 연속성을 끌어들여 일정한 순서를 부여한다. 말하자면 지각에서 발생한 자극은 기록을 거쳐 무의식을 형성하고 그것은 다시 전의식을 거쳐 의식을 통해 현실 속에 방출됨으로써 흥분으로부터 해방된다. 그런데 그러한 진행 순서 — 특히 무의식에서 전의식으로의 이동 — 가 정상적으로 이루어지지 않으면 병적인 심리 구조가 고착되면서 정신신경증으로 이어진다.

> 나는 연속적인 기록들이 연속적인 삶의 시기들의 심리적인 생산을 나타낸다는 사실을 강조하고 싶다. 두 시기의 경계에서는 심리적인 재료의 번역이 이루어진다. 나는 정신신경증의 특수성을, 어떤 재료들의 번역이 잘 이루어지지 않는 것으로 가정하고 있다. 그것은 어떤 결과를 가져온다. 왜냐하면 나는 양적인 균등을 향한 경향이 있다는 것을 확고하게 믿고 있기 때문이다. 모든 새로운 기록은 앞선 기록을 방해하고, 그것[앞선 기록]으로부터 흥분 과정을 자기 자신에게로 빼돌린다. 만약 새로운 기록이 일어나지 않으면, 흥분은 앞선 심리시기를 지배하는 심리 법칙에 따라, 그리고 그 당시에 열려 있던 길을 따라 흐른다. 그리하여 우리는 시대착오 속에 놓이게 된다. 그것은 마치 어떤 지역에서 아직도 푸에로(fuero)[원주 : 스페인의 몇몇 도시와 지방에서 지금도 유효하게 통용되고 있는 고대 스페인의 법]가 존재하고, 과거의 흔적이 살아남아 있는 것과 같다.
>
> 번역의 실패를 우리는 임상에서 억압이라고 부른다. 그것의 동기는 항상 번역에서 생기는 불쾌감이다. 모든 것은 마치 그 불쾌감이 번역 과정을 방해함으로써 사고를 교란시키는 것처럼 진행된다.

> 불쾌감의 생산에 대한 정상적인 방어는, 하나의 동일한 심리 단계에서, 그리고 같은 종류의 기록 속에서 가끔 일어나지만, 병적인 방어는 오직 예전 단계에 속하는, 아직 번역되지 않은 기억 흔적에 대항해서 일어난다.[20]

인용문에서 보다시피, 프로이트에게 병적인 심리 과정은 언제나 '번역의 실패' — 부연하면 무의식의 대표-표상이 전의식의 언어 표상으로 번역되는 것을 방해하는 것 — 로 말미암아 정상적인 구조가 임상 구조로 뒤틀리는 것을 말한다. 프로이트는 이렇게 정상적인 진행 구조를 가정한 뒤, 그것의 역행(또는 퇴행)을 병적인 것으로 규정한다. 이것이 각 정신질환 — 신경증, 도착증, 정신증 — 에 고유한 기제와 원인을 발견하려는 노력으로 이어지고, 나아가 라캉의 임상 구조론으로 발전하는 것이다.

2012년 8월 29일

20 프로이트, 「플리스에게 보낸 편지」, in 『정신분석의 탄생』(임진수 역), 열린책들, pp.113~4.

II

프로이트의 통시적 문법 이론

육체-심리-현실 / 지각-사고-운동
무의식-전의식
욕동 = 정동 + 표상 / 부분욕동의 문법
리비도 발달 단계
대상 발달 / 자아 발달
오이디푸스 콤플렉스와 문법

1.

비록 프로이트 자신은 구조라는 용어를 사용하지 않았더라도, 프로이트의 정신분석 이론에는 구조의 개념이 관류하고 있다. 그런 의미에서 프로이트는 구조주의자라고 말할 수 있다. 라캉이 <프로이트의 구조>라는 표현을 즐겨 사용한 것도 바로 그 때문이다. 그러나 엄격한 의미에서의 구조는 공시적인데 반해, 프로이트의 이론은 통시적이다. 사실 구조가 위치들 간의 고정된 관계라면, 구조에는 시간성이 없다. 가령 CH_3의 화학 분자구조는 C(탄소)를 중심으로 H(수소) 세 개가 동시에 배열되는 것이지, 순서적으로 결합되는 것이 아니다. 그러나 프로이트의 지형학을 구성하는 심리적 장소들 — 무의식과 전의식 체계 — 의 관계는 논리적이면서 동시에 순서적이다. CH_3처럼 공간적이고 기하학적인 관계이면서 동시에 시간적이며 통사론적이다. 프로이트는 『플리스에게 보낸 편지』<52>에서 새로운 심리학, 즉 정신분석의 창설 가능성을 암시하면서 무의식과 전의식 체계의 관계를 연속적 기록으로 설명하고 있다.

> 나는 지금 심리 기제가 성층(成層)화 과정에 의해 확립된다는 가설을 연구 중이다. 기억 흔적의 형태로 된 현재의 재료는, 가끔 새로운 상황에 따라 재배열, 재기록된다. 나의 이론에서 본질적으로 새로운 것은, 기억은 한 번에 기록되는 것이 아니라 여러 차례에 걸쳐 기록된다는 것과, 그것은 여러 종류의 ≪기호≫로 구성된다는 것이다. [⋯] 나는 그러한 기록부의 수가 얼마나 되는지 잘 모른다. 그것들은 적어도 셋, 아니면 아마 그 이상이다. 아래의 도표(도표 7)는 그러한 관점을 보여주고 있다. 또한 그것은 여러 기록들이 그것의 운송 수단인 뉴런에 따라 분리되어 있다(반드시 지형학적으로 분리되는 것은 아니다)는 것을 가정하고 있다. 그러한 가정이 필수적인 것이 아닐지는 모르지만, 그것은 가장 간단하고 잠정적으로 받아들일 수 있는 것이다.

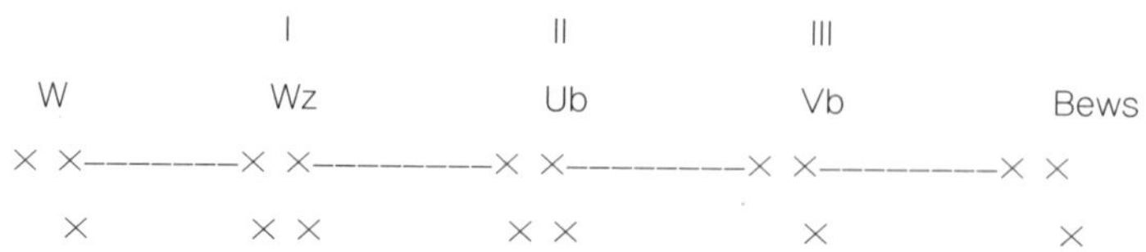

〈도표 7〉

W(Wahrnehmungen; 지각)은 지각이 시작되고, 의식이 부착되는 뉴런이다. 그 자체 속에는 일어난 일의 어떠한 흔적도 없다. 왜냐하면 의식과 기억은 서로 배타적이기 때문이다.

Wz(Wahrnehmungzeichen; 지각-기록)는 지각에 대한 최초의 기록이다. 그것은 의식될 수 없으며, 동시성에 의한 연합에 따라 배열된다.

Ub(Unwebusstsein; 무의식)은 두 번째 기록이다. 그것은 다른 연합 — 아마 인과 관계 — 에 따라 배열된다. 무의식의 흔적은 아마 개념적인 기억과 일치한다. 이것도 의식으로 접근할 수 없다.

Vb(Vorwebusstsein; 전의식)는 언어 표상과 결부된 세 번째 기록으로, 공식적인 자아와 일치한다. 전의식으로부터 나오는 투여는 어떤 법칙에 따라 의식화된다. 시간적으로 좀 더 나중에 나타나는 그러한 이차적인 의식-사고는, 아마 언어-표상의 환각적인 활성화와 결부되어 있다. 그래서 의식 상태의 뉴런은 지각 뉴런이 되는 것이고, 그 자체로는 기억과 무관한 것이다.

내가 지각과 세 가지 기록의 심리학적인 특성을 완벽하게 설명할 수 있다면, 나는 새로운 심리학을 세울 수 있을 것이다. 그것을 위한 약간의 자료가 내 수중에 있지만, 당장은 그것을 그러한 목적에 이용할 생각은 없다.

나는 연속적인 기록들이 연속적인 삶의 시기들의 심리적인 생산을 나타낸다는 사실을 강조하고 싶다. 두 시기의 경계에서는 심리적인 재료의 번역이 이루어진다. 나는 정신신경증의 특수성을, 어떤 재료들의 번역이 잘 이루어지지 않는 것으로 가정하고 있다.[1]

프로이트는 기본적으로 진행과 퇴행이라는 개념으로 정상과 비정상을 설명한다.[2] 앞에서도 이미 말했듯이, 지각-기록에서 무의식을 거쳐 전의식으로 가는 진행 — 프로이트의 표현을 빌리면 번역 과정 — 이 순조로우면 정상인데 반해, 반대로 그 번역이 제대로 이루어지지 않거나(말하자면 오역이 되거나) 아예 전의식에서 무의식으로 퇴행하는 것은 비정상적이다. 그러나 앞의 도표가 단순히 무의식과 전의식의 순서만을 보여주고 있는 것은 아니다. 그것은 프로이트의 이론 체계의 거시적인 통시태를 보여주고 있다. 우선

1 프로이트, 「플리스에게 보낸 편지」, in 『정신분석의 탄생』(임진수 역), 열린책들, pp.111~3.
2 프로이트는 <진행(progression)>이라는 개념을 정신분석의 정식 용어로 사용하지는 않는다. 그것은 프로이트가 <퇴행(régression)>에 주목한 결과 반사적으로 가정되는 개념이다.

그것은 <지각-사고-운동>의 방향으로 인간의 생물학적 욕구가 해결되는 과정을 보여준다.[3] 말하자면 육체적인 생물학적 욕구 — 배고픔으로 대표되는 자기보존본능과 사랑으로 대표되는 종족보존본능 — 는 자극의 형태로 지각에 전달되고, 그것은 다시 표상으로 이루어진 기억 조직인 무의식과 전의식을 거쳐, 의식에서 행동에 옮겨도 좋다는 사고 판단에 의해 현실 속의 대상 — 예컨대 빵과 사랑의 대상 — 을 획득하는 운동으로 이어짐으로써 비로소 충족되고 해소된다.(이러한 체계는 『꿈의 해석』(p.628, <그림 3>)에서 더 선명해진다.)

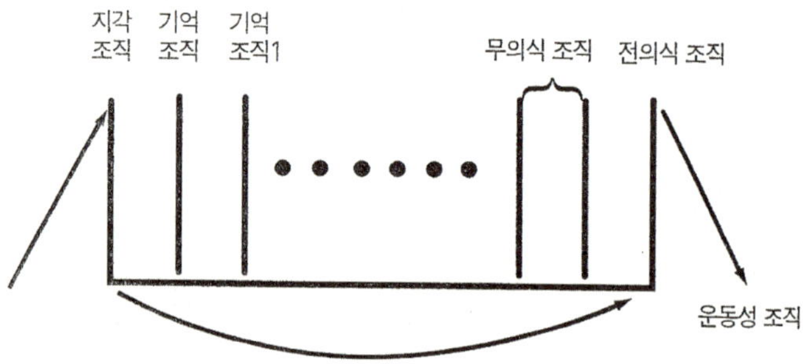

〈그림 3〉

따라서 <지각-사고-운동>은 본능을 해결하려면 반드시 거쳐야 하는 순서로서, 육체에서 발원한 양적 자극이 표상으로 구성된 심리를 거쳐 현실 속의 대상에 의해 해소되는 <육체-심리-현실>의 방향과 일치한다.(이러한 사실은 육체는 <양>의 세계이고, 심리는 <표상>의 세계이고, 현실은 <대상>의

3 프로이트, 「플리스에게 보낸 편지」 <원고 G>의 <도표 1> 참조(in 『정신분석의 탄생』, 열린책들, p.59.)

세계라는 것을 암시 전제하고 있다.) 퇴행은 그러한 순방향에 역행하는 것에 지나지 않는다. 프로이트는 그것을 지형학적 퇴행이라고 부르는데, 그러한 지형학적 퇴행은 특히 꿈에서 분명히 드러난다.[4] 거기서 퇴행은 <양>이 사고에서 지각으로 역류함으로써 환각을 만들어낸다. 말하자면 기억 — 무의식적이고 전의식적인 — 의 관념이 지각화하는 것이다.

그러한 거시적인 통시태를 세부적으로 분해해 들어가면, 거기에서는 다시 미시적 통시태가 발견된다. 우선 <지각-의식-행동>으로 이어지려면, 지각과 의식 사이에 기억을 통과해야 하는데, 그 기억은 최초의 기록인 지각-기록(또는 기억 흔적)에서, 그것이 인과 관계에 따라 재배열된 무의식을 거쳐 언어-표상과 결부되어 공식적인 자아와 일치하는 전의식의 기록으로 순서적으로 성층화된다. 그리하여 자극이 해소되려면 의식은 반드시 무의식과 전의식이라는 기억 장부를 뒤져, 그 기억 장부에 맞게 판단하고 운동해야 한다. 결국 프로이트의 통시태는 다음과 같은 화살표 방향에서 진행된다.

		경계							경계	
육체		‖		심리					‖	현실
자극	→	시각	→	무의식	→	전의식	→	의식	→	운동
양				표상						대상
		불쾌		쾌락원칙				현실원칙		

4 프로이트는 세 종류의 퇴행을 구분하고 있다. 하나는 자극 흥분이 정상적인 방향을 따라 움직이는 연속적인 심리 체계 위에서 이루어지는 지형학적 퇴행이고, 다른 하나는 주체가 지나간 발달 단계(리비도 발달, 대상관계 발달, 자아 발달 등)로 회귀하는 시간적 퇴행이고, 마지막 하나는 일상적인 표현이나 형상화의 방식이 원시적인 방식으로 대체되는 형식적 퇴행이다. "이 세 유형의 퇴행은 근본적으로 같은 것으로, 대부분의 경우 그것들은 서로 만난다. 왜냐하면, 시간적으로 오래된 것은 그 형식에 있어서 원시적이며, 심리 지형학적으로 지각 말단에 좀 더 가까이 위치하고 있기 때문이다."(프로이트, 『꿈의 해석』, 열린책들, p.636)

이것은 또한 불쾌에서 쾌락으로 가는 길과 일치할 뿐 아니라, 쾌락원칙에서 현실원칙으로 가는 방향과도 일치한다. 왜냐하면 본능을 충족하라는 육체적인 절대 명령은 자극의 양적 증가로 나타나면서 불쾌감을 야기하고, 대상을 통해 그 자극이 해소될 때 쾌감(쾌감은 자극의 감소에 다름 아니다!)을 동반하기 때문이다. 따라서 쾌락은 본능의 해결에 자연스럽게 뒤따르는 잉여물이지, 쾌락주의에서처럼 목표가 아니다. 따라서 쾌락원칙은 본능이 야기하는 불쾌감과 긴장을 회피하고 배출하려는 심리장치의 자동 조절 기제이다. 그러한 각도에서 프로이트가 쾌락원칙을 처음에는 <불쾌원칙>[5]으로 명명했다는 것에 주목할 필요가 있다. 다시 말해 쾌락원칙은 불쾌 회피의 원칙인 것이다. 그러나 그러한 원칙은 현실에 의해 방해받기 마련이다. 말하자면 본능 충족의 추구는 더 이상 지름길로 실행되지 않고 우회하면서 외부의 현실 세계가 부과하는 조건에 따라 대상 획득이 지연된다. 그것이 바로 쾌락원칙과 짝을 이루는 현실원칙이다. 이러한 사실을 앞의 도표에 덧붙이면, 자극과 지각 사이에서 불쾌감이 발생하면 심리에서는 쾌락원칙에 따라 그 불쾌감을 해소하려고 하나, 의식과 현실의 경계 지대에서 현실원칙의 벽에 목표가 지연된다.

2.

프로이트는 이제 그의 이론의 특징인 통사론적 문법을 미시적인 분석에까지 적용한다. 그 대표적인 것이 본능과 구분되는 욕동(Trieb, pulsion)의 발

5 프로이트, 『꿈의 해석』, 열린책들, p.691.

견이다. 본능은 그야말로 어떤 생물 조직체가 어떤 목적 — 자기보존과 종족보존 — 을 이루기 위해 선천적이고 유전적으로 타고나는 행동 양식을 말한다. 그러나 프로이트에 따르면, 욕동은 여러 가지 면에서 본능과 다르다. 가령 종족보존본능을 예로 들면, 그것은 이성간의 성기의 결합을 통해 자식을 생산하는 것을 목표로 하는데 반해, 성욕동은 이성과 성기에 국한되지 않을뿐더러(이것은 부분욕동론으로 이어진다), 번식이 목적이 아니라 쾌락이 유일한 목표가 된다. 즉 본능에 의해 발생한 육체적인 욕구의 자극이 심리에 도달해 표상과 결합[6]하는 순간, 성기 중심의 성적 욕구는 성기 이외의 다른 신체 부위 — 보통 성감대라 불리는 — 에서도 성적 향락을 발생시키는 부분욕동으로 파편화한다. 부분욕동은 크게 네 가지로 나뉜다. 그 각각은 입을 원천으로 하는 구강욕동, 항문에서 발생하는 항문욕동, 눈을 성감대로 하는 시각욕동, 그리고 귀에서 발생하는 청각욕동이다. 그리고 그것들 각각은 젖가슴, 똥, 시선, 목소리를 그 대상 — 클라인의 용어로 부분대상[7] — 으로 하고 있으며, 그것에 대한 행위는 빨기, 누기, 보기, 듣기이다.[8]

6 프로이트는 이러한 작업을 심리적 가공이라고 부른다. 즉 프로이트에 따르면, 육체적인 성적 긴장이 축적되면, 심리상자는 그 흥분을 통제할 목적으로 그것을 심리 속으로 통합하는 작업을 수행하는데, 그 작업이 바로 심리적 가공이다. 그 작업에서 가장 중요한 것은, 육체적이고 물리적인 양이 표상과 결합함으로써 표상들의 관계로 이루어진 연상 망을 따라 흘러가는 심리적 양으로 바뀐다는 사실이다. 말하자면 야생 상태의 육체적 에너지가 표상에 묶임으로써 심리적 에너지로 구속되는 것이다. 다른 한편, 여기서 이론적으로 주목해야 할 사실은 육체적인 성적 긴장이 심리적 가공에 의해 정동(Affekt, affect)으로 변환된다는 점이다. 즉 육체적인 성적 긴장이 표상과 결합될 때, 그것은 고통스럽거나 기분 좋은 느낌을 불러일으킨다.(이것을 프로이트는 정동이라고 부른다.) 결국 욕동이 육체적 본능(또는 욕구)의 표상화에 의해 발생하는 것이라면, 모든 욕동은 정동과 표상이라는 두 영역으로 표현될 수밖에 없다. 따라서 정동은 욕동의 에너지양과 그 변이에 따라 나타나는 질적인 감정이라고 말할 수 있다.

7 부분-전체의 대립은 아브라함(K. Abraham)과 함께 정신분석의 역사에 화려하게 등장하지만, 정작 <부분대상>이라는 용어는 클라인(M. Klein)의 공헌으로 넘어간다. 아브라함은 <부분애(Partialliebe)>라는 용어를 사용했을 뿐이다.

8 이 중에서 청각욕동만은 유독 프로이트의 눈을 빗겨간다. 그것을 편입시켜 네 가지 부분욕

경계

육체 ‖ 심리

물리적 양 → 심리적 가공 → 심리적 양

욕동 = 표상 + 정동

부분욕동	성감대	부분대상	동사
구강욕동	입	젖가슴	빨기
항문욕동	항문	똥	누기
시각욕동	눈	시선	보기
청각욕동	귀	목소리	듣기

그러나 부분욕동과 관계하여 잊지 말아야 할 사실은, 첫째 각각의 부분욕동의 차원에서 욕동의 통사론적 문법이 있다는 것이고, 둘째 그 부분욕동들은 리비도의 발단 단계에 따라 단계적으로 나타나면서 성기욕동에 통합된다는 것이다.

우선 프로이트의 욕동의 문법을 이해하기 위해서는 전제되어야 할 사항이 있다. 욕동은 항상 능동적이라는 사실이다. 따라서 욕동에는 수동적 욕동이 따로 없다. 예컨대 시각욕동은 일차적으로 <보고 싶은> 욕동이지 <보이고 싶은> 욕동이 아니다. 그렇다면 능동적 시각욕동은 어떠한 과정을 통해 수동적 시각욕동으로 발전하는가라는 의문이 생기고, 그 물음에 대한 대답으로 제공된 것이 바로 프로이트의 독창적인 욕동의 통사론적 문법이

동 이론을 완성한 사람은 아브라함이다. 프로이트는 그 대신 장악욕동을 언급하긴 했으나, 그 용법을 정확히 약호화한 적이 없을뿐더러, 그것은 대상을 지배하는 것을 목표로 하는 욕동이기 때문에 2차적으로만 성욕과 결부되는 비성적인 욕동이다. 따라서 부분욕동에서 장악욕동이 배제되는 것은 당연하다.

다. 프로이트에 따르면, 그러한 욕동의 통사론적 문법이 가장 잘 특권화된 예가 시각욕동이다. 그리하여 시각욕동의 문법은 다른 부분욕동에도 통용되는 모델이 된다. 그러한 사실을 염두에 두면서, 시각욕동의 문법을 살펴보면, 제1단계는 타자의 대상을 바라보는 <능동적 시각욕동>일 것이다.(이것을 문장으로 표현하면, '주체가 외부의 대상을 보다'가 될 것이다. 따라서 1단계는 시각욕동의 <능동태>를 구성한다.) 그리고 2단계는 외부로 향했던 시각욕동의 능동성은 그대로 유지되는 상태에서 대상만 자기 신체의 일부분으로 회귀하는 자신으로의 <선회>이다.(이것을 문장으로 표현하면, '주체가 자기 자신(의 대상)을 보다'가 될 것이다. 따라서 2단계는 시각욕동의 <재귀태>를 구성한다.) 마지막으로 세 번째 단계는 타자로 하여금 자기 신체의 일부분을 보게 하는, 즉 타자에게 자기 신체의 일부분을 내보이는 <수동적 시각욕동>으로의 <반전>이다.(이것을 문장으로 표현하면, '주체가 자신(의 대상)을 타자에게 보이다'가 될 것이다. 따라서 3단계는 시각욕동의 <수동태>를 구성한다.)[9] 그런데 여기서 프로이트의 날카로운 관찰력이 발견한 사실은, 자기 신체의 일부분을 보게 하는 타자는 동일시 과정을 통해서 밖으로 나간 주체 — '외부의 다른 자아' — 에 다름 아니라는 사실과, 그렇기 때문에 <수동적 시각욕동>은 나르시시즘의 연장선에 있다는 사실이다. 그러한 후자의 관점 — 자기애가 대상애보다 우선한다는 관점 — 에서 보면, 1단계(타자의 대상을 보는 단계) 이전에 이미 '자기가 자신의 신체 일부분을 보는' 자기성애적이고 자기애적인 단계

9 이 세 단계를 동사의 행위로 표현하면, <대상을 보다(voir)>에서 <자신의 일부분을 보다(se voir)>를 거쳐 <자신을 (타자에게) 보게[보이게] 하다(se faire voir)>로 이어진다. 결국 시각욕동의 회로는 마지막 단계에서 완성된다. 그것은 다른 모든 욕동에서도 마찬가지이다. 구강욕동에서는 <자신을 (타자에게) 먹게[먹히게] 하다(se faire boulotter)>로, 청각욕동에서는 <자신을 (타자에게) 듣게[들리게] 하다(se faire entendre)>로 귀착된다.(그러나 항문욕동에서는 그러한 표현이 가능하지 않다. 왜냐하면 <똥싸다(chier)>라는 동사가 자동사이기 때문이다. 게다가 <se faire chier(갑갑해 하다)>는 전혀 다른 뜻이다.)

가 있다고 가정해야 한다. 그것을 프로이트는 <자기성애적 예비 단계>라고 말한다.[10] 그렇다면 그 예비 단계에서 1단계의 능동적 시각욕동으로는 어떻게 발전할까? 프로이트는 그것을 자기애적인 시각욕동의 일부가 기본적으로 남고 나머지가 능동적 시각욕동으로 발전하는 것으로 설명한다. 그렇게 남아 있는 자기애적 시각욕동은 2단계에서 자기애적으로 선회한 시각욕동과 결합하여 진정한 의미의 나르시시즘을 형성한다.(프로이트는 나중에 전자를 1차적 나르시시즘이라고 하고, 후자를 2차적 나르시시즘이라고 부른다.) 이렇게 볼 때, 부분욕동은 처음부터 끝까지 — 예비단계에서 3단계까지 — 나르시시즘에 바탕을 두면서 나르시시즘이 성취되는 과정이라고 말할 수 있다.

프로이트는 이러한 욕동의 문법에 머물지 않고, 부분욕동들과 부분대상들이 단계적으로 발달하면서 성기욕동과 남근에 집중되고 종합된다는 리비도 발달 단계론을 제창한다. 프로이트의 리비도 발달 단계론은 <구강기 → 항문기 → 남근기→ 성기기>로 간단히 요약할 수 있지만, 그 내면을 들여다보면 그렇게 단순한 것이 아니다. 왜냐하면 정신분석에 대한 프로이트의 사유가 깊어지고 발전하면서, 리비도 발단 단계론도 점차 수정되기 때문이다. 우선 『성욕에 관한 세 편의 에세이』(1905년 판)에서, 프로이트는 성기의 우위 하에 조직되는 사춘기 또는 성인의 성욕과, 다른 한편의 유아

---

10 이와 관련하여 프로이트는 다음과 같이 말하고 있다: "우리는 자기성애와 나르시시즘과의 관계에 대한 아무런 언급 없이 자기성애를 통해 성욕동의 충족을 이루려는 자아의 초기 발달 단계를 <나르시시즘>이라 부르는 데 익숙해져 있다. 그렇다면 우리는 주체 자신의 신체 일부가 관음증의 대상이 되는 관음 욕동의 예비 단계도 나르시시즘에 속하는 것으로 분류해야 하며, 또 그것을 나르시시즘 형성 과정의 하나로 설명해야 한다. 바로 이 예비 단계에서 나르시시즘만 남고 능동적인 관음 욕동이 발전되어 나오며, 반면에 수동적인 관음 욕동은 여전히 계속 나르시시즘의 대상에 머물러 있게 된다. 마찬가지로 사디즘에서 마조히즘으로 변화하는 과정에도 나르시시즘의 대상으로 복귀하려는 움직임이 내재되어 있다. 그리고 그 두 경우, 즉 수동적 관음 욕동과 마조히즘에서 나르시시즘의 <주체>는 동일시의 과정을 거쳐 외부의 다른 자아(un autre moi étranger)로 대체된다."(프로이트, 「욕동과 욕동의 운명」, 열린책들, p.120)

성욕 사이에 기본적인 대립을 세운다. 프로이트에 따르면, 후자에서는 다양한 성감대만큼이나 성적 목표도 다양할 뿐 아니라(프로이트는 이것을 유아성욕의 <다형 도착성(perversité polymorphe)>이라고 말한다), 어느 특정 시기에는 어느 한 성감대가 우위를 점하고 다음 시기에는 다른 성감대에 우위를 넘겨주는데 반해, 정상적인 성인의 성욕에서는 그런 일이 없다. 그에 따라 리비도 조직에 관한 프로이트의 관점은 사춘기에 이르러 성감대가 성기대의 우위에 종속되면서 통일될 때까지, 여러 욕동과 성감대가 독립적으로 특정 쾌락을 추구하는 무질서한 성적 활동을 보여준다. 프로이트는 1905년에, 사춘기에 동반되는 변화를 도식적으로 다음과 같이 쓰고 있다: "이제까지는 성욕동이 월등하게 자기성애적이었다. 그것은 이제 성적인 대상을 발견한다. 이제까지 그것의 활동은 서로 독립적으로 특정한 쾌락을 유일한 성적인 목표로서 추구하는 여러 욕동과 성감대로부터 나왔다. 그러나 지금은 새로운 성적인 목표가 나타나, 성감대들이 성기대의 우위에 종속되면서 모든 부분욕동이 그 목표에 도달하기 위해 함께 움직인다."[11]

주목할 것은, 프로이트가 이 당시에는 전-성기기적 조직이라는 말을 하지 않았다는 것이다. 전-성기기적 조직이라는 개념이 도입된 것은, 1913년에 발간된 「강박신경증에 잘 걸리는 기질」이라는 논문에 이르러서다. 거기서 프로이트는 특정 성감대와 결부되어 있는 성적인 활동이 우월해지면서 욕동들이 통일되는 것을 발견한다. 그는 우선 구강의 조직화를 기술하고, 이어서 항문의 조직화, 그리고 마지막으로 남근의 조직화를 기술한다. 그리하여 1913년과 1923년 사이에, 프로이트는 성기기에 선행하는 전-성기기 — 구강기, 항문기, 남근기 — 라는 개념을 도입하고 유아의 리비도 발달단

11 프로이트, 『성욕에 관한 세 편의 에세이』, 열린책들, p.107.

계를 완성한다. 그럼에도 불구하고, 잊지 말아야 할 사실은, 프로이트가 그 세 가지 조직화를 기술한 뒤에, "[…] 완전한 조직화는 네 번째 단계인 성기기 속에 있는 사춘기가 되어서야 비로소 이루어진다."[12]고 재확인하고 있다는 점이다. 이러한 사실은 정신분석 이론에서 아주 중요한 질문을 제기하게 한다: 전-성기기의 마지막 단계인 남근기에 일어나는 남근의 조직화는, 사춘기에 이루어지는 성기의 조직화와 어떻게 다른가? 성기와 구별되는 남근은 무엇인가? 이러한 질문은 프로이트의 정신분석에서 이론의 핵인 오이디푸스 문법으로 자연스럽게 안내한다.

그러나 오이디푸스 문법으로 넘어가기 전에, 성감대의 우위만으로는 단계라는 개념 속에 포함되어 있는 구조적이고 규범적인 것을 설명하기에 불충분하다는 사실을 지적해야 한다. 왜냐하면 리비도는 성감대와 결부되어 있는 이상으로 대상의 발달 — 즉 자기애(자아야말로 가장 기본적인 대상이다)와 대상애, 부분대상과 전체대상 — 과 밀접한 관련을 맺으면서 발달하기 때문이다. 라플랑슈는 말한다: "정신분석에서 단계라는 개념의 모델이 발견된 곳이 리비도 활동의 발달 영역이라고 할지라도, 여러 다른 발달 노선도 있다는 것에 주목할 필요가 있다. 프로이트는 리비도의 대상에 대한 접근에 있어서, 시간적인 연속성이 있음을 지적하고 있다. 즉 주체는 연속적으로 자기성애, 자기애, 동성애적 선택, 그리고 이성애적 선택을 거쳐 간다."[13] 부연하면, 자기성애는 어떤 기관의 기능이나 성감대의 흥분과 결부된 부분욕동이 제 자리에서 외부 대상의 도움 없이, 그리고 자기애의 특징인 자아에 대한 최초의 윤곽을 참조하지 않은 상태에서 만족을 찾는 성행위를 말하기

12 프로이트, 「정신분석학 개요」, 열린책들, p.426.
13 라플랑슈 & 퐁탈리스, <리비도의 발달 단계>, in 『정신분석 사전』(임진수 역), 열린책들, p.126.

때문에, 일차적으로 주체 자신의 육체의 부분(대상)—입, 똥, 자지 등—에 의존한다. 그렇기 때문에 그것은 자신의 육체의 전체 이미지—또는 이 이미지와의 동일시에 의해 형성된 자아—에 대한 사랑인 자기애와 구분되어야 한다. 말하자면 자기애는 고유한 의미에서의 자아 형성을 전제로 하고 있을 뿐 아니라, 자기애는 전체적인데 반해 자기성애는 부분적이다. 그렇다고 자기성애의 단계를 거쳐 자기애로 넘어간 뒤에 자기성애가 없어지는 것이 아니다. 즉 자기성애를 완전히 벗어나는 것은 아니다. 그 이후에도 이전의 자기성애의 흔적은 그대로 남아 있을 뿐 아니라, 그 이후에 발달하는 자기애와 나란히 동행한다. 예컨대 육체의 통일된 이미지와의 동일시에 의해 자아가 형성되는 것이 보통 생후 6개월에서 18개월 사이로 보는데, 항문욕동(똥 누기)과 성기욕동(자위)의 자기성애는 그 이후에 발달할 뿐 아니라, 자아가 형성된 이후에도 구강욕동의 자기성애—엄지손가락 빨기나 그 자체로 입맞춤하는 입술—는 그대로 유지된다. 이렇게 볼 때, 자기성애는 부분욕동이 자신의 신체 부분에서 자체적으로 충족되는 것으로, 리비도가 전체로서의 자아를 대상으로 하는 고유한 의미의 자기애와는 다른 것이다. 그런데 다른 한편으로, 자아는 원시적 자아—쾌락자아와 현실자아—에서조차 대상의 내입을 통해 형성되면서 동시에 대상과 분리되기 때문에, 자아(여기서는 원시적 자아)와 구분[14]되는 대상의 차원도 부분과 전체로 나뉘고, 리비도는 타자의 부분대상을 향하다가 전체 대상으로 발전한다. 따라서 대상—자기를 포함한—의 차원에서도 부분대상애에서 전체대상애로 발달한다.[15] 이렇게 대상의 발달과 성 심리의 여러 단계를 특징짓는 리비도의 발달은 별도의 차원을 구성하면서도 서로 밀접한 대응관계를 가지며 전개

14 이 구분은 주체와 객체, 내부와 외부의 구분과 일치한다.
15 부분대상애와 전체대상애의 관계는 (부분)욕동과 사랑의 관계와 같다.

된다.

리비도 발달 단계	전-성기기(구강기 → 항문기 → 남근기) → 성기기(사춘기)
대상 발달	자기성애 → 자기애 → 동성애 → 이성애 (부분적) (전체적) 부분대상애 → 전체대상애
자아 발달	원시적 자아(쾌락자아 → 현실자아) → 자아 → 초자아 (이상적 자아 → 자아-이상) (부분적) (전체적)

이제 이러한 여러 차원에서의 통시적인 발달 문법은, 오이디푸스 문법을 중심으로 집결한다. 그것은 오이디푸스 문법이 남근기에 남근을 중심으로 남근이 조직화되면서 시작된다는 사실에서뿐 아니라(이것이 바로 프로이트가 말하는 <남근의 우위>이다), 전체 대상관계와 자아발달의 차원에서도 어머니와의 욕망 관계를 포기하고 아버지의 어떤 특성과 동일시함으로써 초자아를 형성하는 것이 정상화의 핵심이라는 프로이트의 역설(力說)에서 확인할 수 있다. 따라서 오이디푸스 문법은 적어도 프로이트에게 모든 차원의 통시적 문법을 하나로 묶는 핵심 문법이다. 그것은 모든 프로이트 이론의 배꼽이자 매듭이며, 모든 심리장치를 관장하는 중앙 관리 센터이다. 그래서 프로이트가 오이디푸스 콤플렉스를 핵 콤플렉스라고 말하는 것이다.(그러나 오이디푸스 콤플렉스와 오이디푸스 문법은 구분해야 한다. 전자는 후자의 감정적 찌꺼기에 불과하다. 그러한 사실은 3장에서 곧 밝혀질 것이다.)

> 어린 시절의 성생활의 내용은 지배적인 성적 요소의 자기성애적인 활동과, 대상애의 흔적과, 신경증의 핵 콤플렉스라고 명명할 수 있는 오이디푸스 콤플렉스의 형성에 있다. [⋯] 현실 생활의 산물이 아무리 변화무쌍할지라도, 일반적으로 자기 자신의 어린 시절에 관해 똑같은 환상을 만든다는 사실은, 그 내용의

획일성과, 나중에 수정을 가져오는 영향의 항상성으로 설명될 수 있다. 아버지가 어린 시절에 성적인 적 — 즉 자기성애적인 활동을 방해하는 사람 — 의 역할을 담당하는 것은, 완전히 어린 시절의 핵 콤플렉스에 속하는 특성이다. 그리고 현실은 대부분의 경우, 그러한 것에 폭넓게 이바지한다.[16]

3.

다 알다시피, 오이디푸스 콤플렉스는 부모 중에서 주체와 반대되는 성을 가진 부모를 성적으로 욕망하고, 반대로 동성의 부모를 사랑의 경쟁자로 생각해 그가 죽기를 욕망하는 양가적인 심리적 태도를 일컫는 것으로 알려져 있다. 가령 남자아이의 경우, 한쪽으로는 아버지와 동일시(일차적 동일시)하고 다른 한쪽으로는 자신을 보살펴주는 어머니에게 리비도를 투여(Besetzung, investissement)함으로써, 아버지의 위치에서 어머니를 사랑하면서 아버지를 사랑의 경쟁자로 여기는 것이 오이디푸스 콤플렉스[17]이다. 프로이트에 따르면, 그러한 현상은 3살과 5살 사이의 남근기에 나타난다. 그 때가 되면 어린아이들은 성적인 기관(자지)에 집중적으로 제공된 관능에 의해 자

16 프로이트, 「쥐 인간-강박증에 관하여」, 열린책들, pp.60~2, n. 42.

17 오이디푸스 콤플렉스를 충족시키는 방식에는 두 가지가 있다. 하나는 "능동적인 만족으로 자신을 남성으로서 아버지의 위치에 놓고 아버지처럼 어머니와 관계를 가지는 것이다. 이 경우 아이는 아버지를 방해꾼으로 여기게 된다. 반면에 수동적인 만족은 어머니를 대신해 아버지에게 사랑 받기를 원하는 것이다. 이 경우 아이는 어머니가 필요 없게 된다."(프로이트, 「오이디푸스 콤플렉스의 해소」, in 『성욕에 관한 세 편의 에세이』, 열린책들, 2003, pp.295~6) 그러니까 전자는 남성적 입장(즉 남성다움)을 강조하여 아버지와의 일차적 동일시를 강화하는 가장 정상적인 발달이고, 후자는 남자아이가 아버지에 대해 부드러운 여성적 입장을 취하는 경우로, 어머니와 동일시하면서 아버지를 사랑하고 어머니에 대해 질투와 적개심을 느끼는 것이다. 프로이트는 전자를 긍정적 오이디푸스 콤플렉스, 후자를 부정적 오이디푸스 콤플렉스라고 부른다. 물론 그 두 양상이 공존하는 경우도 있다.

지를 내보이며 수음을 한다. 남근의 조직화가 시작된 것이다.[18] 그러나 어른들은 그런 행동을 좋아하지 않는다. 그래서 그들은 다소 노골적으로 어린아이들이 쾌락을 느끼는 그 신체부위나 그런 장난을 하는 손을 잘라버리겠다고 협박을 한다. 그렇지만 여기서 놓쳐서는 안 될 중요한 사항은, 그런 위협이 단순히 자위라는 못된 짓만을 겨냥하고 있는 것은 아니라는 점이다. 그것의 주된 목표는 자위의 금지가 아니라, 아들이 어머니를 사랑하는 근친상간의 금지이다. 따라서 거세는 근친상간의 죄에 대한 벌로서 주어지는 것이고, 거세 협박은 근친상간의 금지를 의미한다. 그러한 금지법은 대개 어머니의 입을 통해 발설되지만, 실은 그 뒤에 아버지가 숨어 있다. 실제로 어머니는 '그러면 아버지가 혼낸다.'라는 식으로 아버지를 언급하면서 자신의 말에 힘을 싣는 경우가 허다하다.

이제 어머니에 의한 거세 협박이 개입하면서 오이디푸스적인 관계에 금이 가기 시작한다. 그 과정에서 결정적인 타격이 되는 것은, 여자에게 자지가 없다는 사실에 대한 깨달음이다. 사실 그때까지 남자아이는 어머니뿐만 아니라 모든 여자아이에게 자지가 있다고 생각하지만, 같은 또래의 여자친구가 자신에게 있는 기관을 갖고 있지 않다는 것을 발견하고부터는, 아버지의 법을 어길 경우 실제로 아버지에 의해 거세되어 여자처럼 될 수 있다는 것을 알게 된다. 그리고 어머니를 계속 사랑할 것이냐, 아니면 아버지의 법에 순종하여 자지를 보존할 것이냐를 두고 갈등을 일으킨다. 그것은 "자지에 대한 자기애적인 관심과 어머니에 대한 성적인 욕동 사이의 갈등"에 다름 아니다. "그 갈등에서 보통은 전자가 승리하고, 아이의 자아는 오이디

---

18 프로이트의 관심은 생리학적인 사실이 어떻게 심리적으로 조직되는가에 있었다. 남근의 조직화와 오이디푸스 콤플렉스, 자지와 대상 선택(사랑), 거세와 근친상간을 교대로 방문하며 설명하는 것이 그러한 사실을 증명해준다.

푸스 콤플렉스에서 멀어진다."[19] 거세와 함께 오이디푸스 콤플렉스가 종언을 고하는 것이다. 그리고 아버지와의 이차적 동일시가 일어난다: "즉 부모에 대한 성적인 욕동이 동일시로 바뀌는 것이다. 아버지나 부모의 권위는 자아에 유입되고, 거기서 초자아의 핵심이 형성된다. 그 초자아는 아버지의 엄격함을 넘겨받아 근친상간을 금기시하고, 부모를 향한 성적 욕동으로부터 자아를 지켜준다. 오이디푸스 콤플렉스에 속하는 성적인 욕동의 경향의 일부는 동일시로 인해 약해지고 고상해지며, 일부는 억제되어 애정으로 바뀐다. 그 과정을 통해 거세 위험에서 벗어남으로써 성기를 보존하는 반면, 성기의 기능은 박탈당하고 무력화된다. 그것이 잠재기로 이어지며, 아동의 성적인 발달이 저지되는 것이다."[20] 그렇게 해서 남자아이는 "남근의 조직화, 오이디푸스 콤플렉스, 거세 위협, 초자아 형성, 그리고 잠재기의 시작"[21]으로 이어지는 순서를 따라가게 된다. 여기서 심리의 정상화에 있어서 가장 중요한 것이, 어머니에 대한 성적 욕동을 포기하고 아버지의 거세의 법을 수용 — 즉 아버지와 동일시 — 하여 초자아를 형성하는 것이다.

*

그러나 여자아이의 경우는 사정이 다르다. 왜냐하면 상식적으로 생각해도, 여자아이에게는 자지가 없기 때문이다. 따라서 여자아이에게 남자아이와 같은 성적인 발달을 기대하기는 힘들다. 그러나 프로이트는 단호하게 말한다: "여성의 경우도 오이디푸스, 초자아, 잠재기로 발전한다. 그렇다면

19 프로이트, 「오이디푸스 콤플렉스의 해소」, in 『성욕에 관한 세 편의 에세이』, 열린책들, 2003, p.296.
20 *Id.*
21 *Ibid.*, p.297.

남근의 조직화와 거세 콤플렉스도 적용시킬 것인가? 대답은 '그렇다'이다. 단지 남자아이와 똑같을 수는 없다."[22] 한 마디로, 문제는 남근이다. 프로이트는 그 문제를 해부학적인 차이로 설명한다: "남성은 단지 하나의 주도적인 성적인 영역, 즉 하나의 성적인 기관을 가질 뿐이지만, 여성은 그 성적 영역이 두 군데이다. 바로 남성의 성기에 비유될 수 있는 클리토리스와 여성의 기관인 질(膣)이 그것이다."[23] 그에 따라 여성의 성생활은 두 국면으로 나뉘는데, 첫 번째 국면은 클리토리스를 중심으로 남성적 특성을 보이는 단계이고, 두 번째는 질을 중심으로 여성적인 속성을 보이는 단계이다. 만약 그 말이 옳다면, 소녀에게도 클리토리스를 중심으로 자위행위와 남근의 조직화가 일어날 가능성은 충분히 있다.

그와 동시에 그 시기의 여자아이는 남자아이와 마찬가지로 첫 번째 사랑-대상으로 어머니를 선택한다. 누가 보아도, 여자아이가 아버지에 대해 애정을 느끼기 이전에 어머니를 사랑하는 것은 당연하다. 그 기간은 생각보다 길어, 어떤 여자아이는 네댓 살까지 지속되는 경우도 있다. 게다가 프로이트에 따르면, 아버지에 대한 애착이 특별히 강한 여성은 거의 예외 없이 어머니에게 먼저 강렬한 애정을 느낀 경험을 갖고 있다. 우리는 그러한 사실로부터 "여성이 아버지에게 강한 애착을 보이는 것은 그 이전에 어머니에게 강하게 애착을 보였던 것의 유산이라는 사실과, 그렇게 어머니에게 강한 애착을 보이는 초기 단계가 예상외로 장기간 지속된다는 사실"[24]을 알 수 있다. 그것은 분명히 여성적 형태의 부정적 오이디푸스 콤플렉스이다.[25] 또

---

22 *Id.*
23 프로이트, 「여성의 성욕」, in 『성욕에 관한 세 편의 에세이』, 열린책들, 2003, p.341.
24 *Ibid.*, pp.340~1.
25 "여자아이의 경우, 그 전 과정은 긍정적인 오이디푸스 콤플렉스 단계에 들어서기 전에 '부정적인' 오이디푸스 콤플렉스 단계를 겪는다는 공식으로 요약된다."(프로이트, 「여성의 성

한 그 시기의 여자아이는 수동적인 경험을 능동적인 경험으로 전환하려는 경향을 보이는데, 그것은 어머니와의 리비도적인 관계에 있어서 남성적 위치를 점유하려는 시도라고 짐작된다. 그 대표적인 것이 인형놀이이다: "여자아이들이 이렇게 이야기하는 경우가 있다: '이제부터는 내가 엄마고, 엄마는 내 아이야, 알았지?'"[26] 그것은 분명 어머니를 대상화하는 행동으로, "아버지에 대한 무시와 더불어 어머니에 대한 배타적 애착의 증거"[27]이다. 그러한 능동성이 지나친 어린 소녀들은 어머니가 자기를 유혹한다고 비난하거나, 아니면 엄마가 새 아기(동생)를 낳을 수 있었던 것은 자기 때문이라고 믿는다.

그리하여 어머니는 그러한 여자아이들의 남근적 행동에 대해 위험을 느끼고, 자위와 근친상간을 금지시키고, 그 벌로 거세의 철퇴를 가한다. 그것은 남자아이와 같다.[28] 그러나 여자에게는 거세 콤플렉스의 영향이 남자아이와 사뭇 다르다. 왜냐하면 남자아이와 달리 여자아이는 이미 거세되어 있기 때문이다: "여자아이에게는 거세 공포가 이미 배제되기 때문에, 거세가 초자아의 형성이나 성기의 조직화에 강력한 동기가 되지 못한다."[29] 그래서 여자의 초자아는 남성의 그것처럼, 정동으로부터 독립되어 있지도, 냉혹하지도 비인격적이지도 않다. 단지 그녀는 남근을 선망하며 남성에 대해 열등감을 느낄 뿐이다: "처음에 여자아이들은 클리토리스를 남자아이의 페니스와 똑같은 것처럼 여기지만, 남자 놀이 친구의 것과 비교하면서 자신의

욕」, in 『성욕에 관한 세 편의 에세이』, 열린책들, 2003, p.359.)

26 프로이트, 「여성의 성욕」, in 『성욕에 관한 세 편의 에세이』, 열린책들, 2003, p.353.

27 *Id.*

28 어머니가 자기를 죽이려 한다고 호소하는 여자 신경증 환자가 많은데, 그것은 어머니의 거세 담화—즉 규제—가 환상으로 이어진 경우이다.

29 프로이트, 「오이디푸스 콤플렉스의 해소」, in 『성욕에 관한 세 편의 에세이』, 열린책들, 2003, p.298.

성기가 밋밋함을 알게 되고 뭔가 잘못된 것으로 여기게 된다. 그리고 그것은 열등감의 요인이 된다. [⋯] 여기에서 여성의 남성 콤플렉스가 생긴다."[30] 그 결과, 어린 소녀는 어머니를 원망하며 어머니에게 등을 돌리게 된다.[31] 왜냐하면 그녀가 보기에, 자기에게 남근이 없는 것은 어머니가 자기에게 제대로 된 자지를 선사하지 않았기 때문이다. 그리하여 여자아이의 마음은 자연스럽게 아버지 쪽으로 기울게 되고, 그녀의 남근 선망은 아버지의 아이를 갖고 싶은 욕망으로 대체된다. 대상-선택이 어머니에게서 아버지에게로 바뀌는 것이다. 그로부터 그녀는 어머니와 자신을 동일시하면서, 어머니의 위치에서 어머니를 대신하려고 한다. 그것은 어머니에 대한 능동적 성애를, 아버지에 대한 수동적 성애로 변모시키고, 어머니를 시기하는 계기가 된다. 남근 선망과 연관된 원망에 오이디푸스적인 질투가 첨가되면서, 진정한 의미의 여성적인 오이디푸스 콤플렉스가 시작되는 것이다:

> "여자아이의 오이디푸스 콤플렉스의 절정은 아버지의 아이를 갖고 싶어 하는 오랜 갈망이다. 그런 바람은 이루어질 수 없는 것이기 때문에, 여성에게 있어서 오이디푸스 콤플렉스는 오랫동안 지속되면서 천천히 사라진다고 할 수 있다. 자지와 아이를 갖고 싶다는 두 소원은 강렬하게 무의식에 남아 여성의 후반까지 성 역할을 수행하게 하는 것이다."[32]

"그런 점에서 여성의 오이디푸스 콤플렉스는 [남성의 그것과는 반대로]

---

30 *Ibid.*, pp.297~8.

31 여기서 세 가지 방향의 태도가 나타날 수 있다: 하나는 성애를 거부하고 모든 성적인 삶을 중지하는 방향이고, 다른 하나는 남성다움에 집착하여, '뭐니 뭐니 해도 남자다'라고 생각하며 반항적으로 남성성을 강조하는 것이고, 마지막 하나는 가장 정상적인 태도로, 여성다움으로 가서 아버지를 리비도의 대상으로 선택하는 것이다.

32 프로이트, 「오이디푸스 콤플렉스의 해소」, in 『성욕에 관한 세 편의 에세이』, 열린책들, 2003, p.298.

매우 긴 성장의 과정에서 마지막으로 나타나는 결과라고 할 수 있다. 즉 그것은 거세의 영향에 의해 파괴되는 것이 아니라 오히려 창조된다."[33] 이렇게 여자아이가 오이디푸스 콤플렉스로 가는 과정은 남자의 그것보다 길고 복잡하다. 뿐만 아니라 여자에게 있어서 오이디푸스 콤플렉스는 남자의 그것과는 반대로 거세와 함께 시작되기 때문에, 그것의 소멸과 그 동기가 불분명할 뿐더러, 그 영향은 정상적인 여성의 정신생활 속에서도 평생 지속된다.

한 마디로 프로이트에 따르면, 남자아이나 여자아이나, 남근의 조직화 — 오이디푸스 콤플렉스 — 거세 콤플렉스 — 초자아 형성이라는 오이디푸스 문법[34]에 따라 발달해야 심리의 정상화가 이루어진다. 만약 그러한 문법에 어긋나거나 발달이 불완전하면 비정상적인 정신증 환자가 되거나 초자아의 강도가 위축됨으로써 신경증에 떨어지게 된다. 말하자면 문법에 맞는 정문이 되는 것이 아니라 문법에 맞지 않는 비문이 되는 것이다. 반면에, 오이디푸스 콤플렉스는 그러한 문법이 현실적인 어머니와 아버지의 관계 속에서 실현될 때 생기는 부수적인 감정놀음일 뿐이다. 그리고 거세 콤플렉스는 대상 포기에 병행되는 남근 포기(또는 상실)에 따른 불안에 불과하다.

2012년 9월 5일

---

33 프로이트, 「여성의 성욕」, in 『성욕에 관한 세 편의 에세이』, 열린책들, 2003, p.344.

34 이것을 풀어서 다시 말하면, 남근이 조직화되면서 어머니라는 대상에 투여되던 리비도를 포기하고, 그 대상 상실에 대한 보상으로 아버지와 동일시함으로써 초자아를 형성하는 것으로 요약할 수 있다.

III

라캉의 공시적 구조 이론

라캉주의(lacanisme)
기호형식과 큰타자(기호형식의 장소)
남근의 기호형식과 상상적 거세
기호형식에 의한 주체의 표상
오이디푸스 구조와 아버지의 은유
단성과 자아-이상
욕망과 〈대상 a〉 v.s. 욕동과 부분대상

1.

위키페디아(Wikipédia) 백과사전의 <라캉의 용어(terminologie lacanienne)>라는 항목에 다음과 같은 말이 나온다: "라캉주의(lacanisme)는 구조주의의 척도로 프로이트를 재독서한 것으로 이해되어야 한다. 라캉은 지크문트 프로이트의 메타심리학을 뛰어넘는 돌출 이론을 제시했다기보다 <프로이트로 돌아가자(retour à Freud)>라는 기치를 실현하고자 했다. 그러한 의미에서 라캉의 용어는 정신분석의 새로운 이론을 제시하지 않는다." 이 설명에 따르면, 라캉의 이론은 프로이트의 정신분석을 구조주의적으로 재독서한 것이기 때문에 전혀 새로운 이론이 아니다. 그 말의 진위는 차치하고, 라캉이 프로이트의 정신분석에 언어학을 도입하여 언어학적 정신분석을 세운 것은 사실이다. '무의식은 언어처럼 구조화되어 있다'는 그의 가장 유명한 명제만을 보더라도 그의 정신분석이 얼마나 언어구조적이었는가를 알 수 있다. 사실 앞(제1장)에서도 말했지만, 라캉은 프로이트의 무의식을 구성하는 억압된 욕동의 <대표-표상(Vorstellungrepräsentanz, représentant-représentation)> — 프로이트는 다른 곳에서 이것을 전의식의 <언어표상>과 구분해서 <사물표상>이라고 규정한다 — 에서 순수한 기호형식을 읽어내고,[1] 무의식을 언어의 장소 — 이것이 라캉에 의해 <기호형식의 장소>로 정의되는 큰타자(Autre, 대문자 타자)이다 — 로 정의한다.[2] 그러나 그것은 역설적으로 프로이트의 정신분석을 언어 논리로써 재해석하는 언어학적이고 구조주의적인 라캉의 독창적인 정신분석의 출발점이 된다.[3]

그에 따라 프로이트가 핵 콤플렉스라고 부르는 오이디푸스 문법도 라캉에 의해 언어학적으로 재해석되어 오이디푸스 구조가 되는 것은 필연적 수순이다.[4] 우선 오이디푸스의 문법은 남근을 중심으로 어머니에 대한 리비

1 "1950년에 라캉은 <기호형식>을 이론화한다. <무의식은 언어처럼 구조화되어 있다.> 라캉은 따라서 구조주의자이다. 그는 페르디낭 드 소쉬르의 작업에 기초해 있다. 그는 그의 언어 기호를 다시 사용하지만, 기호형식의 우위를 말한다. 가끔 순수한 기호형식, 다시 말해 특별한 기호내용이 없는(그렇지만 그것의 일반적인 기호내용은 욕망과 거세이다) 사물표상으로서의 기호형식의 우위를 말한다. 라캉의 기호형식은 소쉬르의 그것과 다르다. 그것은 표상의 대표(즉 대표-표상)를 가리키는 프로이트의 <Vorstellungrepräsentanz>를 나타낸다."(<라캉의 용어(terminologie lacanienne)>, in *Wikipédia*)

2 그렇다고 프로이트의 무의식과 라캉의 큰타자를 동일한 개념으로 생각해서는 안 된다. 단지 라캉은 프로이트의 무의식의 언어적 성격을 부각하고, 그것이 기호형식의 가치가 있다면 거기에도 필시 현대 언어학이 발견한 명제가 적용될 것이라는 관점에서 큰타자라는 용어를 도입한 것이다.

3 바로 이 사실 때문에, 라캉의 정신분석의 출발점이 프로이트였다고 하더라도, 그는 프로이트의 정신분석을 넘어서서, <제2의 정신분석 혁명>이라고 일컬어질 만큼 새롭고 충격적인 이론을 창출해냈다고 말할 수 있다.

도 투여로부터 시작해서, 어머니의 거세를 목격한 이후에 거세 불안을 느끼고 어머니에 대한 대상 투여를 포기하고 아버지와의 동일시를 통해 초자아를 형성하는 것으로 마무리된다. 그것이 곧 통사론적 차원에서 정상화의 길이라는 것이 오이디푸스 문법의 핵심이다. 이 문법은 남자아이에게만 해당하는 것이 아니라, 여자아이도 예외가 아니다. 말하자면 여자아이도 남근의 조직화와 그에 따른 거세 콤플렉스가 일어난다. 따라서 프로이트에 따르면 남성적 리비도와 여성적 리비도가 따로 있는 것이 아니라, '단 하나의 리비도'[5]만 존재한다. 그 하나의 리비도는 남근을 중심으로 조직화되기 때문에 남성적이다.

> 우리는 성생활의 추진적인 힘을 리비도라고 불러 왔다. 성생활은 남성-여성이라는 양극에 의해 지배된다. […] 그래서 어떤 종류의 리비도는 남성적인 목표를, 또 다른 종류의 리비도는 여성적인 성생활을 추구한다는 것이다. 그러나 사실은 전혀 그렇지 않다. 오직 하나의 리비도가 있을 뿐이며, 그것은 남성적 또는 여성적인 성기능에 같이 쓰인다. 그것 자체에는 어떤 성별도 부여할 수 없다. 적극성과 남성성이 서로 일치하는 것으로 간주하는 전통적인 방법대로 그것을 남성적인 것으로 지칭한다 해도 그것은 수동적인 목표를 가진 노력에도 역시 관여한다고 하는 사실을 잊어서는 안 된다. 어쨌든 '여성적 리비도'라는 분류는 어떻게 해도 정당화될 수 없다.[6]

4 따라서 오이디푸스는 정신분석의 역사에 따라 세 측면이 차례로 부각된다. 첫째는 시간의 차원에서 어머니의 욕망을 포기하고 아버지와 동일시하여 초자아를 형성하는 통시적인 문법으로서의 오이디푸스이고, 둘째는 오이디푸스 문법과 현실 사이에서 발생하는 부모에 대한 감정—애증—놀음인 콤플렉스로서의 오이디푸스이고, 마지막으로 셋째는 라캉에 의해 아버지의 은유—아버지의 이름에 의한 어머니의 욕망의 공시적 대체—로 공식화되는 구조로서의 오이디푸스이다.

5 Lacan, *Ecrits*, Seuil, p.695.

6 프로이트, 『새로운 정신분석 강의』, 열린책들, p.187.

프로이트는 남근기의 성기는 남근 하나뿐이라고 계속해서 강조한다. "이 때 성기라고 하는 것은 남성만의 것이고, 보다 엄밀히 하자면 자지를 말한다. 여성의 것은 미지의 것으로 남아 있다."[7] "프로이트는 두 성 모두에 있어서 성의 문제를 거세 콤플렉스에 의해 완성되는 중심축으로서의 남근의 상상적 기능을 밝혀낸 것이다."[8] 이것을 프로이트는 성기에 대한 <남근의 우위>라고 부른다.

> 나는 지금 성기들의 우위가 초창기 유아기에 아주 불완전하게 시행되거나 전혀 시행되지 않는다는 나의 명제에 만족할 수 없다. 어린아이의 성생활은 상당한 정도로 성인의 그것에 근접한다. 그것은 대상 선택의 도래에 대해서만 그런 것은 아니다. 부분욕동들이 성기들의 우위 하에 진정한 종합에(즉 유아 성욕의 발달의 절정에) 도달하지 않을지라도, 성기들에 대한 관심과 성기 활동은 지배적인 중요성 — 거의 성숙기의 그것에 뒤지지 않는 — 을 획득한다. 그러한 <유아 생식 조직>의 기본 특성은 성인의 결정적인 성기 조직과 구분 짓는 것이다. 그것은 두 성 모두에게 단 하나의 성기, 즉 남성기관이 역할을 한다는 점에 있다. 따라서 성기의 우위가 존재하는 것이 아니라 <남근>의 우위가 존재한다.[9]

이 인용문에 따르면, 남근의 우위는 일차적으로 부분욕동들에 대한 성기들 — 자지와 보지 — 의 우위 — 즉 성기로 부분욕동들의 종합 — 를 말하고, 이차적으로 여성의 성기인 질에 대한 자지의 우위를 말한다. 그렇지만 궁극적으로 모든 욕동은 후자로 귀결되고, 따라서 마지막 우위를 차지하는

---

7 프로이트, 「오이디푸스 콤플렉스의 해소」, 『성욕에 관한 세 편의 에세이』(김정일역), 열린책들, p.48.

8 Lacan, *Ecrits*, Seuil, p.555.

9 프로이트, 「유아의 성기 형성」, 『성욕에 관한 세 편의 에세이』(김정일역), 열린책들, pp.286~7.

것은 남근이다. 그도 그럴 것이, 남근기에는 남자아이든 여자아이든 여자의 성기가 남자의 성기와 다르게 따로 있다는 사실을 모른다. 여자아이들을 포함해서 모든 아이들은 남자의 성기 — 자지 — 의 유무로 남녀의 차이를 인식한다. 그 인식 과정은 네 단계로 나눌 수 있다. 첫째는 모든 생물들 — 인간이든 동물이든, 남자든 여자든 — 은 자지를 갖고 있다고 생각하는 단계[10]이고, 둘째는 여자의 성기를 목격하는 단계[11]이고, 셋째는 그것이 아직 자라지 않아서 작은 것이지 곧 커질 것이라고, 여자의 남근이 없음을 부인하는 단계이고, 넷째는 여자에게 자기가 없는 것을 거세된 것이라고 해석하고 자기도 그렇게 될까 봐 거세 불안에 떠는 단계[12]이다. 결론적으로 "거세 콤플렉스의 의미작용은 그것이 남근 우위 단계에 도래한다는 사실을 고려에 넣을 때만 비로소 정당한 가치로 평가될 수 있다."[13] 이것은 여자아이도 마찬가지이다. 여자아이 편에서는 우연히 남자아이의 자지를 목격하고 자신이 가지고 있지 않은 것이 남자아이에게 있는 것을 발견하고 깜짝 놀란다. 여자아이도 자신의 성기 — 질 — 가 따로 있다는 사실을 모르고, 남근의 장소를 중심으로, 즉 자지의 유무로 남녀의 성차를 인식하는 것이다.

---

10 "남자아이는 남자와 여자의 차이를 분명히 인지하고 있다. 그러나 그가 처음부터 그 차이를 성기들의 다양성과 연관 짓는 것은 아니다. 그는 다른 모든 생물들 — 인간이든 동물이든 — 에게도 그 자신이 소유하고 있는 것과 같은 성기가 존재한다고 자연스럽게 가정한다. 심지어 그는 무생물에게도 그의 가운뎃다리와 같은 것을 찾으려고 한다."(*Ibid.*, p.287)

11 "이러한 탐구 과정 중에, 아이는 자지가 자기와 같은 모든 존재들에게 공통적인 재산인 것은 아니라는 사실을 발견하게 된다. 누이동생이나 여자 동무의 성기의 우연한 목격이 그러한 기회를 제공한다."(*Ibid.*, p.288)

12 "우리는 그들이 자지의 결핍에 의해 야기된 첫 인상에 어떻게 반응하는지를 알고 있다. 그들은 그 결핍을 부인하고, 기어코 가운뎃다리를 보았다고 믿는다. 그들은 관찰과 선입견 사이의 모순을 불문에 부치고[베일로 가리고], 아직 작지만 커질 거라고 확인하러 다닌다. 그러다가 커다란 감정적 효과가 나타나는 결론 — 즉 어쨌든 전에는 그것이 거기에 있었는데, 나중에 박탈되었다는 — 에 천천히 도달한다. 자지의 결핍이 거세의 결과로 이해되고, 아이는 이제 자기 자신과 거세의 관계에 직면하게 되는 것이다."(*Ibid.*, p.288)

13 *Ibid.*, p.288.

게다가 여자아이도 자신에게 자지가 없는 것을 박탈당했다고 해석한다. 말하자면 남근-거세가 여자아이에게도 적용되는 것이다.

그렇다면 프로이트는 왜 인간에게만 그렇게 독특한 남근기, 남근의 조직화, 남근의 우위가 발생하는지 — 다시 말해 왜 인간의 성적 발달에는 남근을 중심으로 한 <남근기>와 성기를 중심으로 한 <사춘기>라는 '이중단계의 설립(instauration diphasique)'이라는 특징을 보이는지 — 를 어떻게 설명할까? 앞(제2장)에서도 말했지만 프로이트는 그 문제를 해부학적인 차이로 설명한다: "남성은 단지 하나의 주도적인 성적인 영역, 즉 하나의 성적인 기관을 가질 뿐이지만, 여성은 그 성적 영역이 두 군데이다. 바로 남성의 성기에 비유될 수 있는 클리토리스와 여성의 기관인 질(膣)이 그것이다."[14] 그에 따라 여성의 성생활은 두 국면으로 나뉘는데, 첫 번째 국면은 클리토리스를 중심으로 남성적 특성을 보이는 단계이고, 두 번째는 질을 중심으로 여성적인 속성을 보이는 단계이다.

그러나 라캉은 프로이트의 남근의 우위를 그대로 수용하면서도, 프로이트의 해부학적 설명[15]과는 전혀 다른 상징적 차원의 설명을 도입함으로써 그에 대한 독창적인 해석을 시도한다. 라캉은 도서관의 색인의 비유를 통해 남근은 무엇보다도 기호형식이라는 명제를 공고히 한다. 즉 라캉에 따르면, 도서관에 어떤 책이 있는지 없는지 알려지려면, 그 책의 색인 카드와 분류 기호라는 상징적 질서가 전제되어야 한다. 말하자면 어떤 도서관에 그 책이 있었는데 지금 없다는 사실이 알려지기 위해서는 도서 분류법이 정해준

14 프로이트, 「여성의 성욕」, in 『성욕에 관한 세 편의 에세이』, 열린책들, 2003, p.341.

15 프로이트는 다음과 같이 말하고 있다: "여기서 성의 동등한 권리를 요구하는 페미니스트들의 주장을 따를 수 없는데, 왜냐하면 형태학적 구분이 심리학적 발달의 차이로 나타나기 때문이다. 나폴레옹의 말을 조금 바꿔, '해부학적 구조는 운명이다'라고 말할 수 있다."(프로이트, 「오이디푸스 콤플렉스의 해소」, p.52.)

그 책이 있어야 할 장소에 없어야 한다. 따라서 어떤 책이 없다는 것은 '제 자리에 없는 것(manque à sa place)'이다. 마찬가지로 여자에게서 목격되는 자지의 결핍이 남근의 장소에 자지가 있다가 없어졌다고 해석되기 위해서는, 남근이라는 상징(색인)과 그것의 자리가 지정되어야 한다. 그리하여 라캉에 있어서 남근(phallus)은 무엇보다도 기호형식이어야 하는 것이다. 그렇다면 자지(penis)는 무엇인가? 자지는 남근의 기호형식이 지정해주는 해부학적 장소에 있어야 할 남성 기관이다. 그렇다면 이번에는 자지의 부재가 거세로 해석되는 까닭은 무엇인가? 다시 말해 거세는 남근처럼 상징적인가, 아니면 자지의 부재처럼 현실적인가? 결론부터 말한다면, 그것은 상징적인 것도 현실적인 것도 아니다. 그것은 무엇보다도 상상적인 것이다. 애초부터 남자와 여자의 성기관은 다를 뿐 아니라 따로 있는 것인데, 그것을 자지의 부재로 해석하는 것 자체가 오인인 것이다.(그래서 나중에 밝혀지겠지만, 라캉은 이것을 상상적 거세라고 한다.)

2.

그렇다면 그 오인은 왜 발생하는 것일까? 반데르메르슈는 그 이유를 다음과 같이 설명한다: "거세 — 다시 말해 어머니 자지의 부재를 결핍으로서 상징화하는 것 — 는 신화적인 원인 외에 다른 원인이 없다. 거세는 순전히 논리적인 구조에 속하는 것이다. 그것[거세]은 큰타자(기호형식의 장소) 속에, 큰타자(기호형식의 보고)의 가치와 진실을 보증하는 어떤 기호형식의 결핍을 상상적 형태로 제시하는 것이다."[16] 여기서 큰타자는 무엇이고, 그 큰타자에 어떤 기호형식의 결핍은 무엇이고, 그것이 상상적 형태로 제시되는 것은 또 무엇인가? 사정은 이렇다. 그것은 프로이트가 발견한 무의식을 구성하는

<억압된 심리의 대표-표상>에서 라캉이 기호형식을 발견할 때부터, 이미 예정된 이론의 운명이다.

다 알다시피, 프로이트의 무의식은 억압된 표상으로 이루어져 있다. 그래서 프로이트는 <무의식의 표상>[17]이라는 표현을 자주 사용한다. 고전 철학에서 표상의 지배적인 의미는 '어떤 대상을 주관적으로 마음속에 그리는 행위'를 말하기 때문에, 일차적으로 이미지(像)이고, 이차적으로 의식적인데 비해, 프로이트에게 표상은 대상이 기억 체계에 기록되는 것이기 때문에 무엇보다도 기호의 성격이 강하다. 프로이트가 기억 흔적이라는 용어를 자주 사용하는 까닭이 거기에 있다. 그렇지만 그 기억을 순전히 이미지의 집합소로 생각해서는 안 된다. 기억 흔적은 대상과 닮은꼴의 약한 시각적 이미지를 지칭하기보다, 다른 기호와 항상 함께 조직되는 하나의 기호를 지칭한다. 그런 관점에서 프로이트의 표상은 기호형식이라는 언어학적 개념에 가깝다. 사실 표상을 무의식과 연결시키면서 거기서 기억에 기록되는 기호의 성격을 발견하는 것은 프로이트의 독창적 관점이지만, 그러한 무의식의 표상을 다시 언어학적인 기호형식으로 연결시키는 것은 전적으로 라캉의 혜안이다. 그러나 설명의 중점을 기호에서 기호형식으로 옮기고, 소쉬르로부터 시작된 현대 언어학의 연구 성과를 거기에 대입하는 것은, 프로이트와 라캉 사이에 뛰어넘을 수 없는 엄청난 해석의 거리를 내포하고 있다.

우선 라캉은 '기호형식의 장소' — '기호형식의 보고'라고도 한다 — 로 정의되는 큰타자라는 개념을 도입한다. 왜냐하면 하나의 기호형식은 다른 기호형식과의 차이에 의해 그 가치가 구성되는데, 그러려면 두 개 이상의

16 Bernard Vandermersch, <objet a> in *Dictionnaire de la psychanalyse*, Larousse, 2003, p.291.

17 사실 이 표현은 역설적이다. 왜냐하면 표상은 의식을 전제하고 있는데, 의식되지 않는 표상을 말하고 있으니 말이다.

기호형식(S_1, S_2)이 있어야 하고, 따라서 이미 기호형식의 장소가 전제되어야 한다. 그런 다음 하나의 기호형식(S_1)이 다른 기호형식(S_2)을 지향함으로써 그 가치가 결정되는 것이다. 그것을 라캉은 보통 <$S_1 \rightarrow S_2$>이라는 산식으로 표시한다. 그런데 사실 S_2는 S_1이 속한 기호형식의 집합 전체라고 할 수 있다. 말하자면 S_1은 S_2를 경유하여 그것들이 속한 기호형식의 집합의 모든 기호형식들과 차이를 확인하기 위해 '기호형식의 장소'로 이동해야 한다. 그것을 우리는 다음과 같은 산식으로 표시할 수 있다.

$$S_1 \rightarrow S_2(\rightarrow S_3 \cdots\cdots \rightarrow S_n)$$

이렇게 S_2는 그 기호형식들이 속한 기호형식의 전체 집합을 대표한다. 라캉은 이것을 대문자 타자(Autre, 큰타자) — 약어로는 대문자 A로 표시한다 — 로 명명하고, '기호형식의 장소'로 정의한다. 따라서 <$S_1 \rightarrow S_2$>는 궁극적으로 <$S_1 \rightarrow S_2(=A)$>인 셈이다. 그런데 다른 한편 S_2의 편에서도 하나의 기호형식이기 때문에 다른 것과의 차이에 의한 가치구성을 위해 S_1을 지향해야 한다.($S_2 \rightarrow S_1$) 결국 S_1은 S_2에 의해 가치가 구성되고, S_2는 S_1에 의존함으로써만 그 가치가 결정된다. 그러나 그것은 모순이다.(아리스토텔레스의 논리학에서는 이것을 '순환논증의 오류(circulus in probando)'라고 한다.) 따라서 S_1와 S_2는 가치 결정에 실패한다.(이것을 라캉은 '상징계의 실패'라고 한다.) 그렇다면 왜 이런 결과가 초래되는 것일까? 그것은 큰타자에 <$S_1 \rightarrow S_2$>의 가치를 보증해줄 마지막 기호형식이 없기 때문이다. 그 마지막 기호형식은 다른 기호형식(과의 차이)에 의존하지 않고 스스로 가치를 갖는 기호형식인데, 그러한 기호형식이 큰타자에는 없는 것이다. 큰타자의 마지막을 장식하는 Sn이 마지막 기호형식이 아니냐는 질문이 있을 수 있다. 그러나 그것도 하나의 기호형식에 불과하기 때문에, 결국 S_n은 S_1로 되돌아갈 수밖에 없다. 라캉은 이렇게 어떤 기호형식 — 마지막 기호형식 하나 — 이 결핍된 큰타자를 Ⱥ로 표시하고, 그렇게 큰타자에 결핍된 기호형식을 S(Ⱥ)로 표시한다. 그리고 그 각각을 '큰타자의 결핍'과 '큰타자의 결핍의 기호형식'[18]이라고 읽는다.

이제 '거세는 큰타자의 결핍이 어머니 자지의 부재라는 상상적 형태로 제시된 것'이라는 반데르메르슈의 말을 이해할 수 있다. 자지의 부재가 알려지기 위해서는 남근의 기호형식으로 상징화되어야 하듯이, 역으로 남근의 기호형식(라캉은 이것을 대문자 Φ[phi]로 표시한다)은 궁극적으로 큰타자의 결핍에 도달하고, 큰타자의 결핍이 어머니 자지의 부재로 상상화하는 것이다. 아마 그러한 상상화는 큰타자의 결핍의 기호형식 — S(Ⱥ) — 이 곧 남근의 기호형식이라는 등가성을 그 밑에 깔고 있을 것이다.

3.

라캉은 여기서 한 발 더 나아간다. 프로이트의 자아의 개념까지도 기호형식과 연관시켜 주체라는 개념을 창안한다. 한 마디로 주체와 기호형식의 관계는, <하나의 기호형식은 다른 기호형식을 위해(또는 향해) 주체를 표상한다.>는 명제로 요약된다. 사실 프로이트에게는 주체라는 개념이 없다. 온갖 자아의 개념이 있을 뿐이다. 원시적 자아로서 쾌락자아와 현실자아, 고유한 의미의 자아, 이상적 자아와 자아 이상, 그리고 초자아에 이르기까지 프로이트에게 자아는 실로 다양하다. 그러나 라캉은 이 모든 자아를 자아와 주체로 대별하고, 전자는 이미지와의 동일시에 의해 형성되는 상상적인 것

18 또는 '큰타자 속의 결핍의 기호형식(signifiant d'un manque dans l'Autre)'이라고 한다.(Lacan, *Ecrits*, Seuil, p.818 참조)

이고, 후자는 기호형식과의 동일시에 의해 나타나는 상징적인 것으로 정의한다. 이렇게 정의하고 정리할 수 있었던 것은, 프로이트의 텍스트에 대한 라캉의 천착이 있었기 때문이다. 다시 말해 라캉의 독창적인 개념이라고 말하는 주체조차도, 프로이트가 발견한 자아 형성에 관한 기본 가설이 있었기 때문에 가능했던 것이다.

프로이트에 따르면 자아는 선험적으로 주어지는 것이 아니라, 후천적으로 형성되는 것이다. 그것은 대상 — 또는 타자 — 과의 동일시에 의해 형성된다. 따라서 자아 형성의 기본 전제는 자아의 타자성이다. 프로이트의 그러한 가설은 네르발(Nerval)과 랭보(Rimbaud)의 시 구절과 흡사하다. 네르발은 '나는 타자다(Je suis un autre)'라고 말했고, 랭보는 '나는 대문자 타자다(Je est un Autre)'라고 읊조렸다. 전자와 후자의 차이에 대해서는 또 다른 지면을 필요로 하지만[19], 아무튼 타자와의 동일시에 의해서 자아가 형성된다면, 타자의 무엇과 동일시하느냐에 따라 전자와 후자로 갈라진다. 다시 말해 타자의 이미지와 동일시하면 전자로 가는 것, 즉 자아가 형성되는 것이고, 타자의 기호형식으로서의 어떤 특성과 동일시하면 후자로 가는 것, 즉 주체가 도래하는 것이다.

우선 라캉은 프로이트의 쾌락자아 / 현실자아에서 주체의 탄생을 목격한다. 다 알다시피, 프로이트의 쾌락자아 / 현실자아의 대립은, 심역(Instanz,

19 네르발의 '나는 타자다(Je suis un autre)'와, 랭보의 '나는 대문자 타자다(Je est un Autre)'라는 시구의 현격한 차이는 다음과 같이 요약될 수 있다. 전자는 영어로 'I am an other'로 동사가 일인칭 단수이고 소문자 타자인데 반해, 후자는 영어로 'I is an Other'로 동사가 3인칭 단수이고 대문자 타자이다. 이러한 사실은 전자가 인격적 '나'와 타자를 동일시하고 있는데 비해, 후자는 '나'를 비인칭적 대문자 타자와 동일시한다는 뉘앙스를 풍긴다. 사실 라캉의 이론을 여기에 대입하면, 전자는 자아와, 후자는 주체와 연결된다. 부연하면, 전자는 상상적 차원에서 '나'와 '너'를 동일시하는 것인데 비해, 후자는 상징적 차원에서 비인칭적인 타자('그것')과 동일시함으로써 주체를 표상하는 것이다.

instance)으로서의 자아 이론과 관계가 없는 관점으로, 생물심리학적인 개체(프로이트가 제시한 '최초의 현실자아'와 동일한 것)와 고유한 의미의 자아(즉 심역으로서의 자아) 사이의 중개와 생성 과정을 보여주려는 지극히 가설적이고 원초적인 심리이다.

그 첫 번째 단계는 프로이트가 <최초의 현실자아>라고 부르는 것으로, 주체는 "유쾌한 것과 일치하고, 외부 세계는 무관심한 것과 일치한다."[20] 왜냐하면 그 시기의 자아는 자기성애적이기 때문에 외부의 대상을 필요로 하지 않기 때문이다. 그 결과 주체는 외부에 대해 무관심해지고 자아-주체와 외부 세계의 대립은 쾌락과 무관심의 대립과 일치한다. 그러나 그러한 태도는 현실에 대해 편견 없이 접근할 수 있게 해주기 때문에, 외부 세계의 성질과 관계없이 "좋은 객관적 기준에 의거하여 안과 밖을 구분할"[21] 수 있었다. 그런데 여기서 중요한 것은 최초의 현실자아는 표상과 표상된 것(즉 현실)을 구분하지 못한다는 점이다. 그 자아에게 "표상은 표상된 것의 현실적 보증"[22]이라는 말이다. 그래서 현실자아라고 부르는 것이고, 표상으로 된 그 현실자아는 곧 표상된 현실 자체였다.

이제 두 번째 시기에서는 그러한 현실자아와 현실의 좋은 관계 — 좋은 현실만 있는 — 가 쾌락원칙에 의해 교란된다. 즉 대상을 필요로 하는 성욕동이 대상에 무심했던 자기성애적인 일차적 나르시시즘을 깨뜨리고 쾌락자아를 탄생시키는 것이다. 부연하면 대상을 필수적으로 요구하는 그러한 욕동 때문에 자아는 외부 세계에서 대상을 구하게 됨에 따라, 외부에 있는 쾌락 대상들은 <내입>하고, 내부의 불쾌한 것은 밖으로 <투사>하는 것

20 프로이트, 「욕동과 욕동의 운명」, 『정신분석학의 근본 개념』, 열린책들, p.125.
21 *Ibid.*, p.126.
22 프로이트, 「부정」, 『정신분석학의 근본 개념』, 열린책들, p.448.

이다. 그 결과 자아-주체는 모든 불쾌한 것을 밖으로 내보내고 순수하게 쾌락 대상과 합체된 <정화된 쾌락자아>로 태어난다. 그에 따라 안과 밖의 구분도 자아에 내입된 대상의 유쾌한 부분(좋은)과 자아 밖으로 투사된 대상의 불쾌한 부분(나쁜)의 대립과 일치한다. 이렇게 볼 때 쾌락자아가 성립하기 위해서는, 성욕동의 충족에 필요한 대상과 합체되는 단계가 논리적으로 선행해야 한다. 그런 연후에 그 중에 좋은 부분은 내입하고 나쁜 부분은 투사함으로써 순수한 쾌락자아가 성립할 수 있다. 그래서 마치 투사는 '전체의 일부분을 추출하여 외부 세계로 던지는' 것처럼 보이는 것이다.

> 따라서 아주 적절한 객관적 기준에 따라 내부와 외부를 구분하던 최초의 <현실자아>가 다른 무엇보다 쾌락만을 우선으로 하는, 쾌락 이외의 것은 모두 배제하는 순수한 <쾌락자아>로 변하게 된다. 그 자아에게 외부 세계는 그것이 자신에 합체한 <쾌락> 부분과 그것에 생소한 나머지로 분해된다. 그 자아는 전체의 일부분을 자신에게서 추출하여 외부 세계로 던져버리면서[투사하면서] 적대적으로 느끼는 것이다. 이렇게 자아와 외부 세계의 관계가 새롭게 정리되고 난 뒤, 두 쌍의 대조군은 다시 한 번 서로의 짝을 찾는다. 즉 자아-주체(Ich-Subjekt; moi-sujet; ego-subject)는 쾌락과 일치하게 되고 외부 세계는 불쾌(이전에는 무관심의 대상이었던 것)와 일치하게 된다.[23]

그런데 다음 단계의 '결정적 현실자아'와 관련하여 놓쳐서는 안 될 점은, 이 쾌락자아도 최초의 현실자아와 마찬가지로 표상과 표상된 것(즉 지각 현실)을 구분하지 못한다는 것이다. 그에 따라 자아-주체와 현실, 즉 안과 밖은 각각 외부 대상의 좋은 부분과 나쁜 부분과 일치한다.

그러나 그러한 현실 개념은 '결정적 현실자아'의 탄생과 함께 완전히 바

23 프로이트, 「욕동과 욕동의 운명」, 『정신분석학의 근본 개념』(윤희기 역), 열린책들, p.126.

뀐다. 프로이트가 제기한 '결정적 현실자아'는 원초적으로 만족을 준, 잃어버린 대상의 표상과 일치하는 현실 대상을 외부에서 되찾으려는 자아-주체를 말하는데, 그러한 현실자아가 성립되기 위해서는 한두 가지 과정의 전제가 필요하다. 첫째는 쾌락자아와 합체된 대상의 좋은 부분이 표상과 표상된 것(즉 지각 현실)으로 분리가 일어나야 하고, 둘째, 쾌락자아는 그 대상의 표상만을 내입함으로써 발생하는 것이고,[24] 그 표상과 일치하는 실제(현실적) 대상은 표상 밖으로 상실되어야 한다. 따라서 이 현실자아의 안과 밖은 표상과 표상 밖의 현실과 일치한다. 역으로 말하면, 이때의 현실은 고유한 의미의 현실 — 생물학적인 인간 존재의 바깥 현실 — 이 아니라 표상의 도입과 함께 표상 밖으로 추방되는 대상(의 좋은 부분) 자체이다. 결정적 현실자아는 그것이 지각하는 현실이 그러한 대상 자체와 일치하는지를 검증하는 현실-검증의 동인이다. 다른 한편, 그러한 쾌락자아에서 현실자아로의 이행은 쾌락원칙에서 현실원칙으로의 이행과 일치한다.

라캉의 기지가 발휘되는 것은 바로 이 지점이다. 프로이트의 표상에서 기호형식을 발견했듯이, 라캉은 이번에도 표상의 내입에 의해 쾌락자아가 발생하는 것을, 기호형식에 의한 주체의 표상으로 재해석한다.[25] 이를테면 라캉은 표상을 기호형식으로, 쾌락자아를 주체로 바꾸어 놓았을 뿐이다. 그러나 그것은 정신분석의 이론에 있어서 엄청난 혁명을 가져온다. 즉 기호

---

24 쾌락자아와 현실자아의 대립이 논리적이고 가설적이고 만큼, 표상과 지각 현실(표상된 것)의 분리가 쾌락자아 발생 시에 일어나느냐 아니면 현실자아의 단계에 이르러 이루어지느냐 하는 문제는 공론에 불과하다. 그 두 자아는 동시에 발생한다고 해도 과언이 아니다. 결국 쾌락자아는 대상의 좋은 부분의 표상을 내입하는 것이고, 현실자아는 그 표상에 일치하는 지각 현실 — 상실된 대상(의 좋은 부분) 자체 — 을 되찾으려는 동인이다.

25 그에 따라 대상의 좋은 부분이 쾌락-주체로 합체되는 프로이트의 내입(introjection)도, 라캉에 의해 상징계의 작용으로 재해석된다. 왜냐하면 라캉에게 내입되는 것은 큰타자의 어떤 기호형식이고, 그 기호형식에 의해 주체가 나타나기 때문이다.

형식에 의한 주체의 표상이라는 독창적인 개념[26]이 정신분석에 도입되는 것을 필두로 해서 논리적으로 도출되는 명제들은, 프로이트의 이론의 문제점을 해결하는 것을 넘어서서 제2의 정신분석 — 프로이트의 정신분석과 전혀 다른 새로운 정신분석이라는 의미에서 — 을 가능하게 만든다.

우선 하나의 기호형식이 주체를 표상한다면, 그것은 다른 기호형식을 향하기 위함이다. 왜냐하면 하나의 기호형식은 그 가치 결정을 위해 다른 기호형식을 지향해야 하기 때문이다. 그렇게 해서 도출된 주체와 기호형식의 관계에 관한 라캉의 명제가, '하나의 기호형식은 다른 기호형식을 향해 주체를 표상한다.'[27]이다. 역으로 '주체는 어떤 기호형식이 다른 기호형식을 향해 표상하는 것(le sujet est ce que représente un signifiant pour un autre signifiant)'으로 정의될 수 있다.

둘째, 그에 따라 주체는 하나의 기호형식과 일치하지 못하고, 두 기호형식 사이에서 분열된다. 왜냐하면 주체는 기호형식의 효과[28]인데, 하나의 기호형식(S_1)이 주체를 표상하는 순간, 그 기호형식은 다른 기호형식으로 이동하기 때문이다. 결국 주체는 두 기호형식 사이에서 분열된 주체 — 이것을 라캉은 $\$$로 표시한다 — 로 나타난다.

$$S_1 \rightarrow \$ \rightarrow S_2$$

26 "주체라는 용어는 라캉의 초기 저작에서부터 등장해서 1945년 이래 그의 이론의 중심부를 차지하고 있을 뿐 아니라, 프로이트의 어휘 목록에는 없는 라캉 특유의 개념이기 때문에, 라캉의 이론에서 가장 핵심적이고 독창적인 개념이다."(에반스, <주체>, 『라캉 정신분석 사전』, 인간사랑)

27 이것의 원문은 <un signifiant est ce qui représente un sujet pour un autre signifiant.>이다. 여기서 전치사 <pour>는 그것의 일차적 의미대로 '위하여'로 번역되어 왔다. 그러나 그것을 '향해'로 번역하면, 다른 기호형식을 향하는 기호형식의 지향성을 드러낼 수 있다.

28 이 말은 기호형식이 주체를 표상하기 전까지는 주체가 존재하지 않는다는 뜻이다. 그리고 그 이후에도 주체의 실체가 생기는 것이 아니라, 그야말로 주체의 효과만 나타날 뿐이다.

따라서 셋째, 주체는 두 기호형식 사이에 그어진 횡선 자체이고, 벌어진 틈이다. 라캉은 이것을 완전한 구(球)에 비유되는 원시적 주체가 기호형식에 의해 절단(coupure)될 때 생기는 구멍에 비유하고 있다.[29] 이 비유에 따르면, 기호형식에 의해 절단된 주체는 구멍 난 구(球)이다. 결국 주체는 기호형식에 의한, 기호형식 사이의 구멍 자체이기 때문에, 존재가 없이 비어 있다. 그래서 주체는 존재-결핍(manque à être)인 것이다.[30]

결론적으로 프로이트의 쾌락자아 / 현실자아는, 라캉이 보기에, 욕동의 주체와 대상이 대립 발생하는 논리적 과정이다. 단지 프로이트와 라캉의 차이가 있다면, 프로이트는 쾌락자아에서 대상(의 좋은 부분) 표상과의 동일시를 보는 반면에, 라캉은 그 표상에서 기호형식의 특성을 발견하고 그것을 언어학적으로 해석한 것뿐이다. 그러한 사실은 프로이트의 유명한 명제 — <Wo Es war, soll Ich werden.(그거가 있던 곳에서 '나'가 생긴다)>[31] — 를, 라캉이 <Là où c'était, là comme sujet dois-je advenir.(그거가 있던 곳, 바로 거기서 내가 주체로서 생긴다)>로 번역하는 것에서 잘 나타난다. 즉 그는 보통 'le moi(자아)'라고 번역되던[32] 'Ich(나)'를 '주체(sujet)'라고 번역함으로써, 쾌락자아가 곧 자신이 말하는 상징적 주체임을 분명히 밝히고 있다. 그 결과 라캉의 주체(S)는 그거(Es) 속에서 분열되지 않은 완전한 신화적 주체(S)로

29 Bernard Vandermersch, <coupure> in *Dictionnaire de la psychanalyse*, Larousse, 2003, p.72 참조.

30 소크라테스의 명제대로, 욕망이 결핍을 전제한다면, 주체는 존재-결핍인 까닭에 욕망의 주체로 태어난다. 라캉은 다음과 같이 말하고 있다. "욕망은 존재와 결핍의 관계이다. 그 결핍은 정확히 말해 존재 결핍(manque d'être)이다. 그것은 이러저러한 것의 결핍이 아니라 존재가 그것에 의해 존재하는 존재 결핍이다. 그러한 결핍은 그것을 표상할 수 있는 모든 것 너머에 있다. 그것은 베일 위의 반영으로서밖에 표상되지 않는다."(Lacan, *Séminaire II: Le moi dans la théorie de Freud et dans la technique de la psychanalyse*, Seuil, p.261)

31 프로이트, 『새로운 정신분석 강의』, 열린책들, p.109.

32 라캉 이전에는 보통 보나파르트의 번역이 통용되었는데, 보나파르트는 프로이트의 그 문장을, <Là où c'était du ça doit advenir du moi.(약간의 그거가 있던 곳에서 약간의 자아가 생긴다)>로 번역했다.

표상되다가(Es(그거)와 S(주체)는 동음이다),, 기호형식에 의해 표상되면서 분열된 주체($)로 도래한다.

$$\begin{array}{ccc} & S_1 \rightarrow S_2 \\ & \downarrow \\ Es(=S) \rightarrow \$ & \end{array}$$

4.

그러나 주체가 기호형식에 의해 표상되고 분열됨에 따라, 주체에게 가장 다급한 현안 문제는, 그 기호형식의 장소(즉 큰타자)에 자신의 존재와 진실을 보증해달라고 요구하는 것이다. 왜냐하면 어떤 기호형식이라도 그 기호형식의 가치를 보증해줄 수 있는 것은 그 기호형식이 속한 전체 집합밖에 없기 때문이다. 여기서 마치 대등하게 양립하는 것처럼 보이는 주체와 큰타자의 관계가 생긴다. 그러나 그것은 역설이다. 왜냐하면 큰타자의 기호형식을 빌려 주체가 표상되고 발생하는데,[33] 그 큰타자에게 자신의 존재를 보증해달라고 요구하기 때문이다. 마치 자신을 나아 준 어머니에게 자신의 존재를 보증해달라고 요구하는 것과 같다. 아무튼 큰타자 내에서 주체는 진실을 보증받기 위한 여행을 시작한다. 그 여행은 기호형식의 사슬로 나타나지만, 애석하게도 그 사슬은 제 자리로 돌아와 다시 여행을 시작하는 영원회귀를 반복하게 된다. 그럴 수밖에 없는 것이 큰타자 속에는 주체의 진실을 보증해

33 라캉은 주체가 언어로부터 그것의 효과로 나와, 언어 밖에 나타나 언어에 마주하고 위치하는 것을, '주체는 언어에 외-재한다(le sujet ex-siste au langage)'는 명제로 요약한다.

줄 마지막 기호형식이 없기 때문이다. 그래서 차이 확인과 가치 보증을 위한 기호형식의 움직임은 큰타자의 모든 기호형식을 답파한 뒤 제 자리로 되돌아온다. 그리고는 시지포스처럼 기호형식을 미는 여행을 다시 시작한다.

$$S_1 \rightarrow S_2(\rightarrow S_3 \cdots\cdots \rightarrow S_n)$$

이 모든 것은 기호형식의 장소인 큰타자에 결핍이 있기 때문이다. 따라서 분열된 주체의 큰타자에 대한 진실 보증 요구는 궁극적으로 큰타자의 결핍에 직면하게 된다.(이것을 우리는 $\not{S} \rightarrow \not{A}$로 표시할 수 있다.) 여기에 이르는 과정을 순전히 논리적인 순서로 나누어 설명하면, 첫째, 큰타자의 기호형식으로부터 주체가 생기고(이 때는 아직 큰타자도 주체도 분열되지 않았다. 따라서 그것은 $A \rightarrow S_1 / S$의 산식으로 표시할 수 있다), 둘째, 그 기호형식이 다른 기호형식을 지향함에 따라 주체는 그 사이에서 분열되고(이것은 $S1/\not{S}\rightarrow S2$의 산식으로 표시된다), 셋째, 분열된 주체가 큰타자에게 진실 보증을 요구하지만(이 때까지도 주체는 큰타자가 자신의 진실을 보증해줄 수 있으리라 생각한다. 그것은 주체에게 큰타자가 아직 분열되지 않은 것으로 비친다는 것을 의미한다. 따라서 그것은 $\not{S} \rightarrow A$로 표시된다.), 넷째 결국 주체는 큰타자에게 자신의 진실을 보증해줄 기호형식이 없다는 것을 깨닫는다.(이 최종 단계가 $\not{S} \rightarrow \not{A}$의 산식이 의미하는 바다.)

이제 그러한 주체와 큰타자의 관계 — 정확히 말하면 큰타자에 대한 주체의 관계 — 는 현실 속에 상상적으로 제시된다. 즉 주체와 큰타자의 관계가 아이와 어머니의 관계 — 정확히 말하면 어머니에 대한 아이의 현실적 관계에 상상적으로 투영되는 것이다. 예컨대 $\not{S} \rightarrow \not{A}$는 아이(의 자아)가 어머니의 자지의 부재를 목격하고, 그것을 거세된 것이라고 상상적으로 해석하는 것으로 나타난다. Ⱥ(큰타자의 결핍)이 어머니의 거세로 투영되기 때문이다. 이렇게 라캉은 항상 상징계의 질서가 어떻게 현실 속에 상상적으로 투사되고 유출되는가에 관심을 갖는다. 그것을 도표로 그린 것이 바로 <도식 L>이다.

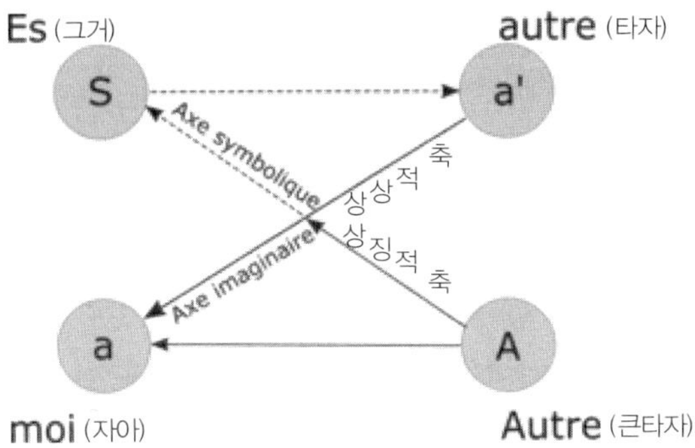

〈도식 L〉

이 도식이 이미 보여주고 있듯이, 주체는 큰타자로부터 나와(모든 것은 큰타자로부터 출발한다. 화살표 방향이 그러한 사실을 보여주고 있다) 타자를 거쳐 자아로 흘러든다. 그것은 주체와 큰타자의 상징적 관계가 자아와 타자 사이의 상상적 관계로 나타난다는 것을 의미한다. 그런데 여기서 주목해야 할 것은, 주체가 타자를 거쳐 자아로 간다는 것이다. 상식적으로는 주체에서 자아를 거쳐 타자로 가야 할 텐데 말이다. 그래야 큰타자에 대한 주체의 관계가 자아와 타자의 관계로 나타난다는 사실도 설득력을 가질 텐데 말이다. 그러나 <도식 L>의 화살표는 그 역으로 되어 있다. 사실 <도식 L>은 주체와 자아의 형성과정을 보여주고 있을 뿐이다. 주체가 큰타자의 기호형식에 의해 표상됨으로써 발생하듯이, 자아도 타자의 이미지와 동일시함으로써 탄생한다. 앞에서 네르발과 랭보의 시구를 인용하면서 '나'의 타자성에 대해 언급했지만, 주체와 자아는 큰타자(의 기호형식)와 (소문자)타자(의 이미지)에 의해 형성된다. 라캉은 전자를 상징적 동일시, 후자를 상상적 동일시라고 부른다. 아무튼 라캉에 의하면, 거울 단계에 자아는 거울 속에 비친 자신의 육체 이미지와의 동일시에 의해 형성된다. 이때 주체가 거울 속에 비친 자신의 육체의 이미지가 자기 자신이라는 것을 깨달으려면 반드시 큰타자의 동의 — '그래 그것이 바로 너란다'라는 어머니의 인정의 신호 — 가 필요하다. <도식 L>에서 큰타자에서 자아로 가는 화살표가 뜻하는 바가 바로 그것이다. 그 이후로 자아는 타자들의 이미지들과의 동일시를 계속함으로써 그 심역을 두껍게 한다. 그래서 라캉은 자아와 관계를 맺는 타자를 타아(他我, alter ego) 또는 닮은 자(semblable)라고 규정하는 것이다.[34]

반면에 프로이트는 여러 가지 자아의 개념을 창안했음에도 불구하고, 고유한 의미에서의 자아가 어떻게 발생하는지에 대한 명확한 이론을 제출하지 않았다. 단지 어렴풋이, 자기애가 자신의 육체의 이미지에 대한 사랑을 말한다면, 결국 자아는 육체의 이미지와 관련이 있을 것이라고 짐작하게 할 뿐이다. 그러나 정작 프로이트는 그러한 예상과 다르게, 자아 발생에 대해 두 가지 이질적인 차원을 제시하고 있다. 하나는 그거(Es)가 외부 현실과 접촉하면서 현실에 적응하기 위하여 그거로부터 분화된 적응 장치라는 관점이고, 다른 하나는 그거에 의해 투여된 사랑의 대상이 개인의 내부에 형성시키는 동일시의 산물로 정의하는 관점이다. 전자는 자아를 심리 내부의 욕동과 외부 현실 사이의 피부 조직[35]으로 보는 것이고, 후자는 대상과의 동일시에 의한 자아의 타자성을 강조하는 것이다. 라캉이 차용하는 것은

34 임진수, 「상상계와 이미지」, 『상징계, 실재계, 상상계』, X장, 파워북, p.181 sqq. 참조.
35 디디에 앙지외, 『피부 자아』(권정아 역, 인간희극, 2008) 참조

후자의 관점으로, 그에 따르면, 고유한 의미의 자아는 자기애의 원리에 따라 — 프로이트의 표현을 빌리면 — 거울 속 자신의 육체 이미지와의 동일시에 의해 형성된다. 그러나 라캉이 주목하는 것은 자기애의 원리보다 그러한 형성 과정에 스며드는 상상성 또는 이상화이고, 또한 큰타자의 인정의 시선이다. 그의 말에 따르면, 거울 단계(보통 6개월에서 18개월)의 아이는 몸을 제대로 가누지 못하기 때문에 운동이미지의 차원에서는 자신을 '조각난 몸(corps morcelé)'으로 지각하는데 반해, 거울에 비친 자신의 몸의 시각 이미지는 하나로 통일된 전체적인 모습이기 때문에, 아이는 거울 속의 이미지가 자기라는 사실을 깨달을 때, 육체의 총체적인 형태를 상상적으로 만끽하면서 환호한다. 말하자면 그것은 분열된 상태에서 총체성이 예기될 때 오는 환희 — 라캉은 이것을 '아하 경험(Aha Erlebnis)'이라고 한다 — 이다.

라캉이 자아의 상상계적 특성과 함께 끊임없이 강조하는 것은, 큰타자의 인정의 시선이다. 왜냐하면 어린아이가 자기 자신을 보는 것은 자기 자신의 눈을 통해서가 아니라 그를 사랑하거나 그를 미워하는 사람의 눈을 통해서이기 때문이다. 다시 말해 어린아이가 나르시시즘의 영역에 도달하기 위해서는, 어머니가 사랑의 눈으로 그를 보는 어머니의 시선으로 자신의 육체의 이미지를 보아야 한다. 어린아이가 자신의 이미지를 자기 것으로 만들고 내면화하기 위해서는, 그가 대문자 타자 — 이 경우는 어머니에 의해 구현되는 — 속에 위치해야 하는 것이다. 그러한 어머니의 인정의 시선과 신호가 바로 큰타자의 장소로부터 오는 상징적 기호형식으로 작용하는 것이다. 이렇게 해서, 자아와 타자의 상상적 관계는 주체와 큰타자의 상징적 관계로부터 투사된다고 말할 수 있다.

5.

그렇다면 무의식의 핵 콤플렉스라는 오이디푸스 콤플렉스도 상징계의 어떤 구조나 질서가 상상적으로 현실에 투영된 것인가? 라캉의 대답은 물론 '그렇다'이다. 왜냐하면 그가 생각하기에, 모든 감정과 의미작용은 상징 작용의 결과로 나타나는 것이기 때문이다. 다 알다시피, 오이디푸스 콤플렉스는 남근과 거세를 중심으로 일어난다. 즉 남근의 소유 여부를 둘러싸고 어머니를 욕망하고, 어머니의 자지 부재를 거세로 해석하면서 아버지의 법이 작용한다. 그러다가 어머니의 욕망을 포기하고 아버지의 법을 수용하여 초자아를 구성하는 것이 정상화의 수순이다. 라캉은 그러한 남근-거세의 의미작용은, 모든 의미작용이 그렇듯이, 기호형식에 의한 기호형식의 대체, 즉 은유에 의해서만 일어난다고 주장한다. 가령 '생각하는 갈대'라는 시구는 '인간'이라는 단어가 들어가야 할 자리에 '갈대'라는 단어가 놓이기 때문에, 즉 '인간'(S)이라는 단어가 '갈대'(S')라는 단어로 대체됨으로써, 새로운 시적 의미를 창조하는 것이다. 그것을 공식화하면, "은유의 구조는 다음과 같다:

$$f\left(\frac{S'}{S}\right) S \cong S\,(+)\,s$$

그것은 기호형식에 대한 기호형식의 대체 속에서 시나 창조의 성격을 띠고 있는 의미작용의 효과, 다른 말로 하면 문제의 의미작용의 도래가 생산된다는 것을 가리킨다. 여기서 괄호 속에 있는 + 기호는, 횡선(−)의 건너뜀과, 의미작용의 출현에서 그 건너뜀이 구성하는 가치를 나타낸다."[36]

라캉은 그러한 "<은유 또는 기호형식의 대체의 공식>을 다음과 같이 쓰기도 한다.

$$\frac{S}{\not{S}'} \cdot \frac{\not{S}'}{x} \rightarrow S\left(\frac{I}{s}\right)$$

여기서 대문자 S들은 기호형식들이고, x는 미지의 의미작용이고, s는 은유에 의해 도출된 기호내용이다. 이렇게 은유는 기호형식의 사슬 속에서 S'를 S로 대체하는 데 있다. 여기서 삭제선(/)으로 그어진 S'의 생략(élision)은 은유의 성공의 조건이다."[37]

이것을 프로이트의 오이디푸스 콤플렉스에 적용하면, 어머니의 욕망의 기호형식을 아버지(의-이름)의 기호형식으로 대체할 때 남근-거세의 의미작용이 발생한다고 말할 수 있다. 이것을 공식화하면 다음과 같다.

$$\frac{\text{아버지의-이름}}{\text{어머니의 욕망}} \cdot \frac{\text{어머니의 욕망}}{x} \rightarrow \text{아버지의-이름}\left(\frac{I}{\text{남근}}\right)$$

여기서 x는 어머니의 욕망이 주체에게 의미되는 미지의 의미작용이고, I는 무의식(Inconscient)의 약자로서, 아버지(의-이름)의 은유의 성공 조건, 즉 어머니의 욕망의 기호형식이 삭제(또는 생략)되어 무의식에 보존되어야 의미작용이 발생한다는 은유의 조건을 가리킨다. 역으로 말하면 무의식(I)은 아버지의 은유에서 삭제된 어머니의 욕망의 기호형식으로 구성된다고 말할 수 있다. 그것은 곧 무의식이 기호형식의 장소 — 즉 큰타자(A) — 라는 사실

---

36 J. Lacan, *Ecrits*, Seuil, 1966, p.515.
37 *Ibid.*, 1966, p.557.

을 일러주기도 한다.[38]

그런데 문제는 어머니의 욕망과 아버지의 이름이 어떻게 기호형식이 될 수 있느냐 하는 것이다. 그것에 답을 하려면, 우선 어머니는 큰타자가 현실 속에서 상상적으로 구현된 타자이고, 어머니의 거세는 큰타자의 결핍이 현실 속에 상상적으로 제시된 것이라는 사실로 돌아가야 한다. 그렇다면 이제 결핍이 욕망으로 나타난다는 사실을 인정한다면(사실 소크라테스의 명제에 따라 욕망과 결핍은 동의어이다!), 결국 어머니의 욕망은 큰타자의 결핍에서 나오고, 어머니의 욕망의 기호형식은 다름 아닌 큰타자의 결핍의 기호형식이다. 이것이 바로 어머니의 욕망의 기호형식이 삭제되는 것이 아버지의 은유의 성공 조건이라는 말이 뜻하는 의미이다.

그렇다면 아버지(의-이름)는 왜 기호형식이고, 왜 그것을 아버지의-이름이라고 부르는가? 프로이트는 오이디푸스 콤플렉스와 거세 콤플렉스에 종언을 고하고 정상화되는 길은 아버지(의 법)를 수용하는 것 — 이것은 아버지의 '어떤 특성'과 동일시하여 초자아를 형성하는 것으로 완성된다 — 이라고 말하고 있는데, 라캉은 그 특성에서 기본적인 형태의 기호형식을 발견하고,[39] 그것과의 동일시를 상징적 동일시라 부른다. 그에 따라 아버지는

38 그래서 x에 <주체에게 의미되는 것>을 써넣고 I에 A를 써넣는 라캉의 또 다른 공식이 나온다. "이것은 아버지의-이름의 은유 — 즉 어머니의 부재 작용에 의해 최초로 상징화된 자리에 그 이름을 대체하는 은유 — 에 적용된다.

$$\frac{\text{아버지의 이름}}{\text{어머니의 욕망}} \cdot \frac{\text{어머니의 욕망}}{\text{주체에게 의미되는 것}} \rightarrow \text{아버지의-이름}\left(\frac{A}{\text{남근}}\right)$$

39 프로이트에 따르면, 대상이 상실되면, 그에게로 집중되었던 투여가, 대상이었던 사람에게서 단 한 가지 특징(ein einziger Zug)만을 '빌려오는, 부분적이고 극도로 제한된'(프로이트, 『집단 심리학과 자아 분석』, 열린책들, p.117) 동일시로 대체된다. 단일한 특징과의 동일시라는 프로이트의 개념으로부터, 라캉은 소쉬르의 언어학에 의존하여 <단성(單性, trait unaire)>이라는 개념을 만든다.

상징으로서의 아버지, 즉 상징적 아버지가 된다. 그러한 상징적 아버지를 굳이 라캉이 아버지의-이름이라고 부르는 것은, 현실에서 아버지의 법이 어머니의 입을 통해 '아버지의-이름'으로 발설된다고 아이에게 받아들여지기 때문이다. 결론적으로 아버지의 어떤 특성과의 동일시는, 라캉에 보기에, 주체가 큰타자의 기호형식을 내입함으로써, 큰타자의 장소로 들어가는 것을 의미한다. 앞에서 언급한 거울 단계에서 어머니의 인정의 시선이나 신호가 바로 여기에 해당한다. 프로이트는 그러한 특성으로 '양심, 이상, 관찰'을 들고 있는데, 그 중에서 라캉은 '이상'에 주목하고, 정상화의 핵심은 자아-이상과의 동일시로 보고 있다. 결론적으로 아버지의 은유는 큰타자의 결핍의 기호형식 — $S(\not{A})$ — 을 아버지의 이름(대문자 P)의 기호형식으로 대체할 때 발생하는 남근의 의미작용(소문자 ϕ[phi])[40]을 말한다. 이것은 아버지의 <단성(trait unaire)>과의 상징적 동일시를 통해 자아-이상(라캉은 이것을 I(A)로 표시한다)을 형성하는 것을 포함하고 있다. 아버지의 은유를 라캉의 수학소(mathème)[41]를 이용해서 다시 공식화하면 다음과 같다.

$$\frac{P}{S(\not{A})} \cdot \frac{S(\not{A})}{x} \rightarrow P\left(\frac{A}{\phi}\right)$$

40 남근의 의미작용은 항상 거세의 의미작용과 짝을 이룬다. 왜냐하면 도서관 색인의 비유에 따라, 남근의 기호형식은 반드시 현실 속에서 자지의 유무로 해석되기 때문이다. 그래서 라캉은 남근의 의미작용을 상상적이라는 의미에서 소문자 ϕ[phi]로 표시하고, 상상적 거세를 -ϕ[minus phi]로 표시한다.

41 수학소는 음운론의 최소 단위인 음소와 마찬가지로, 정신분석이 발견한 무의식의 기본 요소를 문자로 표시한 것이다. 큰타자(Autre)를 대문자 A로 쓰는 것이 그 대표적인 예이다. 라캉이 그러한 수학소를 동원하여 정신분석적 심리를, 수학 공식과 닮은 산식(algorithme)으로 나타내는 데에는, 정신분석 담화에서 실제로 문제가 되고 있는 구조를 보여주려는 야망이 숨어 있다.

6.

이제 프로이트의 이론을 언어학적 구조주의로 재독서하려는 라캉에게 남은 것은, 부분욕동의 부분대상을 상징계와 관계하여 해석하는 일이다. 사실 프로이트가 욕동(Trieb, pulsion)을 발견했지만, 욕동론은 정신분석에서 미지수로 남아 있다. "욕동론은 말하자면 정신분석의 신화이다. 욕동은 모호하다는 점에서 거창한 신화적 존재이다. 정신분석 작업에서 그것은 단 한 순간도 제외될 수 없지만, 우리가 그것을 명확하게 보고 있다고 결코 확신할 수 없다."[42] 왜 이런 결과가 빚어진 것일까? 욕동의 발견자인 프로이트도 그 이유에 대해 설명해내지 못한다. 그는 단지 욕동 현상에 대해 자세히 기술할 뿐이다. 그의 기술에 의하면, 욕동에서 가장 핵심적인 발견은, 첫째 그것이 부분화한다는 것이고(이것을 프로이트는 부분욕동이라고 부른다), 둘째, 그 부분욕동이 어떤 대상 — 부분욕동에 상응하는 부분대상 — 주위를 계속 돌면서 쾌락을 추구한다는 것이다. 그렇지만 그 두 사실은 나름의 해결해야 할 난제를 내포하고 있다. 우선 전자는 남근적인 성욕동이 신체의 다른 부위 — 원래 성과 전혀 관련이 없는 부위(이것을 프로이트는 성감대라고 부른다) — 로 파편화하면서 확산된다는 문제, 말하자면 남근에 집중되어야 할 성욕이 어떻게 비성적인 신체 부위를 성화시키느냐는 문제를 야기하고, 후자는 부분욕동이 부분대상 주위를 일주하면서 쾌락을 추구하지만 결코 부분대상을 만나지 못함에 따라 욕동은 결국 불충족으로 남게 된다는 문제를 남긴다. 라캉은 그러한 프로이트의 논리적인 난점을 어떻게 풀어 갈까? 결론부터 말한다면, 라캉은 프로이트의 욕동을 욕망의 개념에 다시 집중시

42 프로이트, 『새로운 정신분석 강의』, 열린책들, p.128.

키면서 욕망을 분석 이론의 전면에 내세우는 데 전념한다.

그렇다고 욕망이 욕동과 등가인 것은 아니다. 욕망은 결코 욕동의 다른 이름이 아니다. 그렇다면 욕망과 욕동은 어떤 관계에 있고, 어떤 차이가 있는가? 그것에 답을 하려면, 다시 앞으로 돌아가야 한다. 우리는 앞에서 하나의 기호형식이 주체를 표상하는 순간, 그 기호형식이 다른 기호형식을 향하게 되면서 기호형식의 사슬을 형성하지만, 기호형식의 장소인 큰타자에 마지막 기호형식 하나가 결핍되어 있음에 따라, 기호형식의 사슬은 영원회귀를 반복한다고 말한 바 있다. 그리하여 그 기호형식의 사슬은 내부에 결핍의 공간을 만들게 되고, 그 결핍의 빈 공간은 다시 결핍의 원인이라고 생각되는 대상 주위를 돌게 된다. 다시 말하면, 기호형식의 사슬의 영륜(永輪)은 내부의 빈 공간을 돌고, 그 빈 공간은 다시 중심의 빈 구멍을 만들면서 그 주위를 돌게 되는데, 라캉에 따르면 그 중심 구멍은 어떤 대상이 떨어져 나가면서 생긴 구멍이라는 것이다. 라캉은 이것을 위상학적으로 원환면(torus) 위의 운동으로 설명한다.

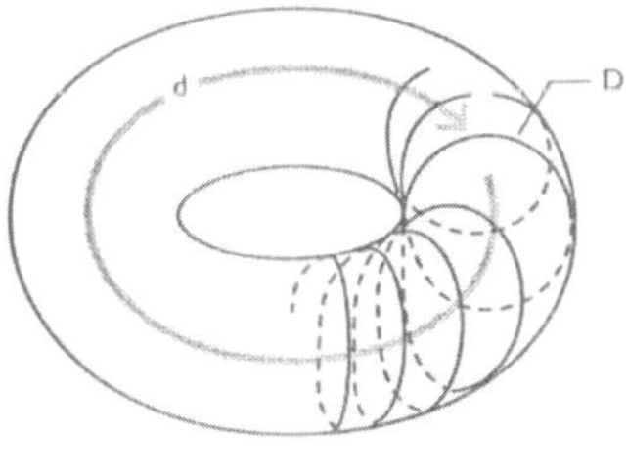

여기서 원환면의 튜브 위를 도는 것은, 요구(D; demande)를 나타내는 기호형식의 사슬인데, 그 사슬은 두 구멍 주위를 이중적으로 도는 움직임을 만들어낸다. 하나는 욕망(d; désir)을 나타내는 튜브 내부의 순환 구멍(trou circulaire)이고, 다른 하나는 그 욕망의 원이 일주하는 튜브 바깥의 중심 구멍(trou central)이다. 전자는 욕망의 구멍이고, 후자는 그 욕망(의 원인으로서)의 대상 — 이것을 라캉은 <대상 a>라고 부르고 <a>라는 문자로 표시한다 — 이 떨어져 나간 구멍이다. 따라서 요구(기호형식의 사슬)는 어떤 대상 주위를 도는 것 같지만, 다른 데 — 즉 중심의 구멍 속에 — 위치한 욕망의 진정한 대상을 만나는데 실패한다.[43]

그러한 <대상 a>(소문자 a)는, 라캉에 따르면, 세상의 대상이 아니다. 그것은 상징으로 표상될 수 없다. 왜냐하면 상징계의 구멍으로 말미암아 상징계 밖으로 추방된 것이기 때문이다. 단지 그것은 육체의 부분적인 파편의 형태로 동일시될 수 있다. 그것이 바로 욕동의 부분대상으로, 빨기(구강욕동)의 대상인 젖가슴, 배설(항문욕동)의 대상인 똥, 듣기(청각욕동)의 대상인 목소리, 보기(시각욕동)의 대상인 시선 등이다. 말하자면 상징계의 욕망과 <대상 a>의 관계가 현실 속의 욕동과 부분대상의 관계로 구현되는 것이다. 사실 <대상 a>가 상징계의 구멍 때문에 상징계의 그물 밖으로 떨어져나간 대상이라면, 부분대상은 육체의 구멍으로부터 떨어져나간 신체의 일부분이다. 그러한 관점에서 보면, 욕동은 욕망이 실현되는 부분적인 양상들이다. 그래서 욕망은 하나(단수)이고 분리되지 않는 반면에, 욕동은 욕망의 부분적인 발현들이라고 말할 수 있다.

43 요구(기호형식의 사슬)의 회전이 영원 회귀하는 것은, 원환면 위에서 그러한 실패를 반복하기 때문이다.

7.

결론적으로 기호형식이 주체를 표상하는 순간, 그 기호형식(S_1)은 다른 기호형식(S_2)을 지향하게 되고, 그 결과 주체는 분열($\$$)되고, 기호형식의 사슬은 큰타자의 결핍(Ⱥ)으로 말미암아 그로부터 떨어져나간 욕망의 진정한 대상인 <대상 a>를 만나는데 실패하고 영원회귀를 반복한다. 이것을 공식화하면 다음과 같다.

$$\frac{S_1}{\$} \quad \rightarrow \quad \begin{array}{c} S_2(=A) \\ \text{——}\ (\cancel{A})\ \text{——} \\ a \end{array}$$

이 산식은 주체와 큰타자와 <대상 a>의 관계를 구조적으로 잘 보여주고 있다. 여기서 분열된 주체가 큰타자와 <대상 a>에 대해 어떠한 위치와 태도를 선택하느냐에 따라 주체의 임상구조가 결정되는 것이다.

2012년 9월 12일 / 9월 19일

IV

신경증, 정신증 그리고 도착증

심리적 가공
현실신경증: 신경쇠약과 불안신경증
정신신경증: 심리적 갈등과 억압
거세 거부의 세 흐름
최초의 긍정(Bejahung)과 폐기(Verwerfung): 정신증
부인과 도착증

1.

앞에서도 말했듯이, 프로이트의 이론 체계는 통시적 문법을 그 특성으로 하고 있다. 예컨대 거시적인 차원에서는 육체적 욕구가 표상으로 이루어진 심리를 거쳐 현실속의 대상에서 충족되는 통시태의 순서를 따라간다. 좀 더 구체적으로 말하면, 육체적인 리비도가 심리장치에 이르러 표상과 결합됨으로써 심리적으로 구속 가공된 뒤, 무의식과 (전)의식을 거쳐, 그 리비도를 충족시킬 현실 속의 대상을 획득하여 방출됨으로써 해소된다. 그러한 프로이트의 통시적인 관점은 미시적인 차원으로 해부하여 들어가더라도 그대로 유지된다. 그런데 프로이트가 그렇게 자신의 이론을 머리에서 발끝

까지 통시적 문법으로 몰고 가는 데에는 이유가 있다. 간단히 말하면, 언어학에서 문법이 있어야 어떤 문장이 정문인지 비문인지 밝혀지듯이, 심리에 있어서도 문법을 세워야 정상과 비정상을 가늠할 수 있기 때문이다. 다시 말해 어떤 사람의 심리 발달이 여러 가지 이유로, 프로이트가 발견한 통사론적 문법에 따라 진행되지 않는다면(진행의 흐름이 막히는 데는 두 가지 경우가 있다. 하나는 정체되는 것이고, 다른 하나는 역행하는 것이다. 전자를 때로 고착이라고 하고, 후자를 때로 퇴행이라고 한다.), 아마 심리적인 문제가 발생할 것이다. 그것이 바로 프로이트가 보는 신경증의 원인이다.

프로이트에 따르면, 육체적 리비도의 흐름은 크게 두 장소에서 방해를 받는다. 하나는 육체적인 흥분이 심리장치에 도달하여 심리 속으로 통합되는 순간이고, 다른 하나는 연상의 망에 통합된 심리적 리비도가 무의식적 표상과 함께 (전)의식화되는 순간이다. 전자는 프로이트가 '심리적 가공'이라고 부르는 것으로, 그 작업은 육체적인 성적 긴장을 통제할 목적으로, 심리 속의 연합복합체와 연결 끈을 만드는 데 있다. 그것은 마치 심리를 보호하기 위해 존재하는 심리장치라는 둑이, 바깥에 물이 어느 정도 이상 쌓이면 자동적으로 안전밸브가 열리면서 심리 안으로 그 물을 흘려보내는 것처럼 진행된다. 그렇지 않으면 심리장치의 둑이 무너져 더 큰 화를 입기 때문이다. 이 비유에 맞춰 심리적 가공과 연합복합체라는 개념을 설명하면, 연합복합체는 심리장치 내부에 나 있는 촘촘한 수로라는 표상의 망이고, 심리적 가공은 육체적인 성적 긴장이 심리장치를 와해시키지 않도록 그것을 표상에 연결하여 연합복합체의 수로 — 즉 연상의 통로 — 를 따라 흘러가게 하는 작업이다. 따라서 심리적 가공이라는 개념은 프로이트의 이론에서 리비도의 흐름이라는 경제학적인 차원과 표상이라는 상징적 차원의 접점을 이루고 있다. 그러한 심리적 가공의 목적은 날 것 상태의 육체적 리비도를 표상으로 묶거나(프로이트는 이것을 구속(Bindung, liaison)이라고 말한다),

딴 데로 흘림으로써 제어하는 것이다. 만약 그러한 가공이 일어나지 않는다면, 다시 말해 육체적인 성적 긴장이 계속 축적만 된다면, 그 긴장은 심리로 통합되지 못하고 육체적인 신경 속으로 역류하면서(이것을 신경감응(innervation)이라 한다), 육체적인 증상으로 직접 전환(conversion)된다.[1] 그렇게 해서 발생한 신경증을 프로이트는 '현실신경증(névroses actuelles)'이라고 부른다. 말하자면 심리적 가공의 부재나 불충분은 리비도의 축적을 야기하고 급기야 여러 현실신경증의 원인이 되는 것이다.

현실신경증은 크게 두 가지로 나뉜다. 하나는 육체적인 성적 긴장이 자위행위로 방출되기는 하나 불충분하게 충족되기 때문에 발생하는 신경쇠약이고, 다른 하나는 아예 육체적인 성적 흥분이 방출되지 않아 성적 만족이 부재한 경우 발생하는 불안신경증이다.[2] (이것에 대해서는 다음 장에서 자세히 다룰 것이기 때문에, 여기서는 현실신경증의 임상구조의 특징을 기술하는 것으로 만족하자.) 아무튼 병인학적인 관점에서 현실신경증의 병인은 육체적인 것이지 심리적인 것이 아닐뿐더러, 증상 형성의 기제도 상징적이지 않다. 즉 현실신경증은 표상과 결합하지 못한 육체적 리비도가 육체적인 불안으로 직접 변형되는 것이기 때문에,[3] 심리 표상들 사이에서 일어나는 상징 작용(압축, 이동 등)도, 그것들 사이의 심리적 갈등도 전무하다.

---

1 이 점에서 현실신경증의 기제는 히스테리의 핵심 기제인 전환(conversion)과 닮은 점이 있다. 그러나 전자에는 후자에게 있는 심리적 가공과 갈등이 없다.

2 프로이트는 나중에 「나르시시즘 서론」에서 건강염려증을 현실신경증에 포함시킨다. 그러면서 그것을 파라프레니아나 자기애적 정신신경증(정신분열증과 편집증)에 연결시킨다.(in 프로이트, 『정신분석학의 근본 개념』, 열린책들, pp.58~9) 이것은 현실신경증과 정신신경증의 관계를 파악할 수 있는 좋은 실마리를 제공한다. 왜냐하면 "현실신경증 증상은 흔히 정신신경증 증상의 핵이자 전조가 되는 단계이기 때문이다."(프로이트, 『정신분석 강의』, 열린책들, p.526)

3 프로이트는 「플리스에게 보낸 편지」에서 "성적 긴장은 그것이 강하게 일어날 때 심리적 가공에 의해 정동으로 변하지 못할 경우, 모두 불안으로 변형된다."고 말하고 있다.(프로이트, 「플리스에게 보낸 편지」<원고 E>, 『정신분석의 탄생』(임진수역), 열린책들, pp.46~7)

*

반면에 현실신경증에 대립되는 정신신경증은 어린 시절의 심리적 갈등이 증상을 통해 상징적으로 나타나는 정신질환을 말한다. 지형학적 관점에서 그 갈등은 도식적으로 검열에 의한 대립 — 한편의 무의식 체계와 다른 한 편의 전의식 / 의식 체계의 대립 — 의 소산이다. 프로이트에게 있어서, 갈등 관계에 있는 것은 억압된 성욕과, 인격에 대한 윤리적이고 미학적인 갈망을 포함하는 억압하는 심역이라고 할 수 있다. 그리하여 자아와 양립할 수 없고 자아에게 불쾌감을 일으키는 성적인 표상의 특수한 성격은 억압의 동기가 된다. 프로이트는 "정신분석적 사고는 [어떤] 표상이 그것보다 더 강한 다른 표상, 즉 우리가 '자아' — 서로 다른 시기에 다양하게 구성되는 복합체 — 라고 부르는 포괄적인 개념으로 표현하는 표상과 대립한다는 것을 받아들여야 한다. 그래서 전자의 표상이 억압되는 것이다. 그러나 자아와 어떤 표상 집단 사이의, 억압을 야기하는 그러한 대립은 어디에서 유래하는 것일까? […] 표상에 있어서 욕동의 중요성이 우리의 주목을 끈다. 우리는 각 욕동이 그것의 목적과 일치하는 표상을 활성화시키면서 실재한다는 것을 발견할 수 있다. 그러한 욕동들이 항상 서로 양립하는 것은 아니다. 그것들의 이해관계는 종종 갈등에 처하게 된다. 표상들의 대립은 서로 다른 욕동들 사이의 전투의 표현에 지나지 않는다."[4]

무의식과 전의식 사이의 갈등으로부터 정신신경증이 발생하는 과정을 거칠게 요약하면 대충 다음과 같다.(그야말로 거칠게 요약한 것이기 때문에 논리적 전개와 설명에 허점이 많다.) 우선 육체에서 발원한 리비도가 심리 진입

4 프로이트, 「시각의 심인성 장애에 관한 정신분석적 견해」, 『정신병리학의 문제들』, 열린책들, pp.86~7.

— 심리적 가공 — 에 성공하면, 즉 심리적 표상과 결합하여 구속되면, 양(量)밖에 없는 육체적 리비도는 어떤 감정 상태를 야기한다. 간단한 예를 든다면, 표상에 양이 축적되면 불쾌감이, 양이 방출되면 쾌감이 일어난다. 그렇게 에너지의 양의 변화에 따라 일어나는 고통스럽거나 기분 좋은 모든 감정을 프로이트는 정동(affect)이라고 부른다. 따라서 정동은 양적인 변이에 따른 질적 느낌이라고 말할 수 있다. 이제 육체적인 리비도는 정동과 표상이라는 두 영역으로 구성된 심리적 리비도, 소위 프로이트가 욕동이라고 부르는 것으로 변한다. 그리고 그 욕동은 충족되기 위하여, 표상과 일치하는 대상을 현실 속에서 찾아 충족되려고 한다. 왜냐하면 모든 심리 활동은 불쾌감을 피하고 쾌감을 얻는 것을 목표로 하는 관계로, 욕동의 흥분을 대상을 통해 방출하려고 하기 때문이다. 그러나 그것은 (전)의식의 검열이라는 복병을 만난다. 무의식과 전의식 사이에 갈등이 일어나는 것이다. 왜냐하면 전의식적 자아를 구성하는 표상 복합체가 무의식의 표상 — 리비도가 투여된 대상의 표상 — 을, 여러 이유 — 특히 도덕적 — 로 해서 받아들이지 못하고 거부하는 것이다.(이것을 프로이트는 저항이라고 한다.)

그러면 이 때 어떤 일이 일어날까? 정동과 결부된 무의식적 표상이 자아 복합체의 벽에 부딪칠 때 과연 어떤 일이 일어날까? 상식적으로 생각해봐도, 우선 정동과 표상이 분리될 것이다.(이것은 두 부분으로 이루어진 것에 충격을 가하면 이음매가 가장 먼저 부러지는 것과 같은 원리다.)[5] 그리하여 정동은 진압(Unterdrückung)되고, 표상은 에너지의 공급이 끊겼으니 아마 의식되지 않고, 의식으로부터 격리 보존될 것이다.[6] 전자는 마치 감정을 꽉 눌러서 진정시

5 이렇게 표상과 분리된 정동이 (1) 신경 감응과 육체적 호응을 통해 육체적 증상으로 전환되느냐, (2) 다른 표상들로 이동하느냐, (3) 불안으로 변질되느냐에 따라, 히스테리, 강박증, 공포증으로 갈라진다.

6 진정한 의미에서의 억압은 후자를 가리킨다. 그리고 그렇게 격리되어 의식되지 않는 표상

키는 것처럼 진행되고, 후자는 마치 어떤 관념이나 기억들이 의식으로부터 추방되어 무의식에 감금되는 것처럼 진행된다. 그리고 마지막으로 대상에 투여되던 리비도가 철수하여 자기 자신으로 회귀하거나 다른 대상으로 대체될 것이다.[7] 이 모든 작용이 바로, 정신분석을 조금이라도 공부한 사람이라면 누구나 알고 있는, 억압(Verdrängung, refoulement, repression)이다.

이렇게 프로이트는 억압의 기제로 정신신경증 전체를 포괄하려고 한다. 그만큼 프로이트 이론 체계 내에서 억압은, 신경증 이외에 다른 정신증 — 특히 편집증 — 에서도 중요한 역할을 하고 있다. 그것은 억압이 프로이트에 의해 여타의 심리와 분리된 무의식의 기원이 된다는 점에서, 보편적인 심리 과정으로 간주되고 있다는 것을 의미한다. 정상 심리에서도 억압과 무의식의 논리는 통용되는 것이다. 그러나 억압과 무의식의 논리로 모든 정신 현상을 풀어가려는 프로이트의 노력은 실패로 돌아간다. 그 대표적인 증례가 「편집증 환자 슈레버」이다.

> 억압에 고유한 과정은 리비도가 전에 사랑했던 사람(또는 사물)로부터 분리되는 데 있다. 그 과정은 소리 없이 이루어진다. 그래서 우리는 그것이 일어난 줄 모른다. 단지 그것에 뒤이어 일어나는 과정으로부터 그것을 추리할 수 있을 뿐이다. 아주 소란스럽게 우리의 관심을 끄는 것은, 억압을 풀고 리비도가 버렸던 사람에게 그 리비도를 되돌리는 치유 과정이다. 편집증에서는 그 과정이 투사를 통해 이루어진다. 내부적으로 진압되었던(unterdrückt, réprimé, suppressed) 감정이 바깥으로 투사된다고 말하는 것은 틀린 것이다.[8]

은 무의식을 구성한다.

7 대상관계의 차원에서 리비도가 자기애-동성애-이성애로 발달하기 때문에, 리비도가 나르시시즘으로 회귀하면 자기애적 정신신경증, 동성의 대상으로 일탈하면 도착증, 다른 이성의 대상으로 대체되면 전이신경증과 관련된다.

8 프로이트, 「편집증 환자 슈레버」, 열린책들, p.180.

2.

이렇게 프로이트는 억압으로써 정신신경증 전체를 설명하려던 자신의 노력이 실패로 돌아갔음을 자인하고 있지만, 그렇다고 그가 그의 이론에 억압 이외의 다른 기제에 대한 여지를 남기지 않은 것은 아니다. 그는 이미 정신분석의 초창기부터 억압 방어보다 더 강력한 방어가 존재한다는 것을 역설하고 있다.

> 양립할 수 없는 표상에 대한 방어는 그 표상과 그것의 정동의 분리에 의해 실행된다. 그 표상은 약화되고 격리될지라도 의식 속에 남아 있다. 그러나 [그보다] 훨씬 더 강력하고 훨씬 더 효과적인 일종의 방어가 있다. 거기서 자아는 참을 수 없는 표상과, 동시에 그것의 정동을 폐기한다(verwirft, rejeter, reject). 자아는 마치 그 표상이 자아에 결코 도달한 적이 없는 것처럼 행동한다.[9]

이 인용문은 「방어 신경증」(1894)이라는 논문에서, 프로이트가 방어 — 억압에 의한 — 와 폐기의 차이를 설명하고 있는 문단이다. 이 문단을 통해서 우리는 억압의 개념 뿐 아니라, 그것과 완전히 다른 폐기의 개념을 동시에 엿볼 수 있다. 전자는 자아의 억압에 의해 정동과 결합되어 있던 표상 — 이것은 자아와 양립할 수 없는 표상이다 — 이 정동과 분리되면서 의식 밖으로 격리되는 것을 말하고(격리되지만 그 표상은 넓은 의미의 의식 — 무의식을 포함하는 — 안에 있다), 후자는 애초부터 그 표상 자체가 없는 — 그에 따라 정동도 없는 — 것을 말한다. 라캉이 폐기라는 개념을 추진하기 위하여 흔쾌하게 의지하는 텍스트는, verwerfen과 Verwerfung이라는 말이 여러 차례

9 프로이트, *Die Abwehr-Neuropsychosen*, 1894. G.W., I, 72 ; S.E., III, 58 ; in *Névrose, psychose, perversion*, P.U.F., p.11~12.

나오는 「늑대 인간」이다. 가장 확실한 대목은, 아마 프로이트가 거세에 대한 여러 태도가 환자에게 공존한다는 것을 환기시킨 다음의 구절일 것이다.

> 우리는 우리 환자가 거세 문제에 대해 우선 어떤 태도를 취했는지 이미 잘 알고 있다. 그는 그것[거세]을 폐기했고(verwarf, rejeta, rejected), 항문 성교 이론에 만족했다. '그가 그것을 폐기했다'고 내가 말할 때, 그 표현의 직접적인 의미는, 그가 그것을 조금도 억압의 의미로 알려고 하지 않았다는 것이다. 그러한 사실은 그 존재의 문제에 대한 어떠한 판단도 일어나지 않았다는 것을 의미한다. 마치 그것이 결코 존재하지 않았던 것(elle n'avait jamais existé) 같았다. […] 우선 그는 저항한 뒤 굴복했다. 그러나 그러한 반응들[저항과 굴복] 중의 하나가 다른 하나를 지우지 못했다. 결국 반대되는 두 흐름은 그 안에 나란히 존재했다. 그 중의 하나는 거세를 혐오하는 반면에, 다른 하나는 완전히 거세를 받아들여 그 보상으로서 여성성으로 위안을 삼았다. 그러나 단순히 거세를 폐기(verworfen, avait rejeté)한— 아직 거세 현실의 문제를 제기조차 하지 않은— 가장 오래되고 가장 깊은 세 번째 흐름이, 틀림없이 여전히 활동하고 있었다.[10]

이 문단은 폐기되는 표상— 또는 관념 —(따라서 이 표상은 자아와 양립할 수 없는, 억압되어야 할 표상이기도 하다)이 무엇인지를 구체적으로 명확히 지적하고 있을 뿐 아니라, 억압과 폐기 이외에 또 하나의 기제가 있다는 것을 보여주고 있다. 우선 「늑대 인간」(1918)에 이르러 폐기되고 억압되는 표상은 거세로 압축된다. 거세가 정신분석에서 핵심 과제로 떠오른 것이다. 왜냐하면 거세를 중심으로 정신질환의 세 흐름이 발생하기 때문이다. 그 하나가 거세를 혐오하면서 그것에 저항하는 것이고(이것은 양립할 수 없는 표상 집단이 서로 대립하는 정국이기 때문에 방어와 억압으로 이어진다), 다른 하나는 거세를 수용하여 여성성에 동화되는 것이고(이것은 거세와 동일시하여 여자가 되는 것이

---

10 프로이트, 「늑대 인간」, 1918. 열린책들, p.296.

기 때문에 도착증의 기제인 부인(Verleugnung, déni, disavowal)과 일치한다), 마지막 하나는 거세 관념 자체가 처음부터 없는 것이다.(이것은 폐기라고 부르는 것이다.)

그런데 여기서 눈여겨보아야 할 것은, 전자의 두 흐름은 서로를 지우지 못하고 병존한다는 사실이다. 따라서 그것들은 더 큰 범주에서 하나로 묶이고, 그 큰 범주는 아마 폐기와 같은 수준에서, 폐기와 쌍벽을 이루는 대립 범주가 될 것이다. 그렇다면 그 범주를 특징짓는 기제는 무엇일까? 폐기가 거세의 관념 자체가 없는 것이니까, 아마 그 기제는 그 반대가 될 것이다. 즉 거세의 관념을 <존재하게> 만드는 기제일 것이다. 그것을 라캉은 프로이트의 용어를 빌려 <최초의 긍정(Bejahung, affirmation primordiale)>이라고 한다. 이것을 도표로 그리면 다음과 같다.(<도표 1>)

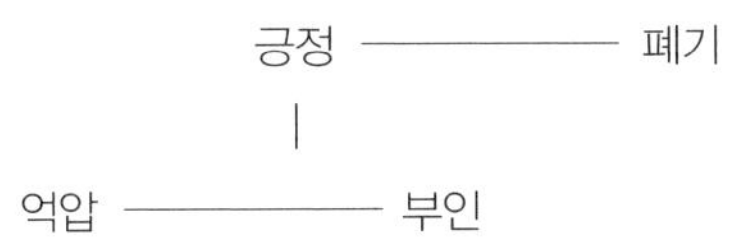

〈도표 1〉

앞에서도 말했지만, 프로이트는 정신증을 억압의 기제로 설명할 때 가끔 기만적이다. 프로이트 자신도 그것을 순순히 인정한다. “[…] 정신병에서 억압이라고 불리는 과정이 전이 신경증에서의 억압과 어떤 공통점을 가지고 있는지 의심스럽다.”[11] 정신증에 관한 그러한 방향의 사고는 프로이트의 전 작품에 걸쳐 발견된다. 프로이트의 초기 텍스트에서 그것은 특히 투사

11 프로이트, 「무의식에 관하여」, 『정신분석학의 기본 개념』, 열린책들, p.212.

기제에 대한 논의에 의해 입증되고 있다. 거기서, 정신증 환자에게 있어서 투사는 처음부터 바깥으로 폐기된 것이지 무의식적으로 억압된 것이 이차적으로 되돌아오는 것이 아니라고 이해되고 있다. 나중에 프로이트가 투사를 단순히 신경증적인 억압의 이차시기로 해석할 때, 그는 그러한 의미의 투사는 더 이상 정신증의 본질적인 동인이 아니라는 사실을 인정한다. 그러한 사실은 「편집증 환자 슈레버」(1911)에 잘 나타나 있다.

> 아주 소란스럽게 우리의 관심을 끄는 것은, 억압을 풀고 리비도가 버렸던 사람에게 그 리비도를 되돌리는 치유 과정이다. 편집증에서는 그 과정이 투사를 통해 이루어진다. 내부적으로 진압되었던(unterdrückt, réprimé, suppressed) 감정이 바깥으로 투사된다고 말하는 것은 틀린 것이다. 차라리, 지금 우리가 보다시피, 내부에서 없어진[폐기된](das Aufgehobene, aboli, abolished)[12] 것이 밖으로부터 되돌아온다고 말해야 할 것이다.[13]

여기서 프로이트가 말하려고 하는 점은, 억압은 리비도를 투여 대상으로부터 분리하는 것이고, 투사는 대상으로부터 분리되어 진압되었던 정동을 밖으로 추방하여 타자 속에 위치시키는 것인데, 편집증은 그 기제로 설명할 수 없다는 것이다. 즉 편집증(paranoia)은 억압된 표상과 진압된 정동이 밖으로 투사되는 것이 아니라, 애초부터 표상이 없었고(즉 폐기되었고), 그 폐기된 것이 밖으로부터 되돌아오는 것이라는 것이다.

---

12 프로이트는 verwerfen(rejeter, reject, 폐기하다) 이외에 문맥에 따라 그것과 근사한 의미로 다음과 같은 용어를 사용한다: (1) aufheben(abolir, abolish, 없애다)(프로이트, 「편집증 환자 슈레버」, 1911. 전집 IX, p.180 참조) (2) ablehnen(décliner, decline, 거부하다)(프로이트, 「늑대 인간」, 1918. 열린책들, pp.220~1 참조) 따라서 우리는 그 모든 용어를 '폐기하다'라고 번역할 것이다.

13 프로이트, 「편집증 환자 슈레버」, 열린책들, p.180.

3.

이렇게 억압으로 모든 정신신경증을 설명하려는 프로이트의 노력은 비록 실패로 돌아가지만, 프로이트는 그 실패를 스스로 자인하고, 억압과 전혀 다른 폐기라는 기제를 정신증—특히 편집증—에서 발견한다. 그러나 프로이트는 발견만 했지, 거세 관념이 애초부터 폐기되었다는 것이 무엇을 뜻하는지 설명하지 못할뿐더러, 그 기제를 중심으로 편집증과 정신증을 재조명하지 않는다. 그 의미를 설명하고, 그것을 중심으로 정신증 증상의 발생 원리를 밝히는 것은 라캉이다. 그렇다면 라캉은 폐기를 어떻게 해석하는가?

우리는 앞에서 지정된 장소에 남근이 없다는 것이 알려지기 위해서는, 다시 말해 남근이 거세되었다는 관념이 발생하기 위해서는 남근의 상징과, 그 상징이 속한 상징계의 질서가 전제되어야 한다고 말한 바 있다. 그것을 역으로 말하면, 프로이트의 말대로 거세의 관념이 애초부터 없었다는 것은, 남근의 상징이 처음부터 없었다는 것이다. 그것은 남근이 주체와 상징계의 접점인데, 그 접점이 폐기됨에 따라 주체가 상징계에 접속되지 않았다는 것을 의미한다. 그것에 따른 결과는 엄청나다. 우선 남근의 기호형식에 의한 주체의 표상도 없을 것이고, 그 기호형식과 다른 기호형식 사이에서 분열되는 주체도 발생하지 않을 것이다. 그리고 라캉의 공식에 따라, "상징계(le symbolique)에서 폐기된(forclos) 것은 실재계(le réel)에서 환각으로 다시 나타난다."[14] 가령 남근의 기호형식이 상징계에서 폐기되니까, 거세의 의미작용

---

14 라캉의 이 환각 공식은, '내부에서 없어진(das Aufgehobene, aboli, abolished, 폐기된) 것이 밖으로부터 되돌아온다.'는 프로이트의 발견을 라캉이 자기 언어로 번역한 것이다. 그러나 그것은 단순한 번역이 아니다. 그것은 제2의 정신분석 혁명을 알리는 코페르니쿠스적 선언이다. 우선 이 명제는 실재계라는 개념을 처음으로 도입함으로써, 상징계-실재계-상상계의 관계에서 프로이트의 이론을 재조명하도록 허락한다.

— 남근이 '제 자리에 결핍'되어 있음이 현실에 상상적으로 투영되는 — 이 일어나지 않고, 반대로 실제 거세, 즉 거세 환각이 일어난다. 그 단적인 예가 늑대 인간의 '단지 환각'이다.

> 내가 다섯 살 때 정원에서 놀고 있었다. 유모가 가까이 있었고, 나는 주머니 칼로 호두나무 껍질을 벗기고 있었다. 그 호두나무는 내 꿈에 나왔던 나무다. 갑자기 나는 내 (오른쪽 혹은 왼쪽?) 새끼손가락을 잘랐다는 것을 발견하고 말도 못하게 공포에 질렸다. 손가락은 피부만 이어져서 매달려 있었다. 아프지는 않았다. 그러나 매우 무서웠다. 나는 몇 발자국 떨어져 있던 유모에게 감히 이야기하려 하지도 못했다. 그리고 가장 가까운 의자에 주저앉았다. 손가락을 다시 쳐다볼 생각도 못하고 앉아 있었다. 마침내 안정이 되어서 손가락을 보았더니 그것에는 전혀 상처가 없었다.[15]

늑대 인간은 다섯 살로, 절단된 손가락이 살갗에 의지하여 매달려 있는 것을 보고 있다고 믿는다. 환각의 실재계가 현실의 장속으로 침범하는 것이다. 그러한 실재는 전혀 평정되지 않을뿐더러, 주체에게 완전히 생소한 이미지로 나타난다. 그 이미지는 그러한 <실제 사물(chose réelle)>의 현전을 보여준다. 그것은 주체가 상징계의 내입을 벗어난 결과, 사물과 분리되지 않는다는 뜻이다. 게다가 환각에 사로잡혀 아연실색 아무 말도 못하는 것은 물론이려니와 그 환각에서 돌아온다고 하더라도 주체는 그것에 대해 아무 말도 할 수 없다. 왜냐하면 실재계에 간헐적으로 나타나는 환각적 거세는 상징계를 벗어남과 동시에 파롤의 가능성도 벗어나기 때문이다.

라캉에 따르면 그것은 무의식의 주체의 속성 판단[16]이 상징계에 뿌리를

15 프로이트, 「늑대 인간」, 열린책들, pp.296~7.

16 프로이트는 쾌락자아가 어떤 사물이 어떤 특수한 속성을 지녔나를 결정하는, 즉 결정될 속성이 좋은지 나쁜지를 판단하는 것을 속성 판단이라고 한다. 따라서 쾌락 자아는 속성

내리는 상징계의 긍정(die Bejahung), 즉 상징계를 최초로 내입하는 최초의 긍정, 또는 상징계 위에 주체가 세워지는 창설적 긍정이 애초에 이루어지지 않았기 때문에 일어나는 일이다. 그러한 주체에 의한 상징계의 인정은 남근 – 거세와 아버지의 기능의 수용을 가정하고 있다. 그러한 일이 상징계에 일어나지 않으면, 주체의 모든 경제가 실제로 정신증에서처럼 환각과 망상으로 변하기 마련이다. 이렇게 라캉은 최초의 긍정과 폐기를 근본적으로 대립시킨다. 라캉의 이론 체계 내에서 그것들은 양자택일의 관계에 있다. 만약 전자를 선택하면 정상 — 신경증[17] — 이 되지만, 후자를 선택하면 정신증이 되는 것이다.

「프로이트의 부정에 관한 장 이폴리트의 주석에 대한 응답」(1954)에서, 라캉은 「부정」(1925)에 관한 프로이트의 논문을 이용하여, 긍정과 폐기를 구분해내면서, '최초의 긍정'과 관련하여 폐기를 정의한다. 그것들은 각각 어떤 상징의 '주체 속으로의 도입(introduction dans le sujet, Einbeziehung ins Ich)과 주체 밖으로의 추방(expulsion hors du sujet, Ausstossung aus dem Ich)'이다.[18] 그 작용 중에서 전자는 최초의 상징화(symbolisation)를 가리키고, 후자는 상징화 밖에 존속하는 영역인 실재계에 머물게 한다. 따라서 폐기는 상징화되었어야 했을 것을 상징화하지 못하는 데 있다. 그것이 상징의 폐기인 것이다. 말하자면 전자는 상징계에 어떤 것이 원초적으로 포함되는 것을

판단에 따라 모든 좋은 것은 '긍정(Bejahung)'하고 내입하려 하고, 모든 나쁜 것은 '부정(Verneinung)'하고 투사하려 한다.(프로이트, 「부정」, 열린책들, pp.447~8) 그런데 라캉은 최초의 긍정을 논리적으로 부정에 선행하는 원초적 행위로 간주한다. 왜냐하면 사물이 긍정의 차원에서 상징화된 뒤에야, 존재가치가 그것에 부여되든 되지 않든 할 수 있기 때문이다. 따라서 그에게 있어서 긍정은 상징계의 내입이다. 즉 상징화라는 원초적 행위이다.

17 정신분석에서는 정상의 임상구조를 따로 설정하지 않기 때문에, 신경증이 곧 정상이다.

18 Lacan (J.), Réponse au commentaire de Jean Hyppolite sur la ≪Verneinung≫ de Freud, in *Ecrits*, Seuil, 1966, p.388.

가리키고, 후자는 상징계에 어떤 것(아버지의-이름)을 포함하는 것에 대한 원초적인 거부이다.

4.

그렇다면 긍정과 억압은 어떤 관계에 있고, 폐기되는 것은 과연 어떤 기호형식인가? 후자부터 답하면, 라캉의 아버지의 은유에 따라 폐기되는 것은 남근의 기호형식이 아니라, 아버지의 이름이라는 기호형식이다. 왜냐하면 남근-거세의 의미작용 — 소문자 ϕ — 은, 남근의 기호형식 — 대문자 Φ — 으로부터 직접 생산되는 것이 아니라, 어머니의 욕망의 기호형식 — $S(\not{A})$ — 이 아버지의 이름의 기호형식 — P — 으로 대체되는 은유 작용의 결과이기 때문이다.

$$\frac{\text{아버지의-이름}[P]}{\text{어머니의 욕망}[S(\not{A})]} \cdot \frac{\text{어머니의 욕망}[S(\not{A})]}{x} \rightarrow \text{아버지의-이름}[P]\left(\frac{I}{\text{남근}[\text{소문자 } \phi]}\right)$$

그렇다면 어머니의 욕망의 기호형식, 즉 큰타자 속에 결핍된 기호형식 — $S(\not{A})$ — 이라고 여겨지는 남근의 기호형식은 어디에 있는가? 라캉이 은유의 공식에서 강조하듯이,

$$\frac{S}{\$'} \cdot \frac{\$'}{x} \rightarrow S\left(\frac{I}{s}\right)$$

삭제선(/)으로 그어진 S'의 생략, 즉 삭제되어 보이지 않는 기호표현 S'가

무의식(I; inconscient) 속에 보존되는 것이 은유의 성공의 조건이다. 따라서 아버지의 이름의 긍정 또는 내입과 동시에 남근의 기호형식은 큰타자에서 결핍되는 기호형식으로 무의식에 격리 보관되면서 남근-거세의 의미작용이 일어난다. 그것이 바로 프로이트가 말하는 원억압을 라캉 식으로 해석한 것이다. 결과적으로 라캉에 따르면, 원억압은 최초의 기호형식 — 남근의 기호형식 — 이 큰타자에서 생략되는 것이다. 그것은 언어 자체의 구조 — 정확히 말하면 언어의 필연적인 불완전성 — 의 결과이지, 주체의 역사에서 일어나는 특수한 심리적 행위가 아니다. 이렇게 최초의 긍정은 필연적으로 큰타자의 구멍(-1)에 의해 원억압으로 이어지고, 그것은 사후 억압을 끌어들이면서 고유한 의미의 신경증을 낳는다.

그렇다면 도착증의 기제인 부인은 어디에 위치하는가? 그것은 한 마디로, 프로이트가 거세의 세 흐름에서 말했듯이, 신경증의 억압과 병존한다. 그것들은 서로를 지우지 못한다. 그렇다면 더욱 더 도착증의 부인은 신경증의 억압과 어떤 관계에 있는가? 다 알다시피, 부인(Verleugnung, déni, disavowal)은, 프로이트가 물품음란증을 설명하기 위해 내세운 기제로, 주체가 외상으로 지각되는 현실 — 특히 여자에게 자지가 없다는 현실 — 앞에서 그 현실을 인정하지 않고 거부하는 방어 방식을 가리킨다. 즉 어린아이들은 여자의 자지가 부재하는 것을 목격하면서도, "그러한 결핍을 부인하면서(leugnen) 자지를 보고 있다고 믿는다."[19] 말하자면 지각의 차원과 믿음(즉 관념)의 차원이 서로 어긋나, 자아가 분열되는 것이다. 프로이트는 그러한 부인을 외부 현실에 대한 것으로 보고, 그거의 요구에 대한 억압과 대립시킨다. 그리고 전자를 물품음란증과 정신증[20]과 연결시키고, 후자를 신경증과 연결시킨다.

---

19 프로이트, 「유아의 성기 형성」, 열린책들, p.288.
20 프로이트는 처음에 부인을 정신증의 초기 단계로 보았다. 왜냐하면 부인에는 항상 자아

그렇다면 라캉은 프로이트가 발견한 그러한 부인의 기제를 언어 구조적으로 어떻게 해석할까? 앞에서도 말했듯이, 억압이든 부인이든 기호형식에 의해 분열된 주체가 존재의 진실 보증을 큰타자에게 요구했는데 결국 큰타자의 결핍에 직면해서 어떠한 태도를 취하느냐에 달려 있다. 즉 억압에서는 남근의 기호형식이 큰타자에 결핍된 기호형식으로 생략되는 것이고, 부인은 남근의 기호형식이 큰타자에 결핍되어 있음을 알면서도 그 사실을 거부하는 것이다. 이것을 프로이트의 오이디푸스 문법에 맞추어 설명하면, 신경증의 억압은 오이디푸스의 모든 시기 — 특히 오이디푸스 콤플렉스, 거세 콤플렉스, 아버지와의 동일시에 의한 초자아 형성 — 를 실현하는 데 반해, 도착증의 부인은 어머니의 거세에 직면하여 아버지와 동일시하는 대신에 어머니의 거세를 부인하고, 어머니 또는 어머니의 남근과 동일시하는 것이다. 따라서 도착증은 전-오이디푸스적인 상상적 관계로 되돌아간다. 우리는 이제 <도표 1>의 임상구조에 대응하는 정신질환을 <도표 2>처럼 대응시킬 수 있을 것이다.

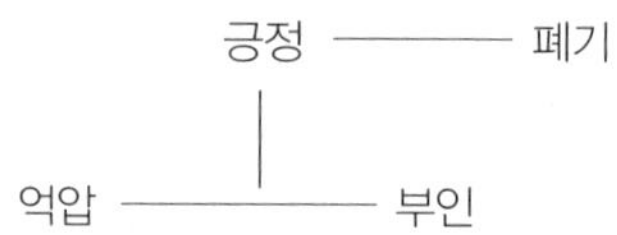

〈도표 1〉

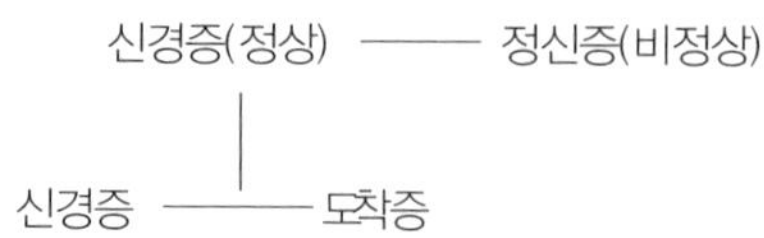

〈도표 2〉

2012년 9월 26일

분열이 뒤따르기 때문이다.

V

불안

불안, 정신질환의 근원
불안신경증과 신경쇠약 : 심리적 가공의 부재
현실불안과 욕동 앞의 불안 : 억압과 불안 정동
자동 불안과 신호 불안:
(1) 기억과 정동의 상징으로서의 불안
(2) 불안은 억압하는 자아에서 나온다
큰타자의 욕망과 〈대상 a〉의 결핍의 결핍

1.

불안이 정신질환의 근원에 있다는 것을 발견한 최초의 인물은 프로이트이고, 그 공은 전적으로 프로이트에게 돌아간다. 사실 불안은 모든 정신질환의 원인이라고 해도 과언이 아니다. 가령 동물과 같은 특정 대상이나, 광장과 고소와 같은 특정 장소나, 집을 떠나는 것과 같은 특정 상황에 나타나는 극단적인 두려움으로 정의되는 공포증 환자를, 그 대상이나 장소 또는 상황과 마주치게 하면 극단적인 불안 발작을 일으킨다. 이러한 사실을 미루어볼 때, 공포증의 대상은 그것과 대면해 불안이 발생하지 않도록, 공포증 환자가 세워놓은 불안 회피 전략의 지표임을 알 수 있다. 또한 강박증 환자의 경우, 강박 행위 — 반복해서 씻고 청결하게 하는 행위, 반복 확인하는 행위, 강박적인 의례나 정리 정돈 등등 — 를 못하게 하면, 안절부절 못하면서 불안 발작을 일으키고, 심지어 그것을 못하게 한 사람에게 엄청난 적개심과 공격성을 보인다. 그것은 강박행동이 불안을 뒤에 숨기고 있다는 좋은 증거이다. 즉 강박행동은 불안의 방어 전략으로 마련된 증상인 것이다. 히스테리도 마찬가지이다. 1차 불안 이론에서는 불안이 현실신경증이면서 정신신경증인 히스테리와 같은 전환 기제를 사용하는 신경증으로 보았지만,[1] 2차 불안 이론으로 가면 상황은 달라진다. 2차 불안 이론에서는 전환증상으로 간주되던 불안이 정동으로 수정되면서, 히스테리도 불안 정동이 억압에 의해 신체적으로 전환된 것으로 해석된다. 이렇게 모든 신경증은 불안에 대한 일종의 방어 작용으로 나타나고, 따라서 불안은 모든 신경증의 근원에 있다고 할 수 있다.

프로이트가 그러한 불안을 하나의 신경증의 단위로 독립시킨 것은, 「신경쇠약증에서 <불안 신경증>이라는 특별한 증후군을 분리시키는 근거에 관하여」(1894년 12월)라는 논문에서다.[2] 거기서 프로이트가 제시하고 있는 불안 이론은 1차 이론으로, 그는 불안을 육체적 리비도의 축적으로 인한 성적 긴장이 심리적으로 가공 구속되지 못하고 육체로 역행하여 증상으로 해방되는 현실신경증의 일종으로 보았다.[3] 앞의 논문에 따르면, 그러한 현실신

1 나중에 다시 거론하겠지만, 1차 불안 이론 당시에, 불안신경증은 육체적 리비도가 심리적 가공을 거치지 못하고, 육체적으로 전환 해방되면서 나타나는 현실신경증이었고, 히스테리는 억압에 의해 표상으로부터 분리된 정동이 신체적 증상으로 전환되는 정신신경증이었다.

2 프로이트, 「신경쇠약증에서 <불안 신경증>이라는 특별한 증후군을 분리시키는 근거에 관하여」, 『정신병리학의 문제들』(황보석 역, 열린책들), 1895. pp.7~44.

3 사실 프로이트는 1894년 6월 플리스에게 보낸 편지에서, 이미 불안의 원인을 대부분 성욕

경증에는 두 가지가 있다. 하나는 신경쇠약이고, 다른 하나는 불안신경증이다. 이러한 분류는 프로이트에 의한 것인데, 프로이트의 논문 제목이 암시하듯이(프로이트 이전에는 불안이 신경쇠약에 포함되어 있거나 신경증의 원인으로 주목을 받지 못했다는 것을 암시한다), 프로이트는 신경증의 원인으로 불안을 지목하고 그것을 신경쇠약으로부터 분리하려고 한다. 프로이트에 따르면, 불안신경증은 신경쇠약과 여러 면 — 원인에서 증상에 이르기까지 — 에서 서로 다르다. 우선 증상의 차원에서 신경쇠약은 육체적인 피로감을 필두로 두통, 소화불량, 변비가 주된 증상으로 나타나는데(물론 성적 활동이 감퇴하고 척추 지각 이상이 발생하기도 한다) 반해, 불안 신경증의 주된 증상은, 첫째, 신경과민 상태 — 청각 과민증, 불면증 등 — 를 가져오는 전반적인 흥분성, 즉 흥분의 증가와 축적이다. 둘째, 보통 근심이라고 일컬어지는 막연한 기대 불안이다. 가령 건강염려증은 기대 불안의 한 형태이다. 셋째, 잠재해 있다가 갑자기 의식으로 침투하는 불안 발작이다. 호흡 곤란, 두근거림(부정맥과 심계항진을 동반하기도 한다), 현기증, 발한, 오한 등이 여기에 속한다고 할 수 있다. 또한 불안 발작에는 허기 발작, 발작으로 이어지는 설사, 울혈(鬱血)(congestion), 이상 지각(paresthésie, paraesthesias)[4] 등이 포함된다.[5]

그러나 이보다 더 중요한 것은, 어떤 정신질환이 독립된 임상 단위로 성립하기 위해서는 그것에 고유한 원인과 기제가 있어야 한다는 프로이트

으로 돌리고 있다. "처음에 나는 길을 잘못 들었다네. 내가 보기에, 환자들이 고통스러워하는 불안은 성행위를 하는 동안 겪은 불안의 연장에 지나지 않네. 따라서 그것은 사실 히스테리 증상이라네." 프로이트는 같은 편지에 동봉된 '불안은 어떻게 발생하는?'라는 문제에 바친 <원고 E>에서 "불안은 축적된 긴장(육체적이거나 심리적인 성질의 긴장)의 변형으로부터 생긴다."고 주장하고 있다.(프로이트, <원고 E>, 『정신분석의 탄생』, 열린책들, pp.40~48 참조)

4 정신의학에서는 이것을 '착감각(錯感覺)'이라고 번역한다.

5 프로이트, 「신경쇠약증에서 <불안 신경증>이라는 특별한 증후군을 분리시키는 근거에 관하여」, 『정신병리학의 문제들』(황보석 역, 열린책들), 1895. pp.14~18.

의 분류 기준에 따라, 신경쇠약과 불안신경증의 원인이 달라야 한다 — 비록 그것들이 현실신경증이라는 동일한 범주에 속하는 신경질환이라 할지라도 — 는 점이다. 한 마디로, 프로이트에 따르면, 신경쇠약은 심리적으로 구속되지 않고 누적된 육체적인 성적 흥분이 자위나 몽정이라는 부적절한 행동으로 대체되었을 때 불충분하게 해소된 흥분이 야기하는 증상이고, 불안 신경증은 그러한 육체적인 성적 흥분이 성교중단(coitus interruptus)으로 인해 전혀 방출되지 못하고 모두 신경감응(innervation)을 통해 증상으로 바뀌는 것을 특징으로 하는 현실신경증이다. 따라서 전자에서는 성적 충족이 불충분하게 이루어지고, 후자에서는 성적 충족이 아예 부재한다.[6] 이것을 일목요연하게 도표로 그리면 다음과 같다.

현실신경증

	불안신경증	신경쇠약
주된 증상	신경과민 막연한 기대불안 불안발작 (현기증, 호흡 곤란, 심장 장애, 발한 등)	육체적인 피로감, 두통, 소화불량, 변비 척추 지각 이상 성적 활동의 감퇴
병인	성교 중단(coitus interruptus) 성적 충족의 부재	자위, 몽정 성적 충족의 불충분

6 *Ibid.*, sqq. 23 참조.

2.

프로이트의 불안 이론이 두 시기로 나뉜다는 것은 앞에서 말한 바와 같다. 「신경쇠약증에서 <불안 신경증>이라는 특별한 증후군을 분리시키는 근거에 관하여」(1894)라는 논문을 중심으로 한 전기 1차 불안 이론과, 『억제, 증상 그리고 불안』(1926)을 중심으로 한 후기 2차 불안 이론이 그것이다. 그러나 전자에서 후자로 넘어가는 것이 갑자기 이루어진 것이 아니라, 중간에 전자와 후자를 이어주는 과도기적인 불안 이론이 제시되었다는 사실을 잊어서는 안 된다. 그것은 <불안>이라는 제목으로 행해진 『정신분석 강의』(1915~17) 제25강에서 제시된다. 거기서 프로이트는 불안을 동기에 따라 두 가지로 분류한다. 하나는 욕동 앞의 불안으로, 불안신경증, 히스테리성 불안, 강박증적 불안과 같은 신경증적 불안이고, 다른 하나는 위험한 현실 앞의 불안(angoisse devant un danger réel)[7]이다. 우선 후자는 프로이트가 『정신분석 강의』에서 처음 제창한 개념으로, 현실적으로 위험이 다가옴을 직감할 때 마음이 준비 상태로 발생시키는 불안이다. 그러한 현실 불안은 합리적으로 이해 가능한 불안이다. 왜냐하면 외부의 위험이 예상되거나 예견되면 불안 반응이 뒤따르고, 도망 행위로 연결되기 때문이다. 그러나 현실 불안이 합리적이고 목적에 부합하는 것이라고 생각하는 것은 잘못이다. 불안은 전혀 목적에 부합하지 않는다. 위험한 상황에서 불안하지 않아야 오히려 일을 합목적적으로 더 잘 처리할 수 있기 때문이다. '불안해서 일이 손에 잡히지

7 독일어 원어로는 Realangst(현실 불안)이다. 여기서 <Real>은 명사로, 불안 자체를 규정하고 있는 것이 아니라, 불안의 동기를 규정하고 있다. 그래서 불어로 <angoisse devant le réel(현실 앞의 불안)>라고 번역하지 않고 <angoisse devant un danger réel(현실적 위험 앞의 불안)>이라고 번역하는 것이다. 그렇게 번역하는 것은, 그 때의 현실이 있는 그대로의 현실이 아닌 다른 심리적 현실을 포함할 수 있기 때문이다.

않는다.'고 말하지 않던가? 그 말은 현실 불안의 비합목적성을 지적해 보여주고 있다. 위험에 대한 반응은, 따라서, 불안이라는 심리 효과와 도망이라는 방어 행위의 두 차원으로 구성된다고 할 수 있다. 마치 동물이 놀라면 불안해하면서 도망가는 것과 같다. 여기서 목적에 부합하는 것은 도망이지 불안이 아니다. 이렇게 불안은 위험에 대한 어떤 심리적인 '준비'(Bereitschaft, préparation, preparedness) 상태이다. 다시 말해 불안은 본격적인 위험에 노출되기 전에 위험이 다가온다는 예비 '신호'의 차원에서 일어나는 심리적 반응이다.[8]

한편 1차 이론의 신경증적 불안은 『정신분석 강의』에 이르러 욕동 앞의 불안으로 불리게 되는데,[9] 그러한 명칭 상의 변경은 여러 가지 생각의 변화를 내포하고 있다. 우선 욕동도 리비도 — 물론 심리적 리비도이긴 하지만 — 이기 때문에, 1차 불안 이론의 틀 — 즉 축적된 리비도의 방출 부재가 병인이라는 — 은 과도기에도 그대로 유지된다고 할 수 있다. 그러나 욕동은 정동을 포함한다는 점에서 육체적 리비도와 다르다. 결론부터 말한다면, 과도적 이론에서 불안은 욕동이 억압되면서 표상과 분리 변질된 정동이 육체적 증상으로 전환되지 않고 불안이라는 정동으로 직접 해방되는 것이다. 여기서 알 수 있는 이론의 변화는, 첫째, 프로이트는 불안을 리비도의 육체적 전환으로 보지 않고 일종의 정동으로 본다는 사실이고(이제 불안은 전환 증상이 아니라 정동이다), 둘째, 그보다 더 중요한 사실로, 불안이 억압과

8 프로이트, 『정신분석 강의』, 열린책들, p.531, p.544 참조: 이 개념은 2차 불안 이론에서 '신호 불안'으로 이어진다. 보통은 현실 불안이 2차 이론에서 처음 제시되었다고 알려져 있지만, 실은 과도적 이론에서 이미 그 싹이 발견되고 있다.(프로이트, 『정신분석 강의』, 열린책들, p.530)

9 모든 신경증이 욕동 앞의 불안에 대한 방어 작용으로 발생하는 것이기 때문에, 욕동 앞의 불안은 신경증적 불안이라고 말할 수 있다.

관련되면서 현실신경증의 틀을 떠나 정신신경증의 범주에 속하게 된다는 점이다. 한 마디로 불안은 욕동이 억압된 결과 표상으로부터 분리 변질된 정동이다. 그렇다면 어떤 정동인가? 욕동은 쾌락원칙에 따라 원래 기분 좋은 정동을 동반하는데, 불안은 불쾌하고 고통스럽지 않은가? 프로이트는 그러한 질문에 대해, 프로이트는 쾌락이어야 할 정동이 억압되는 순간 불쾌하고 고통스러운 불안으로 변질된다고 대답한다. 그리고 그 변질된 불안이 육체적 증상으로 전환되지 않고 직접 방출되는 것이다. 말하자면 불안이라는 정동 자체가 리비도(또는 욕동)[10]의 방출인 것이다.

그렇다면 현실 불안과 욕동 앞의 불안은 어떤 관계에 있는가? 프로이트는 일반적으로 욕동 앞의 불안보다 현실 불안의 경향이 더 강한 어린아이의 경우를 들어 두 불안의 관계를 설명한다. 어린아이가 무엇보다도 낯선 사람들에 대해 불안해한다는 것은 모두 동의할 것이다. 어린아이는 왜 낯선 사람을 보면 불안해할까? 자신의 약함과 그들의 강함이 비교되면서 위협을 느끼기 때문일까? 아마 그렇지는 않을 것이다. 아마 그들이 어머니 같이 친숙하고 사랑하는 사람이 아니기 때문일 것이다. 그러한 사실은 낯선 상황에 노출되어 불안해하던 아이가 어머니처럼 친숙한 사람이 나타나면 불안을 멈추는 것으로써 알 수 있다. 즉 낯선 상황이 아이에게 의미 있는 상황이 되는 것은 그 속에 어떤 사람이 등장하느냐에 달려 있다. 낯선 사람과 함께 있으면 불안이 야기되고, 친숙한 사람과 같이 있으면 안심이 되는 것이다. 따라서 낯선 상황보다 낯선 사람이 불안을 일으키는 것이고, 낯선 사람이 불안을 야기하는 것은 그가 친숙한 사람이 아니기 때문이다. 예컨대 아이들

10 사실 프로이트는 이 시기에 이르러, 초창기부터 견지해오던 육체적 리비도와 심리적 리비도의 구분을 포기하고, 욕동 이론으로 통합한다. 그것이 가능했던 것은, 욕동은 '심리적인 것과 육체적인 것 사이의 경계-개념'(프로이트, 『성욕에 관한 세 편의 에세이』, 열린책들, p.61)이기 때문이다.

이 갖는 최초의 상황 공포증은 암흑과 고독함에 직면했을 때일 것이다. 아이들이 어둠 속에 혼자 있을 때 우는 것이 그것을 증명해준다. 그러나 그러한 어둠 속에서도 어머니의 목소리가 들리면 울음을 그치고 안정을 되찾는다. '누군가 말을 해주면 주위가 밝아진다.'는 속담처럼 말이다. 따라서 불안은 어둠 자체에서 오는 것이 아니라, 누군가에 대한 그리움이 어둠에 대한 불안으로 변질된 것으로 보아야 한다. 말하자면 그리움이 그것을 해소해줄 대상이 부재하자 억압되면서 불쾌감과 고통으로 바뀐 것이다. 따라서 신경증적 불안 — 또는 욕동 앞의 불안 — 을 이차적인 것으로 치부하면서 현실 불안의 특수한 사례에 불과하다고 보는 견해는 타당하지 않다. 역으로 아이에게서 주로 나타나는 현실불안도, 사용되지 않은 리비도에서 비롯되는 신경증적 불안의 본질적인 특성을 그대로 공유하고 있다. 이렇게 프로이트는 욕동 앞의 불안에 대립하는 현실적 위험 앞의 불안(즉 현실불안)을 발견했음에도 불구하고, 후자를 전자에 부속시킨다.

그러나 불안의 요인과 관련하여, 욕동과 현실 중 어느 것이 더 원인에 가까운가, 그리고 어느 것에 초점을 두고 설명하는 것이 더 설득력이 있는가 하는 문제는 그리 간단한 것이 아니다. 안나 프로이트의 경우, 욕동은 현실적 위험을 야기할 때만 불안을 일으킨다고 주장한다. 가령 욕동의 대상이 금지된 대상인 경우, 그것의 실현이 현실적인 위험으로 다가올 것은 불을 보듯 뻔하다. 안나 프로이트에 따르면, 그런 경우에만 불안이 일어난다는 것이다. 그러나 대부분의 정신분석가들은 불안을 일으키는 욕동 자체의 위협이 존재한다 — 즉 주체가 욕동 자체를 위험으로 받아들인다 — 고 주장하고 있다. 프로이트도 그러한 주장의 타당성을 인정하면서 다음과 같이 말하고 있다. "불안은 위험에 대한 자아의 반응으로 발생한다. 그것은 도망에 앞서 도망을 예고하는 신호이다. […] 신경증적 불안에서도 자아는 도망으로써 리비도의 요구를 모면하려 한다. 그것은 마치 내적 위험[리비도의 요구]에 대해서도 외적 위험에 대한 것과 똑같이 행동한다."[11] 결국 프로이트는 자기의 딸인 안나 프로이트가 아닌 다른 정신분석가 — 욕동을 위험으로 강조하는 — 의 손을 들어주는 것이다.

3.

그러나 『억제, 증상 그리고 불안』(1926)에서 발표된 2차 이론으로 오면, 프로이트는 불안과 관련된 기존의 관점을 대폭 수정한다. 우선 불안은 억압으로 인해 표상으로부터 분리된 정동이 변질되어 나타난 것이 아니다. 불안은 이미 존재하는 기억 이미지에 결부되어 있던 정동 상태가 재현되는 것이다. 말하자면 불안이라는 정동 상태는 태초에 겪은 외상적 경험의 잔재로서 마음에 새겨져 있다가 비슷한 상황이 일어나면 기억의 상징으로 되살아나는 것이다. 따라서 정동의 틀을 유지해주는 핵심은 특정하고 의미심장한 체험의 반복이다. 그 체험은 한 개인이 아니라, 그 개인이 속한 종족 자체의 태곳적 역사로 거슬러 올라가는, 아주 오래 전의 인상이다. 이러한 관점은 과도적인 『정신분석 강의』(1915~1917)에 이미 나타나 있다. 거기서 프로이트는 불안 정동을 일반적이고 유전적인 히스테리 발작에 비유하면서, 종족의 과거에 대한 기억의 잔재라고 말하고 있다.[12] 그러면서 그것의 원형을 출생에서 찾는다.

---

11 프로이트, 『정신분석 강의』, 열린책들, p.544.
12 프로이트, 『정신분석 강의』, 열린책들, p.533: 부연하면, 히스테리는 후천적이고 개인적인 기억의 상징인데 반해, 불안은 선천적이고 계통발생적인 기억의 상징이라고 할 수 있다.

> 불안의 정동 상태가 인생 초기의 어떤 체험을 반복이란 형태로 다시 되풀이하는지 우리는 알고 있다. 우리는 그것이 <출생>이라고 말한다. 출생의 과정에서는 불쾌감과 분만 당시의 자극, 신체의 감각들이 무리지어 나타난다. 이는 생명의 위협을 초래하는 모든 경우의 전형이 되었으며, 이후부터 불안 상태로서 우리들 자신에게 반복되어 나타난다. 출생 당시에 새로운 혈액 공급(내적 호흡)이 중단됨으로써 엄청난 강도의 자극이 가해지는데, 이는 불안 체험의 원인이자 독성을 가진 최초의 불안이기도 하다. 불안(angoisse) — <비좁음>이라는 뜻의 라틴어 angustiae에서 온 — 이라는 말은 기도가 좁아져 호흡곤란이 오는 것을 강조하고 있다. 그것은 출생 시에 현실 상황의 결과로 존재했다가, 오늘날에는 [불안으로 특징지어지는] 정동 상태에서 규칙적으로 재생된다.[13]

그러나 프로이트는 2차 이론에 이르러, 출생 외상이 불안의 원형이라는 생각에 의문을 제기한다. 사실 출생 외상이 최초의 불안 정동을 야기한 원형이기는 하나, 출생에는 경제적 교란 — 즉 보호막의 파열에 따른 불쾌감 — 만 있을 뿐, 태아가 그 위험을 알고 있다고 가정하기 힘들다. 게다가 불안이 발생할 때마다 출생의 기억이 되살아난다고 주장하는 것은 더욱더 무리가 있다. 그래서 프로이트는 출생 외상보다, 태아로서의 생리적 상황이 어머니를 대상으로 하는 심리적 관계로 바뀌는 무력상태(Hilflosigkeit, détresse, helplessness)를 최초의 불안 — 즉 불안을 일으키는 외상적 상황의 원형 — 으로 제시한다. 다 알다시피, 무력상태는 타자의 도움 없이는 생명을 유지할 수 없는 젖먹이 상태를 가리킨다. 그것은 스스로 욕구를 충족시킬 수 없는, 즉 스스로 먹이를 찾을 수 없는 미숙한 상태의 조산아로 태어나는 인간의 탄생 조건과 결부되어 있다. 프로이트가 보기에, 출생 외상은 자연스럽게 그러한 무력상태로 이어진다. 단지 출생 외상과 무력상태가 다른 점이

13 *Ibid.*, pp.533~4.

있다면, 출생 외상은 순전히 생리학적이기 때문에 대상과 전혀 관계가 없는 데 반해, 무력상태는 어머니로 대표되는 절대적인 조력자가 전제되는 심리적 관계라는 것이다. 앞에서도 말했지만, 아기는 혼자 있을 때나 어두운 곳에 있을 때 불안해하면서 우는데, 그것은 그 아기가 사랑을 느끼는 사람 — 즉 어머니 — 이 부재하기 때문이다. 여기서 어머니는 아기가 갈망하는 사람(ersehnten Person, personne de désirance, person longed for)이고, 우는 행위는 그를 부르는 소리 — 즉 말 — 에 다름 아니다. 불안은 그러한 갈망 대상의 부재 — 즉 대상 상실 — 에 대한 반응이다. 이제 프로이트는 불안의 생리적 배경을 찾아 나선다. 그에 따르면, 불안에 따른 생리적 증상은, 탄생 시의 혈액 공급(또는 내적 호흡) 중단과 관계있다기보다, 무력상태에서 호흡기관을 이용하여 어머니를 부르는 것과 관계가 있다. 즉 그는 어머니를 부르는 행위가 호흡기관과 심장의 항진으로 전환된 것이 불안이라고 본다.

한 마디로 불안은 욕구 긴장의 증가에도 불구하고 스스로 그것을 해소하지 못하는 아기에게, 어머니와의 분리가 위험 상황으로 받아들여지면서 그에 대한 자동적인 심리 반응으로 나타난 것이다. 그러한 불안은 두 가지 방향으로 나간다. 하나는 주체가 외상적 상황에 놓일 때마다, 즉 위험 상황이 반복될 때마다, 제어할 수 없는 내외적인 원인의 흥분이 쇄도하면서 발생하는 자동 불안이고, 다른 하나는 위험한 상황 앞에서 흥분이 쇄도하는 것을 피하기 위해 자아가 작동시키는 신호 불안이다.[14] 따라서 전자는 외상적 상황이나 그것의 재현에 대한 인체의 자발적인 반응으로, 신호 불안과는 달리, 외상적인 흥분의 내외적인 원인을 미리 판단하지 못할 때 나타나는

---

14 프로이트에게 "불안은 자동 현상으로서든지 경고 신호로서든지 간에, 생물학적인 무력상태의 보상인 것이 분명한, 젖먹이의 심리적인 무력상태의 산물로 간주되어야 한다."(프로이트, 『억압, 증상 그리고 불안』, 열린책들, p.267)

반응 형태이다. 반면에 신호 불안은 외상적 상황에서 최초에 체험했던 불안 반응을 약화된 형태로 재현한다. 말하자면 그것은 아직 나타나지는 않았지만 피해야 하는 외상 상황에 대해, 자동 불안의 기억을 떠올리면서 그 기억의 신호로서 약간의 에너지를 동원하는 것을 가정하고 있다. 비유적으로 말하면 신호 불안은 일종의 예방주사이다. 바이러스의 침투를 예상해서, 미리 바이러스를 약간 주사함으로써 그 바이러스에 대한 면역력을 키우는 예방주사 말이다. 단지 예방 주사와 다른 점이 있다면, 예방주사는 한 번 맞으면 그 면역효과가 영구적이거나 상당히 지속적인데 반해, 신호 불안은 그때그때마다 약화된 불안이 반복적으로 재생된다. 이렇게 신호 불안은 자동 불안에 대한 '기억의 상징'이나 '정동의 상징'[15]으로 작용하면서, 위험에 대한 방어 작용의 일환으로 나타난다.

그런데 여기서 주목해야 할 것은, 프로이트가 신호 불안을 자아와 결부시키고 있다는 점이다. 그것은 엄청난 이론의 변화를 예고하고 있다. 다 알다시피, 전기나 과도기의 불안 이론에서 불안은, 제어되지 않은 리비도의 양이 육체적으로 전환된 결과이든, 아니면 정동이 억압되면서 불안의 형태로 변질 방출되는 것이었다. 따라서 불안 정동은 욕동의 리비도 투여의 결과이거나 그것에 대한 억압 과정에서 억압된 정동으로부터 직접 나온다. 그러나 후기 이론에서 불안은 억압하는 자아 자체에서 나온다. 즉 자아가 흥분의 쇄도를 몰고 오는 위험 상황을 피하기 위하여, 그것에 대한 기억의 상징으로 신호 불안을 불러오는 것이다. 따라서 불안은 욕동을 억압하기 이전에, 억압의 출발을 알리는 신호탄으로 나타난다. 전기 이론에서처럼 불안이 억압의 결과인 것이 아니라, 억압이 불안의 결과인 것이다. 불안은 억압되는 욕동이

15 프로이트, 『억압, 증상 그리고 불안』, 열린책들, p.215.

아니라 억압하는 자아와 관계하면서, 억압의 동기로 작용하는 것이다.

그러한 신호 불안은 심리 발달 시기에 따라, 세 가지 위험 앞의 세 가지 불안으로 나타난다. 하나는 타자에게 의존해야 하는 무력상태 시절, 대상 상실이 가져오는 위험 앞에서의 불안이다. 이것은 보통 분리 불안이라고 명명되는 것이다. 다른 하나는 남근기 특유의 불안으로 최초의 불안 다음에 오는 거세 불안인데, 이것 역시 성기관의 분리라는 점에서 분리 불안이라고 할 수 있다. 단지 전자가 전체 대상과의 분리로서 자신의 생명 — 따라서 자기애 — 과 관련 있다면, 후자는 부분대상의 분리로 남성성 — 따라서 아들러의 용어를 빌리면 '남성적 항거'[16] — 과 관련되어 있다. 그러나 페렌치에 따르면, 자지는 상당한 자기애적 가치를 갖고 있다. 왜냐하면 그 기관을 통해 어머니와 합체가 되기 때문이다. 따라서 자지를 잃는 것은 어머니와 다시 분리되는 것과 진배없다. 마지막으로 프로이트는 초자아 앞의 양심 불안을 내세운다. 초자아는 프로이트의 오이디푸스 문법에서 거세 콤플렉스에 직면하여 주체가 아버지의 어떤 특성 — 양심, 이상, 관찰 — 과 동일시하여 형성된 자아이다. 그리하여 초자아는 자아에게 양심을 강요하고, 그것을 어길 시는 자아에게 죄책감이라는 벌로써 화답한다. 따라서 양심 불안은 초자아의 형성과 함께 거세 불안이 사회적인 양심 불안으로 발전한 것이다. 양심 불안은 이렇게 초자아의 처벌을 위험으로 간주하고, 그것 앞에서 신호 불안을 작동시킨다. 프로이트에 따르면, 그것은 초자아 앞에서의 불안의 궁극적인 지점은 죽음의 불안이다. 왜냐하면 처벌의 궁극은 죽음이고, 모든 처벌은 생명에 위협을 가함으로써 죽음을 상기시키기 때문이다. 따라서 그것은 죽음에 이르는 운명의 힘에 투사되는 불안이라고 할 수 있다. 지금까지

16 프로이트, 『편집증 환자 슈레버』, 열린책들, p.146.

의 프로이트 불안 이론을 요해하면 다음과 같다.

1차 불안 이론	과도적 이론	2차 불안 이론
현실신경증으로서의 불안신경증	1. 현실불안 2. 욕동 앞의 불안(신경증적 불안)	1. 자동 불안 2. 신호 불안
1. 육체적 리비도의 축적으로 인한 성적 긴장이 2. 심리적으로 구속되지 못하고[→따라서 불안은 정동이 아니다] 3. 신경감응을 통해 육체로 역행하여 육체적 증상으로 해방되는 것[→ 따라서 히스테리적 전환과 유사하다]	1. 현실적 위험 앞의 불안 : 현실적으로 위험이 다가옴을 감지할 때 생기는 마음의 준비 상태 2. 욕동 앞의 불안 : 1) 그러나 1차 불안 이론은 그대로 유지함 2) 아기의 현실 불안은 갈망하는 존재[어머니로 대표되는 친숙한 사람]가 없기 때문이다. 3) 리비도를 방출[사용]할 대상이 없는 까닭에 축적된 리비도가 불안이라는 정동으로 방출되는 것 4) 따라서 여기부터 <불안은 정동>이 된다. [→ 육체적 리비도와 심리적 리비도의 구분을 포기함] 5) 그 결과 불안은 욕동이 억압되면서 표상과 분리된 정동이 육체적으로 전환되지 않고 불안으로 변질되어 직접 해방되는 것[→ 따라서 (1) 불안은 이제 전환이 아닐뿐더러, (2) 억압과 결부된다. 즉 불안은 억압의 결과이다.] 6) 정동은 (1) 양적인 변이에 따른 질적인 느낌으로, (2) 태곳적부터 역사적인 경험의 기억과 결부됨 → 따라서 불안은 그것이 부착된 기억이 되살아나는 것 [예 : 출생 트라우마에 따른 불안과 기억] 3. 불안, 공포, 경악의 구분 1) 불안은 대상 없이 막연함. 2) 공포는 대상의 명확함. 3) 경악은 준비가 없이 갑작스럽게 생명의 위험에 노출될 때 발생	1. 불안은 억압에서 새로 생기는 것이 아니라, <이미 존재하는> 기억의 이미지에 따라 정동 상태가 재현되는 것. 2. 따라서 불안 정동은 억압 과정에서 나온 것도 아니고, 억압된 욕동의 리비도 투여에서 나온 것이 아니라 억압하는 자아 자체에서 나온다. → 불안은 억압의 결과가 아니라, 억압이 불안의 결과이다. 3. 자동 불안 : (1) 경악이 자동 불안의 개념으로 바뀜. (2) 생명에 위협이 되는 무력상태에 놓일 때 인체의 자동 반응 4. 신호 불안 : 외상적 상황에서 체험했던 불안 반응을 약화된 신호의 형태로 재현하는 것. 5. 심리 발달 시기에 따른 세 가지 불안 1) 무력상태와 관련된 분리 불안[→ 출생 트라우마 이론 포기] 2) 거세 불안 3) 초자아 앞의 양심 불안

4.

그렇다면 라캉은 그러한 불안에 대한 프로이트의 개념을, 자신의 이론

틀 내에 어떻게 흡수하고 재해석할까? 슐라 앙리슈는 라캉의 불안 개념에 대해 다음과 같이 말하고 있다: "라캉은 프로이트 이후에, 불안이라는 개념에 대해 가능하면 정확하게 진술하는데 1년의 세미나를 바친다.[1962~3년도의 『세미나 X; 불안』] 그에게 문제가 되는 것은, 그것을 이해하거나 기술하는 것이 아니라, 그것의 구조적 위치와 의미화 요소를 알아보는 것이다. 어떻게 그는 프로이트의 정의를 이어가는가? 불안은 적어도(a minima) 하나의 신호가 되는 정동이지만, [프로이트에게서처럼] 내외적인 위험의 표출이 아니다. 그것은 주체가 큰타자의 욕망과 대면하게 될 때, 주체를 동요에 사로잡히게 하는 정동이다."[17] 짧지만 명쾌한 이 정의에서, 우리는 라캉이 프로이트의 불안 이론 중, 무엇을 계승하고, 무엇을 버렸는지, 그리고 그의 불안 이론의 핵심이 무엇인지를 파악할 수 있다. 한 마디로, 1, 2차에 걸친 프로이트의 불안 이론 중, 라캉이 수용하는 것은, 신호 불안이라는 개념과, 불안은 정동이라는 명제이다. 그러나 라캉이 말하는 신호는 프로이트처럼 위험 상황을 피하기 위한 신호가 아니라, 큰타자의 욕망에 접근한다는 신호 — 즉 큰타자가 보내는 신호 — 이다. 그리고 불안은 그 신호로서의 정동이다.

역시 라캉은 주체와 큰타자의 구조적 관계에서 불안이라는 수수께끼의 실마리를 찾는다. 앞에서 말했듯이, 주체가 큰타자의 기호형식에 의해 표상되면서 그 효과로서 발생한다면, 두 기호형식 사이에서 분열된다. 엄밀히 말하면, 주체가 분열되는 것이 아니라, 기호형식에 의한 절단(에 의한 분열) 그 자체, 또는 상처 또는 양쪽으로 벌어짐[18] 그 자체가 주체라는 효과이다. 따라서 주체에는 존재가 없다. 존재-결핍이라는 말이다. 이것은 한편으로는 주체의 욕망으로 연결되고(왜냐하면 욕망은 존재와 결핍의 관계이기 때문이

17 Choula Emrich, <angoisse>, in *Dictionnaire de la psychanalyse*, Larousse, 2003, p.22.
18 라캉은 이 벌어짐을 입벌림(béance)이라고 부른다.

다), 다른 한편으로는 기호형식의 장소인 큰타자를 부르면서 존재 보증을 요구한다.(왜냐하면 주체가 기호형식의 효과라면, 그 기호형식의 진실을 보증해줄 장소는 기호형식의 장소밖에 없기 때문이다.) 그러나 큰타자가 진실의 보증 장소라 할지라도, 그것은 존재가 아니라 장소인데다가 결핍의 장소이기 때문에. 말할 수도 없고, 대답할 수도 없다. 그런데도 주체는 큰타자가 무언가 자신에게 요구하고 있고, 그 요구 뒤에 무언가 숨기고 있다고 생각한다. 그것은 아마 주체를 표상하는 기호형식의 사슬의 움직임이, 큰타자의 기호형식의 사슬의 움직임을 끌어들이면서, 두 기호형식의 사슬이 마치 두 톱니바퀴처럼 맞물려 돌아가기 때문일 것이다. 여기서 주목해야 할 것은, 기호형식의 사슬이 곧 주체의 요구라는 사실이다. 왜냐하면 <주체=기호형식>이기 때문에, 가치 보증을 위한 다른 기호형식으로의 이동이 주체의 요구로 나타나기 때문이다. 마찬가지로 큰타자의 기호형식의 사슬은 큰타자의 요구가 된다.

그렇다면 주체의 요구가 어떻게 큰타자의 요구를 끌어들이는가?[19] 그것은 마치 주체의 톱니바퀴(작은 맞물림 축)가 돌아가며 큰타자의 톱니바퀴(큰 구동축)를 반대 방향으로 돌리는 것과 같다.(<그림 1>) 말하자면 주체가 큰타자에게서 S_1을 빌려 자신을 표상하는 순간, S_1은 다시 큰타자의 S_2를 끌어당기는데, 이 때 주체의 톱니는 S_1에서 S_2의 방향으로 돌고, 큰타자의 톱니는 S_2에서 S_1의 역방향으로 도는 것이다. 실패에서 실을 잡아당기면 실패는 반대 방향으로 돌면서 멀리 사라지는 것과 같다. 그러한 움직임은 기호형식의 장소에 진실을 보증해줄 마지막 기호형식이 결핍됨에 따라, 다람쥐 쳇바

19 사실은 그 역이다. 큰타자의 사슬의 움직임이 <주체=기호형식>의 이동을 발생시키는 것이다. 왜냐하면 큰타자가 주체보다 우선하기 때문이다. 주체는 큰타자의 효과로 큰타자에 <외-재>하는 것이다.

퀴 돌듯 영원히 계속된다.

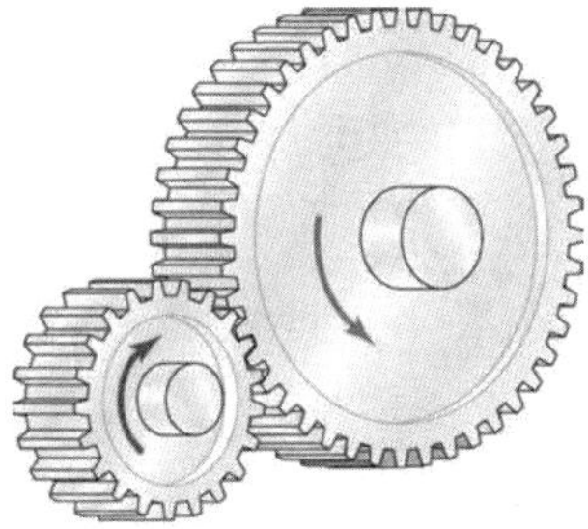

〈그림 1〉

다른 한편, 그러한 사슬의 움직임은 그 내부에 빈 공간을 만들면서, 그 공간을 흐르는 또 다른 힘을 생성한다. 비유적으로 말하면, 회오리가 돌면서 내부의 빈 공간을 만들 듯이, 또는 코일에 전기가 돌면서 그 내부에 자기장이 생성되듯이, 기호형식의 사슬의 영원 회귀는 그 내부에 결핍의 공간을 만들면서 자기장에 해당하는 욕망을 흐르게 한다.(<그림 2>) 그런데 그 자기장이 다시 원을 그리며 어떤 비어 있는 중심을 돌듯이, 욕망도 비어 있는 내부의 중심을 계속해서 돈다.(<그림 3>)

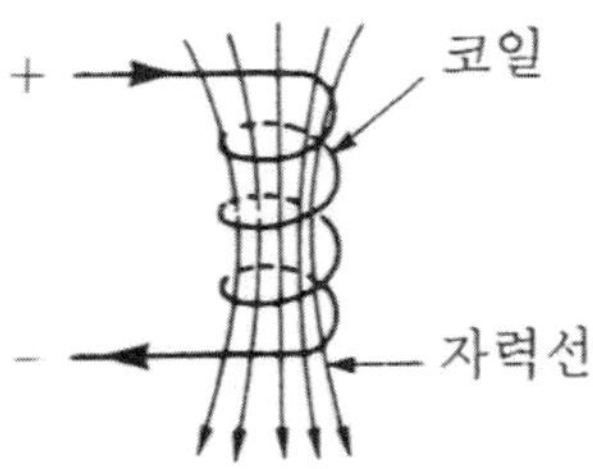

〈그림 2〉

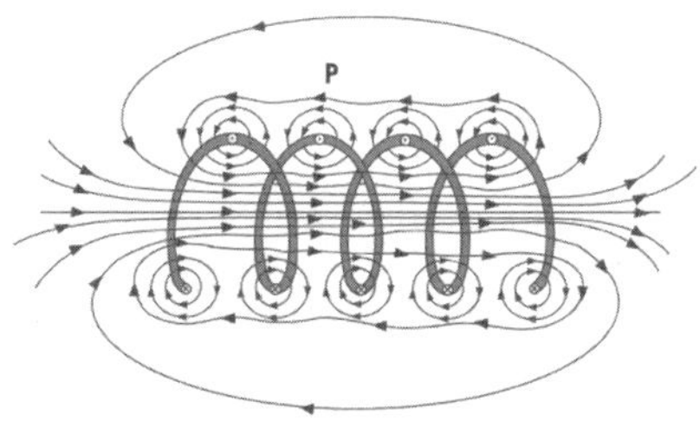

〈그림 3〉

라캉은 이것을 원환면으로 형상화한다. 즉 원환면의 표면을 돌고 있는 것은 기호형식의 사슬로 주체의 요구를 나타내고, 그 요구는 원환면 내부의 빈 공간을 도는 욕망을 만들어내고, 그 욕망은 다시 중앙의 빈 공간 — 욕망의 대상이 상실되면서 생겼다고 생각되는 공간 — 을 돈다.(<그림 4>) 그러나 주체의 요구는 <그림 1>에서처럼 큰타자의 요구를 끌어들이고, 큰타자의 요구는 큰타자의 욕망을 창출한다. 결국 주체의 원환면은 큰타자의 원환면을 끌어들이면서 서로 껴안고 있는 두 원환면의 모양을 그리게 된다.(<그림 5>)

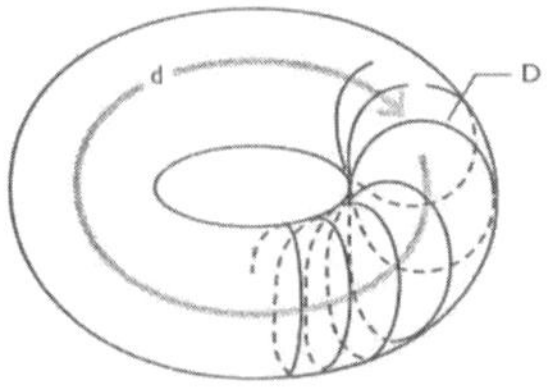

〈그림 4〉

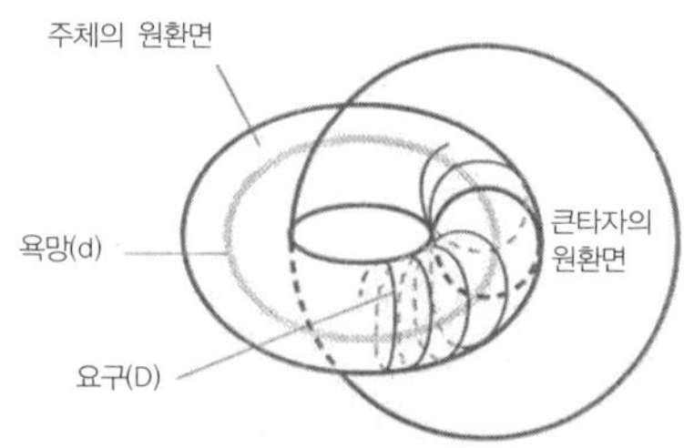

〈그림 5〉

아무튼 주체의 요구는 큰타자의 요구를 끌어들이고, 큰타자의 요구는 큰타자의 욕망을 숨기고 있는 관계로, 주체는 궁극적으로 큰타자의 욕망에 대해 의문을 품으면서 다음과 같이 질문한다: '큰타자는 나에게 그것(cela)을 요구한다. 그런데 큰타자가 그것[요구]으로써 나에게 원하는 것은 무엇인가?' 이것이 라캉의 유명한 질문, '케부오이? 너는 무엇을 원하는가?(Che vuoi? que veux-tu?)'[20]이다. 한 마디로, 불안은 이 질문이 내포하고 있는, 큰타

---

20 Lacan, *Ecrits*, Seuil, p.815.

자의 욕망에 대한 불확실성 그것 자체이다. 다시 말해 큰타자의 욕망 앞에서 주체가 불안에 사로잡혀 할 수 있는 유일한 것이 바로 이 질문이다. 이 질문 자체가 불안의 증거인 것이다. 또한 그것은 주체가 큰타자의 차원에 가장 직접적으로 접근하고 있다는 것을 의미하기도 한다.

어쩌면 불안을 야기하는 핵심 요인인 이 불확실성이야말로, 프로이트가 말하는 막연한 유동성 불안(angoisse flottante, free floating anxiety)[21] — 또는 기대 불안(Erwartungsangst, angoisse d'attente, expectant anxiety) — 과 통하는 것인지 모른다. 왜냐하면 불확실성은 특정 대상 없이 정체를 알 수 없는 상태를 말하는 것이기 때문이다. 사실 프로이트의 불안은 대상의 결핍 — 어머니나 남근과의 분리 — 과 관련되어 있다. 그에 따르면 불안에는 대상이 없다. 그러나 라캉에게 있어서 불안은 대상 결핍과 결부되지 않는다. 오히려 '불안은 그 대상이 무언지 모를 뿐 대상이 없는 것이 아니다'[22]라는 라캉의 말에서 알 수 있듯이, 불안은 남근이나 그것의 등가물과 밀접하게 결부되어 있다. 말하자면 프로이트에게서처럼 그것은 대상의 결핍과 관련되어 있는 것이 아니라, 대상의 결핍의 결핍과 관련되어 있는 것이다.

라캉에게 있어서도 불안이 거세와 관련을 갖고 있는 것은 확실하다. 그러나 라캉이 말하는 거세는 큰타자의 결핍, 즉 큰타자의 상징적 거세이지, 생물학적 거세가 아니다. 뿐만 아니라 큰타자의 거세의 구멍으로 상실된 대상은 상징계와 결별하고 상징계 밖으로 영원히 사라지는 것이 아니라, 상징계 밖에 실재하면서 상징계와 모종의 관계를 갖고 있다. 그것은 그 실재가 호시탐탐 상징계 속으로 회귀한다는 사실로 알 수 있다. 비유적으로

21 프로이트, 『정신분석 강의』, 열린책들, p.535.

22 Lacan, *Le séminaire X: l'angoisse*(미간행), 1962년 11월 28일 세미나 : 불안의 대상은 없지 않기 때문에, 불안의 대상을 <없지 않은 대상>이라고 말할 수 있지 않을까?

말하면, 상징적 차원에서 주체는 큰타자의 구멍(결핍) — 즉 큰타자의 욕망이라는 아가리 — 에 직면하면서 불안에 휩싸이는데, 그것은 단순한 심연이 아니라, 잃어버린 대상이 떨어져 나가면서 생긴 구멍으로, 그 구멍 속으로 영원히 상실되었다고 믿고 싶지만, 실은 상실되지 않은 대상이 회귀한다고 말할 수 있다. 왜냐하면 증상이나 무의식의 형성물에서 분명하고 명백한 그것의 흔적을 발견할 수 있기 때문이다. 불안은 그 대상 — 즉 결핍되어야 할 그 대상이 다시 나타날 때, 다시 말해 분배나 교환의 구체적인 대상으로 나타날 때 나타난다. 불안은 그러한 잃어버린 대상의 탐색에 대한 주관적인 번역이다.

그러한 대상은 일찍이 프로이트가 「과학 심리학 초고」에서 (큰)사물(das Ding; la Chose)[23]이라고 명명한 것이다. 그러나 라캉은 불안에 관계된 그 결핍의 대상을, 욕망의 '버팀목(support)'으로 정의하다, '욕망의 원인(cause du désir)'으로 정의하고, 마지막에는 '대상 a(objet a)'로 명명한다.[24] 그것은 한 마디로 그것이 없으면 불안이 없는 대상이다. 라캉은 말한다. "불안이 욕망과 결부

23 우리가 프로이트의 das Ding을 <큰사물>로 번역하려 하는 것은, 라캉이 그것을 대문자 사물(la Chose)로 번역했기 때문이다. 또한 큰사물은 라캉에 따르면 상징적인 대문자 타자(큰타자)에 대응하는 실재적인 큰타자이기 때문이다. "오이디푸스 이론은 적어도 그러한 큰타자가 무엇인지를 소개하는 데 기여하고 있다. 가령 아버지는 상상계에서 빌려온 양순한 아버지나 매질하는 아버지의 형태로 나타날 수 있다. 즉 그는 경쟁 상대인 타자와 혼동될 수 있다. 그러나 그는 어머니의 담화 속에 있는 그의 위치로 해서, 큰타자가 되기도 한다. 큰타자의 환기는 세대를 혼동하고, 어머니와 아이 사이의 양자 관계를 지속시키는 것을 금지시킨다. 주목할 것은 어머니 자체가 근친상간의 금지로 해서 접근할 수 없기 때문에, 근본적으로 잃어버린 대상으로서 근본적인 타자성을 구현하고 있다는 것이다. 이 모든 것은 큰타자의 차원을 사물(la Chose)의 차원으로부터 출발하여 소개하도록 만든다. 사실 그 용어가 항상 우리의 힘이 미치지 않는 곳에 있는 것을 가리키는 것은, 큰타자야말로 우리를 그것과 분리시키는 법임과 동시에 금지된 향락 자체이기 때문이다. <생략되고 자신의 장소로 환원된 […] 사물, 그것이 바로 대문자 A를 가진 큰타자이다.>"(R. Chemama, <Autre>, in *Dictionnaire de la psychanalyse*, Larousse, 2003, p.39.

24 프로이트의 <(큰)사물>과 라캉의 <대상 a>의 관계에 대해서는 『부분대상에서 대상 a로』(임진수, 파워북) 8장, 9장, 10장을 참조할 것.

됨에 따라, 환상은 욕망의 버팀목이 되고, 잃어버린 대상인 <대상 a>는 욕망의 원인이 되는데, 불안은 그 대상의 출현 신호로서 기능한다."[25] 라캉에게 있어서, 불안을 구성하는 것은, 이렇게 "어떤 것(그것이 무엇이든지)이 욕망의 원인으로서의 대상이 차지하고 있는 자리에 나타날 때이다."[26] 사실 어떤 주체가 욕망할 수 있으려면, 그 욕망의 원인으로서의 대상이 그에게 결핍되어야 하는데, 그 <대상 a>가 없지 않게 되면, 주체는 '섬뜩함(Unheimlich)'의 상황에 던져지고, 불안이 나타나는 것이다. 비유적으로 말하면 숨 쉴 공간이 있어야 숨을 쉴 수 있는 것인데, 숨이 허파를 가득 채우고 목까지 차오르기 시작하면, 마치 불안 증상처럼 숨이 차고 가빠지는 것과 같다. "이렇게 라캉에게 있어서 불안은 결핍의 신호가 아니라, 결핍이라는 필수불가결한 받침의 결여가 주체에게 나타나는 것이다. 사실 젖먹이에게 젖가슴의 상실이 불안을 낳는 것은, 젖가슴이 그에게 결핍되는 것이 아니라, 그것이 편재(遍在)를 통하여 그를 사로잡기 때문이다. 어린아이에게 있어서, 근본적으로 욕망의 장과 분리된 욕구의 장을 구성하면서, 요구에 어떤 피안을 보존하는 것은 그것의 부재의 가능성이다. 라캉에게 있어서, 충족적이기를 바라는 모든 대답은 불안을 끌어올 뿐이다. 불안은, 따라서, '대상의 상실의 시도가 아니라, 대상이 결핍되는 않는다는 사실의 현전이다.'(라캉의 1962년 12월 5일 『불안』 세미나)"[27]

---

25 "라캉은 프로이트가 대상을 항상 상실된 대상으로 정의한다는 점을 강조한다. 그것을 되찾기 위한 탐색이 욕망을 지탱하는 것이다. 욕망 이론은 그 대상의 결핍과 그것에 대체되는 기호형식에 기초하고 있다. 그런데, 정확히 그 상실된 대상이 그것을 덮어 가리고 있는 기본 환상을 가로질러 다시 나타날 위험이 있을 때, 즉 주체가 큰사물(la Chose)과 향락의 가능성에 직면할 위험이 있을 때, 주체가 욕망하고 말하는 주체로 구성되는 장소로서의 결핍이 없어질(결핍될) 위험이 생기면서 그 순간에 불안은 주체의 소멸이라는 위험 신호로 나타난다."(F. Peraldi, <angoisse>, in *Les Notions Philosophiques*, P.U.F., p.96)

26 Lacan, *Le séminaire X: l'angoisse*(미간행), 1962년 11월 28일 세미나.

27 Choula Emrich, <angoisse>, in *Dictionnaire de la psychanalyse*, Larousse, 2003, pp.22~3.

라캉의 개념에 따라 말한다면, 이제 불안은 프로이트에게서처럼 막연한 것이 아니다. "그것은 무시무시한 확신이다. 불안은 속이지 않는 것이다. 그것은 <대상 a>에 대한 예감이고, 의심 밖에 있는 것이다. 그것은 의심이 아니라 의심의 원인이다. 불안은 무시무시한 확신이다. 그것은 늑대 인간처럼 불안의 절정에, 천창(天窓) 사이로, 우리를 바라보고 있는 것이다. 늑대 인간은 환상으로부터 다섯 쌍의 눈이 자신을 보고 있음을 본다. 불안은 항상 우리를 아무 말 없이, 상징화 밖에서 큰타자에게 의존하도록 버려두는 것이다."[28]

그렇다면 대상을 결핍시킴으로써 주체로 하여금 욕망할 수 있게 하는 것은 무엇인가? 라캉에 따르면, 대상을 기호형식으로 대체하는 것이다. 다시 말해 대상의 결핍을 기호형식에 기록함으로써 대상을 상실되게 하는 것이다. 그리고 그 기호형식이 주체를 표상하고 주체는 욕망의 주체로 태어나는 것이다. 그래서 라캉의 이론 체계 내에서, 욕망은 말에 기록된 결핍이고, 욕망의 주체는 말하는 존재(l'être parlant)에 대한 기호형식의 낙인의 결과로 탄생한다.

2012년 10월 10일

28 *Ibid.*, p.23.

VI

공포증

불안의 〈없지 않은 대상〉과 공포증 대상의 수정화
말 공포증: 말에 의한 거세 불안
이환수환(以幻修幻)의 정신치료
기호형식으로서의 대상
상상계에서 상징계로의 이행과 개인적 신화
회전판으로서의 공포증
공포증의 대상과 음란물품
상상계의 병, 소실점과 상상계의 구멍

1.

공포증은 신호 불안으로 작용하는 어떤 동물과 같은 특정 대상이나 특정 상황(고소나 광장, 집을 떠나는 것과 같은 상황) 앞에서, 그것에 대한 극단적인 두려움과 불안 —『DSM IV』의 용어를 빌리면 공황 발작 — 을 경험하는 증상을 말한다. 공포증은 처음부터 정신분석적 개념이었지만, 프로이트가 처음부터 공포증이라는 용어를 사용한 것은 아니다. 그는 공포증을 처음에는 불안 히스테리라고 부른다. 그가 불안 히스테리라는 용어를 생각해낸

것은 두 가지 의미에서다. 하나는 현실신경증으로서의 불안 신경증과는 별도로 정신신경증에서 발견되는 불안을 설명하기 위함이고, 다른 하나는 후자의 불안이 정신신경증 내에서 전환 히스테리와 구분하기 위함이다. 따라서 불안 히스테리는 한편으로는 불안 신경증과 대립하고, 다른 한편으로는 전환 히스테리와 대립한다. 다 알다시피, 1차 불안 이론에서 불안 신경증은 신체에 근원을 둔 성적인 에너지가 축적되지만 심리적으로 가공되지 못하고, 즉 심리적 표상으로 구속되지 못하고 곧바로 육체적인 불안 증상으로 전환되는 것이다. 반면에 불안 히스테리가 포함되는 정신신경증은 욕망과 방어 작용의 심리적 갈등이 억압을 야기하면서, 억압에 의해 정동이 표상으로부터 분리되어 어떻게 해방되느냐에 따라 여러 가지 증상으로 나타나는 정신 질환을 말한다. 여기서 전환 히스테리는 표상으로부터 분리된 정동이 신경감응을 통해 육체적 증상으로 전환되는 것을 말하고, 불안 히스테리는 분리된 리비도가 전환되는 것이 아니라 불안이라는 정동으로 변질 해방되는 것이다. 따라서 불안 신경증은 전환 히스테리처럼 육체적 증상으로 전환된 현실신경증이고, 불안 히스테리는 억압 작용에 의해 표상으로부터 분리된 리비도가 불안이라는 정동으로 변질되는 것이다. 그 둘의 구분은 현실신경증과 정신신경증의 차이만큼, 불안이 육체적 증상이냐 정동이냐는 개념의 변화와 일치한다.

다른 한편, 불안 히스테리와 공포증도 프로이트의 이론 체계 내에서 동의어로 쓰이는 경향이 있지만, 엄밀히 말해 완전한 동의어는 아니다. 프로이트는 그것들의 본질적인 차이를 강조하는 쪽으로 방향을 잡는다. 즉 불안 히스테리에서는 "병인이 되는 재료에서 억압에 의해 분리된 리비도가 전환되는 것이 아니라 […] 불안이라는 형태로 해방된다."[1]는 프로이트의 정의에서 볼 수 있듯이, 불안-정동에 초점이 맞추어져 있다. 반면에 공포증의 증상이 형성되는 출발은 "해방되었던 불안을 즉시 심리적으로 다시 구속하려고 하는 심리적인 작업에 있다."[2] 말하자면 공포증은 특정 대상에 초점을 맞춤으로써 불안을 어떤 대상에 대한 공포로 바꾸는, 불안에 대한 방어 작용이다. 따라서 "불안 히스테리[환자]는 점점 더 '공포증'의 방향으로 발전하게 된다."[3] 그래야만 불안으로부터 벗어날 수 있기 때문이다. 이렇게 공포증의 대상으로의 이동은 대상에 구속되지 않은 자유로운 불안의 출현보다 이차적이라고 말할 수 있다.

그러나 프로이트는 후기로 가면서 현실신경증의 개념을 포기하고, 그에 따라 불안 신경증과 불안 히스테리의 구분도 포기하고, 2차 불안 이론을 내놓는다. 앞에서도 말했지만, 프로이트의 2차 불안 이론의 핵심은 다음과 같다: 첫째, 불안은 정동이다. 그러나 둘째, 그 정동은 억압에서 새로 생기는 것이 아니라, 이미 존재하는 기억의 이미지에 따라 정동 상태가 재현되는 것이다. 따라서 불안은 억압 과정에서 억압된 욕동에서 나오는 것이 아니라 억압하는 자아 자체에서 나온다. 셋째, 불안은 억압의 결과가 아니라, 억압의 원인이다. 그리고 넷째, 불안은 외상적 상황에서 체험했던 불안 반응을 약화된 신호 — 즉 신호-불안 — 의 형태로 재현하는 것이다. 그렇지만 그러한 불안을 야기하는 구체적인 특정한 대상이나 상황은 알려지지 않는다. 따라서 불안에는 대상이 없다.[4]

반면에 공포증에는 불안을 일으키는 표상과 대상이 선명하다. 그리고 그 표상과 대상에서 기인하는 불안은 불안의 진정한 원인 앞에서 신호 불안의 역할과 동시에 스크린 역할을 한다. 말하자면 공포증의 대상은 불안의 회피 전략으로서, 불안의 진정한 대상(라캉이 말하는 <대상 a>) 앞에 세워진 대체

1 프로이트, 「다섯 살 배기 꼬마 한스의 공포증 분석」, 열린책들, p.147.
2 *Ibid.*, p.148.
3 *Id.*
4 물론 라캉의 이론에서, "불안은 대상이 없지 않다.(L'angoisse n'est pas sans objet)"

대상인 것이다. 우리는 그러한 사실을, 공포증의 대상에 주체가 직면하면 공황 발작[5]을 일으키면서 도망가려 한다는 사실로써 알 수 있다. 부연하면, 불안의 진정한 원인은 주체에게 참을 수 없는 불안을 일으키기 때문에, 주체는 그 불안이 다가오는 것을 방지하고 예측하기 위하여 신호 불안을 예고하는 전초 기지를 세우는 것이다. 결과적으로 공포증에 대한 연구는 불안의 진정한 원인에 대한 탐구 없이는 불가능하다. 그만큼 불안과 공포증은 밀접한 관계를 가지고 있다. 라캉은 모든 신경증의 근원과 구조에 불안이 개입하지만, 공포증에서 특히 뚜렷하게 나타난다고 말하고 있다.

> 신경증 환자가 요구에 부여하는 우위는, 솜씨 속에서 움직이는 분석에서 모든 치료를 좌절의 처리를 향해 미끄러지게 하지만, 큰타자의 욕망에 대한 그의 불안을 숨기고 있다. 그 불안은 오직 공포증의 대상에 의해 덮여 있을 때에만 오인하기 불가능하지만, 다른 두 신경증[히스테리와 강박증]에서는 [공포증에서보다] 이해하기 더 힘들다.[6]

또한 공포증이 불안의 회피 전략의 일환으로 나타난 증상이라는 사실은 불안보다 공포증이 오히려 견디기 쉽다는 것으로 이어진다. 공포증에서는 적어도 불안이 어떤 대상에 대한 공포로 대체되기 때문에, 그 대상만 피하면 주체는 공포증으로부터 보호되기 때문이다.

> 분석은 대상에 대해, 주체의 단순한 상대라는 개념과 아주 다른 본질의 기능적 개념을 소개한다. 대상과 주체의 어떤 요구와의 간단한 접골은 문제가 되지 않는다. 대상은 완전히 다른 역할을 갖고 있다. 말하자면 그것은 불안이라는

5 다른 지면을 필요로 하는 이야기이지만, 우리는 불안과 공황, 그리고 공황 장애와 공포증의 차이에 주목할 필요가 있다.
6 라캉, 「주체의 전복」, in 『에크리』, pp.823~4.

바닥 위에 위치해 있다. 대상은 불안이라는 근본적인 바닥을 가리고 장식하는 도구이다. 불안은 주체의 서로 다른 발달 단계에 세계와의 관계를 특징짓는 것이다. [···]

프로이트와, 그와 함께 그리고 그 이후에 공포증을 연구했던 모든 사람들은 대상과 소위 공포(peur) 사이에 직접적인 관계가 있다는 사실을 보여주었다. 공포는 대상을 자신의 근본적인 표시로 색칠함으로써, 대상으로서, 즉 본래의 대상으로서 구성한다. 반대로 문제가 되는 공포(몇몇 경우에 원초적인 공포지만 다른 경우에는 그렇지 않을 수 있는)와 대상(아주 본질적으로 그러한 공포와 거리를 두기 위하여 구성되는) 사이에는 엄청난 거리가 있다. 대상은 주체를 어떤 범위 안에 가둔다. 그 범위는 주체가 공포로부터 보호되는 성곽이다. 대상은 본질적으로 경고 신호의 출구와 결부되어 있다. 무엇보다도 그것은 공포의 창설에 대항하는 전진 초소이다. 공포는 어떤 주체의 발작(전형적이지도 진화되지도 않는)이라는 결정적인 순간에 대상에게 역할을 부여한다.

서세 불안이라는 불안이 문제가 된다는 것은 최근까지 거의 이론의 여지가 없었다. 그렇지만 생성론적인 의미에서 재구성의 욕망이, 원초적인 대상의 공포증적인 구성의 개화로부터, 그것의 결과로서 아버지라는 구성 자체를 추론할 정도에 이르렀다는 것은 주목할 만하다. 내가 인용하곤 했던 공저에서 말레(Mallet)는 공포증에 대한 보고에서, 정확히 그와 같은 방향으로 가고 있다. 우리가 공포증으로부터 불안과의 어떤 관계의 개념으로 거슬러 올라가는 것을 허락해주고, 그러한 불안에 대해서 공포증의 대상이 갖고 있는 보호 기능(fonction de protection)을 수립하게 했던 거꾸로 된 흥미로운 길을 통해서 말이다.[7]

반대로 불안은 특별한 대상 없이 부재 주위를 맴돌고 있는 바로 그 이유 때문에 무서운 것이다. 공포는 불안을 특별한 대상에 집중 — 수정화 — 하고 있어서, 상징적으로 훈습될 가능성이 있다.

7 Lacan, *Le séminaire IV: la relation d'objet*, Seuil, pp.22~3.

요컨대, 그것은 불안의 수정화이다. 불안은 어떤 대상에 대한 공포가 아니다. 그것은 주체가 물리고, 길을 잃는 대상의 부재에 직면하는 것이다. 주체는 그 부재에 덥석 물리고 거기서 길을 잃는다. 모든 것 — 대상들 중에서 가장 생소하고 가장 덜 대상적인(objectal) 공포증의 대상을 만드는 것을 포함해서 — 은 그 부재보다 낫다. 문제가 되는 공포[불안]의 비현실적인 특성은, 우리가 그것을 볼 줄 안다면, 그 형태에 의해 바로 드러날 것이다. 그것은 어떤 부재의 공포이다. 내가 말하는 것은, 여러분들이 방금 전에 가리켰던 그 대상의 부재이다. 꼬마 한스는 그것의 부재를 두려워한다.[8]

공포증에 대한 프로이트의 생각 중에서 특이한 것은, 공포증을 '독립된 병리 과정'으로 보지 않는다는 것이다.[9] 공포증이 갖가지 신경증과 정신증에서도 나타나기 때문이다. 사실 공포증은 강박증이나 정신분열증에서도 찾아볼 수 있고, 또한 프로이트에 따르면, 불안 신경증에서조차 공포증의 양상을 띤 몇몇 증상들을 만날 수 있다.[10] 그것은 프로이트에게, 공포증이 다른 정신 질환과 공유하지 않는, 그것에 고유한 기제와 구조가 없다는 것을 의미했고, 따라서 프로이트는 공포증을 하나의 병리 과정으로 독립시키는 것을 저어했던 것이다. 그러나 다른 한편으로 생각하면, 그것은 모든 정신질환이 공포증으로부터 흘러나온다는 것을 의미하기도 한다. 마치 정신질환의 터미널과 같은 것 아닌가? 이 주제는 프로이트 이후로 라캉을 비롯한 많은 정신분석가들의 연구 과제가 된다.

8 *Ibid.*, pp.345~6.
9 프로이트, 「다섯 살 배기 꼬마 한스의 공포증 분석」, 열린책들, p.147 참조.
10 그렇다고 공포증 증상이 중심 증상을 이루는 순수한 공포증이 없는 것은 아니다. 순수한 공포증은 분명히 존재한다.

2.

꼬마 한스의 분석을 계기로, 프로이트는 공포증을 특수한 실체로 규정하고, 그것과 전환 히스테리의 구조적 유사성을 밝힌다. 다시 말해 그는 공포증에서, 억압으로 특징지어지는 정신신경증의 임상 구조를 발견한다. 도대체 공포증의 특수한 실체란 무엇일까? 꼬마 한스의 분석은 단순히 꼬마 한스에 국한되는 것이 아니라, 3살에서 5살 시기에 이르는 모든 꼬마 주체가 마주치는 문제, 즉 어떤 동물과 어떤 공간 앞에서 비합리적으로 두려워하는 문제를 거세 불안의 틀에서 이론화하고 있다.

꼬마 한스의 공포증은 소위 말하는 어머니와의 분리 불안(의 꿈)으로부터 시작한다. "한스(4년 9개월[1908년 정월 초])가 아침에 울면서 잠자리에서 일어났다. 왜 우느냐는 엄마의 물음에 그는 이렇게 대답했다. <자다가 꿈을 꾸었는데, 엄마가 떠나버렸어. 그러면 나는 애무할(schemeicheln: faire câlin) 엄마가 없잖아.>"[11] 그로부터 며칠 뒤(1월 7일) "그는 여느 때처럼 보모와 함께 시립 공원으로 산보를 갔다. 길거리에 나오자 그는 갑자기 울음을 터뜨리면서 집에 가서 엄마를 '애무하며' 있겠다고 말했다." 여기서 우리가 알 수 있는 것은, 한스의 불안은 엄마에 대한 애정(또는 성적 흥분)과 관련되어 있다는 점과, 그의 광장 공포증은 엄마와 분리되지 않으려는 데서 기인한다는 점이다. 그러나 그의 광장 공포증은 엄마와의 분리만큼 다른 문제와 결부되어 있다는 것이 곧바로 밝혀진다. 엄마가 직접 한스를 데리고 산책을 나갔는데도 한스가 겁을 먹고 울기 시작한 것이다. "1월 8일에는 아내[즉 한스의 엄마]가 한스에게 무슨 문제가 있는지 직접 그를 데리고 산책을 나갔

11 프로이트, 「다섯 살 배기 꼬마 한스의 공포증 분석」, 열린책들, p.33.

다. 그들은 한스가 가장 좋아하는 쇤브룬으로 갔다. 그는 다시 울기 시작하더니 가지 않겠다고 버텼다. 그는 겁을 먹고 있었다. 마침내 출발하기는 했는데, 도로로 나오자 그의 얼굴에는 두려워하는 빛이 눈에 띄었다. 쇤브룬에서 돌아오는 길에 한스는 왜 그러느냐는 몇 번의 물음에 무척 망설이다가 엄마한테 이렇게 말했다. <말이 나를 물까봐 겁이 났어.>(실제로 쇤브룬에서 말과 마주치자 그 아이는 불안해했다.)"[12] 광장을 두려워하고 광장에 나가지 않으려고 한 것은, 엄마와 분리되지 않으려고 하는 것의 연장이 아니라, 말을 두려워했기 때문인 것이다. 그렇다면 말이 왜 한스의 공포증의 대상이 된 것일까? 물론 그것은 필연성이 없는 우연하고 터무니없는 일이다. 그렇지만 분명 말은 한스에게 어떤 상징적 의미가 있기 때문에 공포증의 대상이 됐을 것이다. 도대체 말은 한스에게 무엇을 상징하며, 또 말이 문다는 것은 무엇을 상징하는 것일까?

> 그로부터 얼마 뒤, 한스는 말이 자기를 물지도 모른다는 공포가 그문덴에서 받았던 인상에서 시작되었음을 알게 된다. 어떤 아버지가 마차를 타고 출발하려는 딸에게 <말 입에 손을 집어넣지 말거라. 손을 집어넣으면 말이 문다>라고 경고했던 것이다. 그 아버지의 경고의 말을 옮길 때 쓴 한스의 어법은 예전에 그의 자위행위에 대해서 경고했을 때 그의 부모가 쓴 어법(<손가락을 거기에 갖다 대지 마라>)을 연상시킨다.[13]

---

12 프로이트, 「다섯 살 배기 꼬마 한스의 공포증 분석」, 열린책들, p.34.

13 프로이트, 「다섯 살 배기 꼬마 한스의 공포증 분석」, 열린책들, p.151. 한스는 그문덴을 두 번 방문하는데, 몇 번째 방문에 이런 일이 있었는지는 명확하지 않다. 단지 4년 6개월 되던 여름휴가 때 그문덴에 갔을 때(즉 두 번째 방문 때) 있었던 일이 아닌가 싶다(*Ibid.*, p.24). 첫 번째 방문은 여동생 한나를 임신해서 엄마 배가 산더미처럼 불렀다는 말을 하는 것으로 봐서(*Ibid.*, p.93 참조), 아마 한스의 나이가 3년 4~5개월 되었을 때라고 짐작된다. 왜냐하면 동생 한나는 한스가 3년 6개월[1907년 9~10월]에 태어났기 때문이다.

그런데 여기엔 뭔가 이상한 것이 있다. 두 아버지가 한 말의 어법 — 하나는 <말의 입에 손가락을 갖다 대지 말라>는 것이고, 다른 하나는 <손가락을 거기[자지]에 갖다 대지 말라>는 것 — 이 유사한 구조를 갖고 있다면, 손을 대면 무는 것은 전자에서는 말의 입인데, 후자에서는 무엇인가? 후자에서 말의 입의 위치에 있는 것은 자지인데, 자지가 물 수는 없는 것 아닌가? 그러나 한스의 아버지는 자지가 문다고 말한다.

> 한스 : 그렇지만 흰 말들은 물어. 내가 그문덴에 가 있을 때 사람을 무는 흰 말을 봤어. 손가락을 내밀면 물어.
> (내[아버지]는 그가 여기서 손대신 손가락이라고 말하는 데 주목했다.) 그리고 한스는 다음과 같이 이야기를 했다. 그것을 여기에 다시 엮어서 기술해보겠다.
> 한스 : 리치가 떠나게 되었을 때, 그 아이의 짐을 역까지 실어다 주려고 흰 말이 끄는 마차가 한 대가 그 애 집 앞에 와 서 있었어.(리치는 한스의 말에 따르면 이웃집에 사는 여자애다.) 그 애 아버지는 마차 옆에 서 있었고, 말이 고개를 들었어.(그 아이의 아버지를 건드리려고.) 그러자 그 애 아버지가 리치에게 이렇게 말했어. <흰 말에게 손가락을 내밀지 마라. 손가락을 내밀면 무니까.>
> 그 말에 대해 나는 이렇게 대꾸했다.
> 나 : 얘야, 내가 보기에 손을 갖다 대면 안 되는 것은 말이 아니라 고추 같구나.
> 한스 : 하지만 고추는 물지 않잖아.
> 나 : 아니야. 고추도 문단다.
> 그러자 한스는 그가 본 것이 실제 흰 말이었다는 사실을 내게 입증해보이려고 무진 애를 썼다.[14]

14 *Ibid.*, pp.40~1.

한스도 우리와 마찬가지로 고추(즉 자지)가 손가락을 물 수 있다는 것을 의심한다. 그렇기 때문에 한스가 계속 무는 것은 흰 말이라고 주장하는 것이다. 그렇다면 손가락을 자지에 갖다 대는 것과 손가락을 무는 행위 사이에는, 그것들을 서로 논리적으로 연결시킬 수 있는 매개 명제가 필요하지 않을까? 그에 따라 전자의 손가락과 후자의 손가락의 의미는 달라질 뿐 아니라, 흰 말과 말의 입도 단순한 어법의 유사성을 넘어서는 다른 상징적 의미를 가지지 않을까? 사실 손가락을 고추에 갖다 대는 것은 자위행위를 나타낸다. 그러나 고추는 물릴 수는 있어도 물 수는 없다. 그런데 말의 입에 물리는 것은 손가락이다. 여기서 의미의 전도 현상이 일어난다. 즉 고추에 갖다 대는 손가락은 육체의 일부분으로서의 손가락이고, 말의 입에 물리는 손가락은 형태적인 유사성에 의해 고추를 상징하는 손가락이다.(실제로 한스 아버지는 한스가 손이라고 말하지 않고 손가락이라고 말하는 것에 주목한다.) 그렇다면 말의 입은 무엇을 상징하고 말은 무엇을 상징하는가? 그 곳은 고추가 있어야 하는데 고추가 없는 장소가 아닐까? 고추가 <제 자리에 없는> 어머니의 거세의 장소 말이다.

사실 프로이트에 따르면, 모든 어린아이들은 성적 환상이나 오인이라고 말하지 않을 수 없는, 남근에 관한 성 이론을 갖고 있다. 그들은 우선 '모든 생물은 남근을 갖고 있다'고 생각한다. 그들 생각에, 남자는 물론이려니와 여자(특히 어머니)도 남근을 갖고 있다. 둘째, 그들의 성 이론에 따르면, 어른의 남근은 아이들에 비해 크다. 따라서 어머니의 남근도 아이의 남근보다 크고[15], 아이들의 남근은 성장하면 어른처럼 자랄 것이다. 셋째, 그렇게 생

15 한스는 "만약 엄마가 고추를 보여주면 나도 내 고추를 보여줄 텐데"(*Ibid.*, p.44)라고 말하며 엄마의 고추를 보고 싶어 한다. "[세 살 9개월쯤 되었을 때] 한스는 엄마가 잠자리에 들기 전에 옷을 벗는 모습을 유심히 쳐다보았다. 그러자 엄마가 물었다.
엄마 : 뭘 그렇게 쳐다보니?

각하다, 여자아이(특히 어머니)에게 남근이 부재함을 목격하고, 정신적 외상이 될 정도로 깜짝 놀란다.[16] 그래서 처음에는 그 사실을 믿지 않는다. 그러다가 어머니의 남근의 부재를 있다가 없어진 거세로 해석하고, 자신도 어머니처럼 거세되지 않을까 두려워한다. 이것이 바로 거세 불안이고, 그 거세 불안을 촉발하고 가중시키는 것이 거세 위협이다.

> 세 살 6개월이 되었을 때 그 아이는 손으로 고추를 만지다가 어머니한테 들킨다. 그러자 어머니가 이렇게 위협한다.
>
> 엄마 : 또 그 짓을 하면 A 박사님을 불러서 네 고추를 떼어버리라고 할 거야. 그러면 너 어떻게 오줌을 눌래?
>
> 한스 : 엉덩이로 누면 되지.[17]

그래서 한스는 고추를 만지는 행위가 거세를 불러온다는 사실을 깨닫고 자위를 중지한다. "다음날 아침 6시쯤에 그는 몹시 겁먹은 표정으로 잠자리에서 일어났다. 왜 그러느냐고 묻자 아이는 이렇게 대답했다. '손가락으로 고추를 잠깐 만졌어. 엄마가 슈미즈 차림으로 거의 벌거벗고 있는 걸 봤어. 엄마는 나한테 엄마 고추를 보여주었어. 나는 그레테에게, 나의 그레테에게 엄마가 어떻게 했는지 보여주고, 내 고추도 보여주었어. 그러다가 나는 얼른

한스 : 엄마한테도 고추가 달려 있나 보는 거야?
엄마 : 물론이지. 너는 여태껏 그것을 몰랐니?
한스 : 아니. 난 엄마가 덩치가 크니까 말한테 달려 있는 것 만한 고추가 달렸을 걸로 생각했어."(*Ibid.*, p.16)

16 어머니에게는 남근이 없다는 사실을 목격하고, 한스의 마음은 두 가지 방향으로 나아간다. "우리는 그의 환상에서 두 가지 사항을 추론할 수 있다. 첫째로 엄마가 한 위협조의 말[고추를 만지면 고추를 떼어버리겠다는 말]이 […] 그의 마음에 강한 인상을 남겼다는 것, 둘째로 여자들에게는 고추가 없다는 말을 그가 당장은 수용하려 하지 않는다는 것이다."(*Ibid.*, pp.44~5.)

17 *Ibid.*, p.14.

고추에서 손을 치웠어."[18] 그것은 급기야 '고추는 [확실히 내 몸에] 뿌리박혀 있어.'라는 안심 반 의심 반이 섞인 말로 이어진다. "'고추는 [확실히 내 몸에] 뿌리박혀 있어.'라는 생각이 위안과 도발일지라도, 그것은 어머니가 한스에게 한 오래된 위협 — 그가 계속해서 고추 갖고 장난을 놀면 고추를 잘라버리겠다는 말 — 을 생각나게 한다."[19]

결론적으로 한스의 말 공포증이 기원이 되었던 말 — 즉 쇤브룬 공원에서 어떤 아버지가 딸에게 했던 <말의 입에 손을 대지 마라. 입에 손을 대면 문다.>는 경고 — 은, 어법의 공통성을 통해 <손가락을 고추에 갖다 대다>라는 자위를 떠오르게 했고, 자위는 곧바로 자지를 잘라버린다는 어머니의 거세 위협을 생각나게 하면서 불안이 야기되고, 그에 따라 불안의 회피 전략으로 말 공포증이 발생했던 것이다. 그렇다면 말은 어머니를 상징하는가? 반드시 그렇게 볼 수만은 없다. 물론 <말의 입에 손을 대면 문다>는 문장이 거세와 연관됨에 따라, 말이 어머니를 상징하고, 그 입이 어머니의 거세된 성기를 상징하면서, 손가락이 그 속에 먹혀서 사라지는 일련의 상징 과정에 대응한다고 볼 수 있다. 그러나 다른 한편으로 거세 불안이 생기게 된 근원적인 이유는 어머니에 대한 성적 흥분이 어머니에게 남근의 <사용권>[20]을 쓰고 싶은 욕망을 불러왔기 때문이다. 그러한 사실은 어머니를 <애무하면서> 집에 남고 싶다는 한스의 분리 불안과, 광장 공포증 및 말 공포증이 불가분의 관계에 있다는 사실로도 증명된다. 따라서 말에 대한 공포증은 거세 위협을 발설한 어머니와 관계가 있다기보다(형태적으로는 분명히 어머니와 그녀의 거세와 관련되어 있다), 어머니를 사랑할 때 두려워지는

---

18 *Ibid.*, p.44.
19 *Ibid.*, p.48.
20 라캉의 용어 중에서 <향락>을 의미하는 <jouissance>는 원래 <사용권>이라는 뜻이다.

사람, 즉 아버지와 관련이 있을 가능성이 높다. 프로이트가 한스에게 한 말이 그러한 사실을 여실히 보여주고 있다. "나는 그에게 '너는 지금 아버지를 두려워하고 있으며, 그 까닭은 다름 아니라 네가 엄마를 너무 사랑하기 때문'이라고 알려주었다." 여기서 아버지가 두려워지는 이유는 아버지야말로 엄마와의 사랑을 금지하는[21], 그리고 그 금지를 어겼을 때 거세의 형벌을 가하는 진정한 법의 소유자이며 집행자이기 때문이다. 그래서 한스는 그 방해자에게 적개심을 갖고, 때로는 때리고 때로는 깨물면서 아버지에게 반항한다.

> 한스는 엄마와 함께 산책을 나갔다가 승합 마차를 끄는 말이 넘어져서 두 발을 버둥거리는 장면을 목격했다. 이것은 그에게 깊은 인상을 남겼다. 그는 깜짝 놀라 말이 죽었다고 생각했다. 그때부터 모든 말이 쓰러질 수 있다고 생각했다. 한스의 아버지는 말이 쓰러졌을 때 그가 아버지를 생각했음이 틀림없으며 아버지가 말처럼 쓰러져서 죽어 버렸으면 하고 소원했을 것이라고 지적했다. 한스는 아버지의 이 같은 해석에 대해서 이의를 제기하지 않았다. 얼마 후 그는 아버지를 깨무는 놀이를 해보였다. 이렇게 해서 그는 아버지와 그가 무서워하던 말들을 동일시했음을 인정한 것이다.[22]

결국 프로이트에 따르면, 거세 불안은 오이디푸스 콤플렉스 내에서 그 의미를 갖는다. 즉 한스의 말 공포증은 오이디푸스 삼각형 내에서 한스가 거세의 집행자라고 상상하는 아버지에 대한 두려움이며, 그 때의 말은 그러한 아버지의 대체물이었던 것이다.

---

21 "한스는 엄마를 자기 것으로 만드는 일이 금지되어 있다는 사실을 알아채고 있다. 다시 말해 그는 근친상간 금지의 벽에 부딪친 것이다."(*Ibid.*, p.55)

22 *Ibid.*, p.157.

아버지
↓ 거세
어머니 ← 남근 ← 한스
사용권

그렇다면 그러한 거세 불안과 말 공포증으로부터 어떻게 벗어나는가? 프로이트는 꼬마 한스의 분석을 어떻게 종료하는가? 프로이트는 다음과 같이 말한다.

> 우리는 한스의 질환의 치료를 마무리 지은 마지막 두 가지 환상에 대해서 이미 앞에서 알아보았다. 그것들 중의 하나, 즉 설비공이 그에게 새로운 고추(그의 아버지의 추측대로 지금 것보다 훨씬 큰 고추)를 하나 달아주는 환상은, 앞서 있었던 설비공과 욕조에 대한 환상의 단순한 반복이 아니다. 한스의 새로운 환상은 승리감에 찬 욕망의 환상이다. 그리고 이와 함께 한스는 거세 불안을 극복하였다. 그의 또 다른 환상, 즉 엄마와 결혼하여 아이들을 많이 낳는 것에 대한 환상은 말이 쓰러지는 광경을 봄으로써 생긴 (그에게 불안감을 불어넣는) 무의식적 콤플렉스의 내용물들을 완전히 고갈[소진]시켰을(erschöpfen; épuiser; exhaust) 뿐만 아니라, 그의 이 마지막 환상은 또한 인간으로서 생각하기 힘든 사고의 비율을 하향 조정하였다. 왜냐하면 그의 마지막 환상은, 아버지를 죽이는 대신 아버지를 자신의 할머니와 결혼시킴으로써 자신에게 무해한 대상으로 만들었기 때문이다. 그의 이 환상과 함께 그의 질환과 정신분석, 두 가지는 당연히 끝을 맺게 되었다.[23]

한스의 환상은 프로이트의 분석 치료와 함께 두 차원에서 진전을 이룬다. 하나는 필시 거세와 관련된 환상으로 설비공이 주인공으로 등장하는 환상이고, 다른 하나는 아마 오이디푸스 콤플렉스와 관련된 환상으로 혼인관계

23 *Ibid.*, p.164.

를 조정하는 환상이다. 전자의 차원에서는 두 환상이 시간적 거리를 가지고 나타나는데, 나중의 환상이 앞선 환상을 대체하면서 치료가 이루어지는 것으로 프로이트는 해석한다. 말하자면 환상으로써 환상을 다스리고 고치는 이환제환[以幻制幻](또는 이환수환[以幻修幻])[24]의 치료법이다. 첫 번째 환상은 다음과 같다: "한스는 느닷없이 설비공이 한스가 들어 있는 욕조의 나사를 빼낸 다음, 큼직한 드릴로 한스의 배를 쿡 찔렀다는 새로운 환상을 제시했다." 프로이트는 이것을 출산에 대한 환상이 불안으로 인해 변형되어 나타난 것이라고 해석한다. "한스가 자신이 앉아 있다고 생각한 물이 담긴 커다란 욕조는 어머니의 자궁이고, <드릴(Bohrer)> — 한스의 아버지는 드릴을 금방 큰 남근으로 이해했다 — 이 언급된 것은 <출산(Geborenwerden)>이라는 낱말과 유사성 때문이다. 여기서 우리는 이 환상에 대해, 아주 이상하게 들릴지 모르지만 다음과 같이 해석하지 않을 수 없다. <아빠가 자신의 큰 남근으로 나[한스]를 '뚫었다(gebort)[잉태시켰다]'. 그렇게 나를 엄마의 자궁 속에 집어넣었어.>"[25] 설비공에 관한 두 번째 환상은 "설비공이 한스에게 새로운 고추(그의 아버지 추측대로 지금보다 훨씬 큰 고추)를 달아주는 환상"이다. 따라서 그 새로운 환상은 한스가 <어른(특히 아버지)처럼> 되는, 승리에 찬 소원 환상이다. 우리는 방금 전에 <아버지처럼 되어 큰 고추를 소유하게 된다.>고 말했는데, <아버지처럼 되는> 것은, 프로이트의 이론에 따르면, 아버지의 어떤 한 특성 — 여기서 특성은 큰 남근이다 — 을 동일시하여 자아 이상을 구성하는 것을 의미한다.

다른 한편 한스는 어머니를 사이에 두고 벌이는 아버지와의 갈등을 절묘한 방법으로 해결한다. "아버지를 죽이는 대신 아버지를 할머니와 결혼시킴

24 『원각경』 2. <보현보살장>.
25 *Ibid.*, p.160.

으로써 자신에게 무해한 대상으로 만들었기 때문이다." 그리고 자신은 엄마와 결혼하여 아이들을 많이 낳는 것으로 소원을 성취하면서 오이디푸스 콤플렉스로부터 벗어난다.

3.

라캉은 프로이트를 따라 불안과 공포증을 구별한 뒤, 불안이 먼저 일어나고 공포증은 특정한 대상에 초점을 맞춤으로써 불안을 공포로 바꾸는 방어 형성이라는 사실에 동의한다. "프로이트는 처음부터 불안과 공포증을 구분하는 것이 좋다고 강조한다. 그 두 가지가 서로 연속적으로 나타난다는 것에 이유가 없는 것이 아니다. 하나[후자]가 다른 것[전자]을 구하러 오는 것이다. 공포증의 대상은 불안의 바닥 위에서 자신의 기능을 수행하러 온다."[26] 그러나 라캉은 공포증의 대상 — 즉 한스에게는 말 — 이 아버지 단 한 사람의 대체물이라고 보지 않는다. 그것은 아버지 이외의 여러 다른 사람을 돌아가면서 나타낸다.

물론 말이 아버지를 상징하는 경우가 많은 것은 사실이다. 가령 한스는 입가에 시커먼 마구를 단 말을 가장 무서워하는데, 그것은 아버지의 콧수염과 안경을 상징한다.[27] 그리고 말이 자꾸 방으로 들어올까 봐 두려워하거나, 말이 쓰러질까 두려워하거나, 말이 달아날까 두려워하는 모든 공포 상황은 앞뒤 문맥을 따져보면 아버지를 상징함을 알 수 있다.[28] 그러나 짐마차나

---

26 Lacan, *Séminaire IV: La relation d'objet*, Seuil, p.207.
27 프로이트, 「다섯 살 배기 꼬마 한스의 공포증 분석」, 열린책들, pp.65~6.
28 *Ibid*, sqq. 155.

승합마차 그리고 가구 운반용 마차는 임신을 상징하기 때문에, 그 때의 말은 엄마를 상징한다. 그러한 사실은 무거운 짐을 실은 말이 넘어지는 (umfallen) 것이 분만(niederkommen)을 뜻한다는 사실로 다시 한 번 확인된다. 따라서 쓰러지는 말은 단순히 아버지만을 상징하는 것이 아니라 어머니도 상징한다. 전자에서는 죽어가는 아버지이고 후자에서는 출산하는 어머니이다.

> 우리는 이제 다음과 같은 사항을 이해하게 되었다. 즉 가구 운반용 마차, 승합 마차 그리고 짐마차 등은 모두 황새의 상자를 운반하는 마차를 뜻하며, 그것들은 임신을 상징적으로 나타내는 것들로서 그의 관심을 끌었던 것이고, 무겁게 짐을 실은 말들의 넘어짐(umfallen)에서 그는 오로지 분만(niederkommen)을 보았던 것이다. 그러므로 쓰러지는 말은 죽어가는 그의 아버지를 상징할 뿐만 아니라, 아이를 낳는 그의 어머니를 상징하는 것이다.[29]

여기서 주목해야 할 것은, <niederkommen>이 <넘어지다>라는 뜻 외에 <분만하다>라는 뜻을 가지고 있다는 사실이다. 그것은 상징적 의미가 기호형식의 사슬을 따라 이동한다는 것을 의미하기도 한다. 물론 앞의 인용문에서는 <넘어짐>이라는 단어가 <niederkommen>이 아닌 <umfallen>이지만, 『꼬마 한스』의 다른 부분에서 이때의 <fallen>은 <niederkommen>의 뜻으로, 후자의 문자 그대로의 뜻은 <넘어짐>이라고 밝히고 있다.

> 또한 그는 짐을 다 실은 마차가 막 떠나려고 할 때 가장 무서워했다. '말들이 넘어질(fallen) 것 같아.'라고 그는 말했다. [원주] 보통 여자가 해산할 때

29 *Ibid.*, p.161.

<niederkommen>이라고 말하지 않는가? [프랑스 번역 역주] <niederkommen>은 글자 그대로 <넘어지다(metter bas)>라는 뜻이다.[30]

아무튼 말은 아버지뿐만 아니라 어머니를 상징하기도 한다. 그뿐만이 아니다. 그것은 때로 똥을 상징하고, 똥은 다시 한스의 여동생 한나— 그리하여 아기 — 를 의미하기도 한다. 예컨대 창고에서 말이 나오는 것에서, 한스는 항문에서 똥이 나오는 것 — 즉 똥 누는 것 — 을 연상하는데, 그것은 창고의 문이 엉덩이의 항문을, 말이 똥을 의미한다는 것을 말해준다.[31] 그런데 그 똥은 다시 한나로, 그리고 모든 아이들로 확산된다. 말하자면 똥 누는 것이 곧 아기를 출산하는 것이 된다.[32]

게다가 역할을 바꾸어 말이 한스 자신을 상징하기도 한다. "얼마 전부터 한스는 방에서 말놀이를 하면서 이리저리 뛰어다니다가 쓰러져서는 두 다리를 버둥대며 말 울음소리를 흉내냈다. 한 번은 몸에다 조그만 자루를 마치 여물 주머니처럼 묶은 적이 있었다. 그[한스]는 자꾸만 나[아버지]를 향해 달려들면서 나를 깨물었다."[33] 이렇게 말에게 물릴까봐 두려워하는 한스가 이번에는 말이 되어 아버지를 무는 것이다. 전자가 한스에게 거세의

---

30 *Ibid.*, p.125; Gesammelte Werke vol. VII, p.331; *Cinq psychanalyses*, P.U.F., p.161.

31 "맞은편 창고 안마당의 대문 밖으로 마차가 한 대 빠져나오는 것을 보고 그가 다시 무서워했을 때 나[아버지]는 이렇게 물었다.
나 : 저 문이 혹시 엉덩이처럼 보이지 않니?
한스 : 그러면 말들은 똥이겠네!
그 뒤로 창고 안마당의 대문에서 마차가 밖으로 나오면 한스는 그때마다 이렇게 말했다. "저것 좀 봐. '똥 덩어리(Lumpfi)'가 나온다."(*Ibid.*, pp.89~90)

32 "그는 똥에 대한 이야기를 떠나서 곧장 어린 여동생에 대한 이야기로 넘어갔다. 그러나 우리는 이같이 이어지는 환상이 무엇을 뜻하는지 잘 헤아릴 수 있을 것이다. 그것은 어린 한나가 바로 똥이었다는 것, 즉 모든 어린아이들은 똥이며 똥처럼 세상에 나왔다는 뜻이다."(*Ibid.*, pp.160~1)

33 *Ibid.*, p.69.

집행자를 상징하는 아버지-말이라면, 후자는 그러한 아버지에게 저항하고 되레 공격함으로써 아버지에 대한 적개심을 해소하고 나아가 아버지처럼 되고 싶은 소원을 실현하는 한스-말이다. "그의 놀이는 그의 소원의 차원에서 역할을 바꾸어 행해지고 있다. 그러므로 그가 말이 되어 아버지를 물고, 또 그렇게 함으로써 그는 자신을 아버지와 동일시하는 것이다."[34]

결론적으로 공포증의 대상인 말은, 프로이트의 해석대로, 단 한 사람의 아버지를 대체하는 것이 아니라, 여러 다른 사람을 돌아가며 나타낸다. 그것은 아주 다양한 상황에서, 아주 다양한 모습 — 흰 말, 검은 입마개의 말, 단수의 말과 복수의 말들, 짐차, 승합 마차, 가구 운반 마차.. 등 — 으로, 그리고 아주 다양한 방법 — 물고 넘어지고 달아나는.. 등 — 으로 한스의 삶에 개입하면서 한스의 공포의 대상이 된다. 이렇게 말이 여러 상징적 의미를 갖고 있다면, 대체 말은 어떤 기능을 하는 것일까? 라캉은 한스의 공포 대상인 말이 기호형식의 기능을 갖는다고 말한다. "공포증이라는 살아 있는 시에서, 말은 다른 기능을 가지고 있지 않다. 그것은 온갖 의미작용들 — 결국 주체의 발달(다시 말해 그가 잠겨 있는 주위와의 변증에 의해 주체에게 공급된 발달)에 결핍된 것을 채우는 하나의 요소를 공급할 의미작용들 — 이 그 주위를 도는 요소이다. 그러나 그것[결핍을 채우는 것]은 상상적으로만 가능하다. 거기서 문제가 되는 것은 가공되지 않은 기호형식이다."[35] 마치 그것은 여러 의미 — 즉 기호내용 — 를 갖고 있는 사전의 표제어 — 즉 기호형식 — 같다.

말이 기호형식이라는 증거는 『꼬마 한스』의 도처에서 발견된다. 그 대표

34 *Ibid.*, p.70. 말을 매개로 한 아버지와의 동일시는 심리 발달에서 중요한 의미를 갖는다. 왜냐하면 프로이트든 라캉이든, 아버지와의 동일시를 정상화의 가늠자로 보기 때문이다.
35 Lacan, *Séminaire IV: La relation d'objet*, Seuil, p.400.

적인 것이 흰 말(단수)에 대한 공포가 마차(들)에 대한 공포로 이동할 때 기호형식의 사슬을 따라 간다는 사실이다. "그 아이들이 자꾸 '말 때문에(wegen dem Pferd)', '말 때문에'(그는 '때문에(wegen)'라는 말을 특히 강조했다)라고 말하는 바람에, 그래서 그때 아마, 그 아이들이 그 말을 자꾸 하는 바람에, 그래서 아마 그 멍청한 것을 얻게 된 것 같아."[36] 말(단수)에서 마차(들)에 대한 공포로 넘어가는 계기를 명확히 보여주고 있는 한스의 이 말에 대해 프로이트는 다음과 같은 각주를 길게 붙이고 있다.

> [원주] 내 생각으로 한스는 그 당시에 그 '멍청한 것'을 얻지 않았으며, 그것이 당시의 일[친구들과의 말놀이]과 '관련 없음'을 말하려고 한 것 같다. 또 실제로도 그랬음에 틀림없는 것 같다. 왜냐하면 논리적으로 생각해볼 때 지금 공포의 대상이 되어버린 것이 그 당시에는 그에게 커다란 즐거움의 원천이었기 때문이다. 그리고 어린애로서 설명할 수 없는 것이 있기에 그를 위해 몇 마디 덧붙이겠다. 즉 'wegen(때문에)'이라는 단어가 말에 대한 공포를, 'Wagen(마차-단수)', 아니면 한스가 보통 말하고 들을 때 쓰던 'Wägen(마차들-복수)' — 'wegen'과 발음이 같다 — 쪽으로 확장시키는 길을 열어주었다는 것이다. 여기서 우리는 어린아이들이 말을 사용할 때 어른들보다 훨씬 더 구체적으로 사용한다는 사실, 그리고 그에 따라서 그들에게는 낱말의 음의 유사성이 상당한 중요성을 지닌다는 사실을 잊어서는 안 될 것이다.[37]

여기서 낱말의 음이란 언어학적으로 기호형식을 가리킨다. 따라서 공포의 대상이 말(단수)에서 마차(들)(복수)로 이동하는 것은 순전히 기호형식의 사슬 — 인접성과 유사성에 의한 — 의 결과이다. 우선 '말 때문에(wegen dem

---

36 프로이트, 「다섯 살 배기 꼬마 한스의 공포증 분석」, 열린책들, p.78. 여기서 '멍청한 것(Dummheit; bêtise; nonsense)'은 공포증을 말한다. "한스는 항상 자기의 공포증을 그렇게 불렀다."(*Ibid.*, p.41)

37 *Ibid.*, pp.78~9. <각주 42>

Pferd)'라는 구절에서, '말(Pferd)'과 ' 때문에(wegen)'라는 말은 인접성으로 결합되어 있고(따라서 '말(Pferd)'에서 ' 때문에(wegen)'로 가는 길은 환유적인 이동이다), '때문에(wegen)'와 '마차들(Wägen)'의 관계는 유사성으로 묶여 있다.(따라서 '때문에(wegen)'에서 '마차들(Wägen)'로 가는 길은 은유적 대체이다.) 이렇게 공포의 대상이 말에서 마차로 가는 길은 환유(결합)의 축 위에서 은유(대체)의 축이 작동하기 때문에 비로소 가능해진 것이다. 그것은 마치 "시적 기능은 선택의 축의 등가 원리를 결합의 축으로 투사한다."[38]는 야콥슨의 말처럼 진행된다. 왜냐하면 시적 기능이란 새로운 의미를 창조하는 데 있기 때문이다.

Wägen(마차들)
↓ 은유
Pferd(말) → wegen(때문에)
환유

사실 이것은 단적인 예일 뿐, 언어의 씨실과 날실을 통해 무의식이 움직이는 예는 『꼬마 한스』의 도처에서 찾아볼 수 있다. '아버지가 뛰어가다(laufen)'라고 말하지 않고 '아버지가 달려가다(rennen)'('rennen'은 말에 쓰는 동사이다)라고 말함으로써 아버지를 말과 동일시한다든지,[39] 한스는 똥을 'Lumpf'(이것은 한스의 조어이다)라고 부르는데 거기서부터 색깔과 발음의 유사성에 의해 똥을 양말(Strumpf)이라고 부르고,[40] 그것을 다시 엄마의 속바지로 연결한다… 등등. 이것은 비단 『꼬마 한스』에 국한되는 것은 아니다.

38 야콥슨, 「언어학과 시학」, 『문학속의 언어학』(신문수역), 문학과지성사, p.61.
39 *Ibid.*, p.60.
40 *Ibid.*, p.72.

이미 『꿈의 해석』(1900)에서부터, 프로이트는 무의식의 언어에 대한 탐구에 주의를 기울이고 몰두했다고 말할 수 있다. 그 책은 가히 무의식의 언어학의 교과서라고 할 만하다.

4.

이렇게 라캉은 한스의 공포증의 대상인 말이 기호내용이 아니라 기호형식이라는 결론을 끌어낸 뒤, 특유의 문제틀인 상징계-실재계-상상계와 오이디푸스의 구조로 공포증을 재조명하고 재해석한다. 그에 따르면, 공포증은 상상적 대상 — 한스에게는 말 — 을 이용하여 주체의 상징적 세계를 재구축시킴으로써 그로 하여금 상상계로부터 상징계로 이행할 수 있도록 도와준다. 따라서 공포증의 대상은 기호형식으로 작용할 수 있는 상상적 요소이다. 말하자면 한스에게 말은 때로는 아버지, 어머니, 여동생, 한스 자신, 그리고 다른 많은 것을 나타내는데, 그러한 상상적 말의 의미작용들(복수)은 상징적 기호형식으로서의 말(단수)로 가기 위해 거쳐야 하는 통과 의례[41]이다. 그래서 그것은 마치 상상계를 통과하여 상징계에 도달하는 모양새를 띠고 있다. 조금 의미는 다르지만 라캉이 기본 '환상의 횡단(traversée du fantasme)'라고 부르는 것도, 이러한 상상계에서 상징계로의 이동과 무관하

41 라캉은 이것을 '상상의 대향연(orgie imaginaire)'이라고 부르고 있다.(Lacan, *Séminaire IV: La relation d'objet*, Seuil, p.229) 그리고 그것을 <도식 R>에서 다음과 같이 표시하고 있다.(임진수, 『상징계-실재계-상상계』, 파워북, p.187 sqq. 참조) "우리는 i에서 M(즉 a에 있는)까지, 공격관계 속에 있는 상상적 타자의 모습들이 있는 Si, Sa^1, Sa^2, Sa^n, SM라는 선분들의 끝을 위치시켜야 한다. 마찬가지로 m에서 I(즉 a'에 있는)까지, 거울 상(Urbild)으로부터 자아 이상의 부성적 동일시에 이르기까지 자아가 동일시하는 Sm, Sa'^1, Sa'^2, Sa'^n, SI의 선분의 끝을 위치시켜야 한다."(라캉, *Ecrits*, Seuil, p.553)

지 않다. 왜냐하면 분석 치료는 그러한 상상계의 환상을 관통하여 상징계에 이르는 과정이기 때문이다. 따라서 한스는 말 공포증을 통하여 조금씩 거세 불안을 상징화함으로써 어떤 치료에 이른다. "공포증은 순전히 부정적인 현상만이 아니다. 그것은 잠정적인 해결책이긴 하지만, 상징적 차원을 도입함으로써 외상적인 상황을 다시 생각하게 하고 살아갈 만한 것으로 만들어 준다. [···] 왜냐하면 그러한 공포증의 <의미화 결정체(the signifying crystal of his phobia)>를 중심으로 가능한 모든 변환을 일으키는 과정에서, 상상계에서 상징계로 이동하는 것을 가로막는 모든 불가능성을 소진할 수 있다."[42]

이렇게 라캉은 공포증의 대상에 대한 상상적 고찰로부터 공포증의 기호형식의 조작적 개념으로 넘어간다. 공포증의 기호형식 — 예컨대 한스에게는 <Pferd(말)> — 은 거기서 모든 것을 할 수 있는 기호형식으로 정의되고 있다. 그것은 어린아이에게 남근적 향락의 실재계(라캉이 발견한 것으로 오이디푸스적인 목적을 느러나게 하는 것)를 상징화하게 하는 아버지의 진정한 은유이다. 그렇게 볼 때, 라캉에게 말은 프로이트처럼 상상적 아버지 — 의미작용 중의 하나인 아버지 — 를 나타내는 것이 아니라, 상징적 아버지를 나타낸다. 그렇다면 상징적 아버지는 누구에 의해서 구현될까? 다시 말해 한스의 공포증 내에서 누가 기호형식으로서의 아버지일까? 그 아버지는 치료의

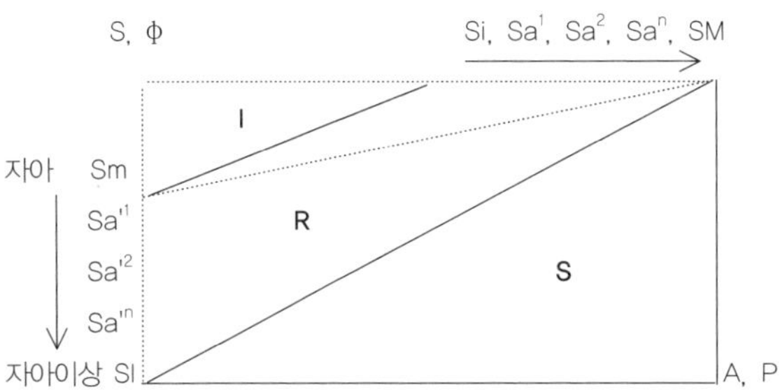

42 에반스, <공포증> 『라캉 정신분석 사전』, 인간사랑, pp.57~8.

원동력(또는 구심점)으로, 한스의 말들(복수)이 궁극적으로 동일시해야 하는 말(단수)이다. 그것은 프로이트가 한스에게 다음과 같은 말을 하는 순간에 온다. "내[프로이트]는 아버지에게 모든 것을 거리낌 없이 털어놓으라고 그 [한스]에게 말했다. 내[프로이트]는 그가 태어나기 이미 오래전부터 꼬마 한스가 세상에 나오리라는 것과 또 그가 어머니를 너무 사랑해서 아버지를 두려워하게 될 것임을 알고 있었다고 말해주었다." 그에 대해 꼬마 한스는 집으로 돌아오는 길에 아버지에게 묻는다. "교수님은 하느님과 말을 하는가 봐? 그래서 교수님은 그 모든 것을 알고 있는 거지?"[43] 여기서 프로이트는 한스에게 <안다고-가정되는-주체(sujet-supposé-savoir)'로 기능하고 있다. 그것은 한스가 무의식의 지식을 전수받기 위해 자신을 위치시켜야 하는, 하나의 전체로서 큰타자의 장소이다. (반면에 한스의 아버지는 프로이트에 비해 잘 모르는, 프로이트에게 물어야 비로소 한스에게 지식을 전해줄 수 있는 상상적 아버지이다.)[44] 프로이트가 그러한 전체로서의 큰타자를 대표하는 <Pferd(말)> — 기호형식으로서의 말 — 이라는 사실은, 'Pferd[fert]'와 'Freud[frɔit]'의 발음이 유운(assonance)을 이룬다는 것으로도 증명된다.[45] 그리하여 꼬마 한스는 언어의 상징적 망에 의해, 상징적 계보와 명명작용과 지식 전수 속으로 진입하는 것이다. 그러한 각도에서 볼 때, 아버지를 할머니와 결혼시키고,

---

43 프로이트, 「다섯 살 배기 꼬마 한스의 공포증 분석」, 열린책들, pp.56~7.

44 "나 : 그렇다면 도대체 넌 무엇 때문에 두려워하니?
한스 : 그건 나도 모르겠어. 하지만 교수님은 아실 거야. 아빠도 그렇게 생각하지?"(*Ibid.*, p.64)

45 라캉이 기호형식으로서의 'Pferd[fert]'와 <안다고-가정되는 주체로서의 'Freud[frɔit]'를 연결하기 위하여 'Pferd[fert]'와 'Freud[frɔit]'의 발음의 유사성을 찾으려고 한 의도는 이해가 되나, 그 둘은 유운(類韻)(assonance)의 관계에 있지 않다. 왜냐하면 유운은 동일 모음이나 유사 모음이 인접한 단어에서 반복되는 문채를 말하기 때문이다. 가령 "Try to light the fire"에서 [ai] 음이 반복되는 것이 그것이다. 따라서 'Pferd[fert]'와 'Freud[frɔit]'는 오히려 자음[frt]이 반복되는 자음운(allitération)으로 보아야 한다.

자기 자신은 어머니와 결혼함으로써 아버지와의 갈등을 해소하는 것은, 첫째 프로이트적인 의미에서건 라캉적인 의미에서건, 어머니를 포기하지 못했다는 것을 의미하고, 둘째, 동시에 어머니가 아버지로 대체되지 못했다는 것, 즉 상징적 아버지(프로이트)와 동일시하지 못하고 상상적 아버지(실제 아버지)에 머물러 있다는 것을 의미한다. 따라서 그러한 이환제환의 치료는 상상적인 미봉책에 불과하고, 불완전한 치료에 머물게 된다.

*

라캉이 프로이트를 그렇게 재해석함으로써 그의 이론의 문제점을 보완했다고 하더라도, 라캉의 설명에도 몇 가지 문제는 남는다. 첫째, 그렇다면 왜 한스는 상징계로 이행하지 못하고 상상적 공포에 머무르는 것일까? 둘째, 왜 한스는 하필 말을 공포증의 대상으로 선택해서 말에 관한 공포의 시나리오를 만들어가는 것일까? 공포증 환자는 왜 서로 다른 대상으로 공포의 시나리오를 쓰는 것일까? 셋째, 어린아이의 공포증이 상징계로의 이행을 돕는 정상화 또는 긍정적인 측면을 가지고 있다면, 이미 구조화가 끝난 어른의 공포증은 그와 관련해서 어떻게 설명해야 하는가? 넷째, 세 번째 문제와 결부되어 있는 문제로, 공포증은 과연 독립된 병리학적 단위인가? 마지막으로 다섯 번째, 라캉의 말대로 말이 기호형식인 만큼 불안의 대상(즉 <대상 a>)의 수정화라면, 필시 실재계와 관계를 맺고 있을 텐데(실재계가 어떤 식으로든 공포증의 대상에 스며들지 않으면 그것은 공포를 야기할 수 없다), 그것은 어떻게 설명해야 할까?

그러나 이 모든 문제 하나하나가 그렇게 쉽게 설명을 허락하는 성질의 것이 아니다. 그럼에도 하나씩 답변을 찾아가보면, 우선 첫 번째 문제는 상징적 아버지와 상상적 아버지와 구분되는 실재적 아버지라는 개념의 도입으로 해결된다. 라캉에 따르면, 공포증은 실재적 아버지가 오이디푸스 콤플렉스에서 자신의 고유한 역할인 거세의 행위자로 개입하는 데 실패했기 때문에 일어난다. 다시 말하면 상징적 거세 — 즉 주체가 어머니의 상상적 남근임을 포기하고 상징적 아버지와 동일시함으로써 큰타자의 결핍의 기호형식을 무의식에 억압하는 것 — 는 강력한 실재적 아버지의 개입으로 이루어지는데, 그 개입에 실패함으로써 거세 불안이 생기고, 그 불안에 대한 방어 작용으로 생기는 증상이다. 그런데 꼬마 한스의 경우, 상상적으로 어머니의 남자임을 느끼면서 — 이것을 전-오이디푸스적 삼각관계(어머니-상상적 남근-아이)라고 한다 — 자위행위를 할 때, 실재적 아버지가 강력하게 개입하여 꼬마 주체를 불안으로부터 구하고 상징적으로 거세해야 하는데, 그렇지 못한 것이다.

라캉은 두 번째 문제를 <개인적 신화(individual myth)>라는 개념을 도입해서 해결하려고 한다.[46] 그러나 라캉의 <개인적 신화>의 개념을 이해하기 위해서는, 그것을 처음 정신분석에 도입했다고 알려진 크리스(Kris)[47]에서부터 레비-스트로스에 이르기까지, 그 개념의 역사를 망라하면서 라캉의 독특한 의미를 드러내야 하는데, 그 작업은 또 다른 연구를 필요로 한다. 따라서 우리는 단지 레비스트로스를 참조하면서 라캉의 핵심 개념을 드러

46 "신화의 기능은 꼬마 한스의 관찰 진행 덕분에 그 아이가 통과한 심리적 위기 중에서 우리가 가치를 부여할 수 있었고, 프로이트의 조언에 의해 지도된 아버지의 개입과 분리될 수 없는 것 바로 그것이다. 우리가 그러한 신화라고 불리는 것의 총체적인 개념을 끌어들이는 것은 은유적인 것이 아니다. 우리는 그것에 기술적 가치를 부여하고 있다."(Lacan, *Séminaire IV: La relation d'objet*, Seuil, p.285)

47 "정신분석 임상 현장에서, 개인적 신화는 환자의 개인력을 탐색하는 데 대한 특별한 저항으로 작용한다. 크리스(Kris, 1956)가 서술했듯이, 이 현상은 항문기적 성격 특성을 보이는 강박적 성격 구조를 가진 개인에게서, 그리고 조숙한 자아 발달로 인해 환상적 내용이 범람하는 개인에게서 가장 명확하게 드러난다. 그런 사람들로 하여금 개인적 신화를 형성하게 하고 그것을 방어적으로 이용하게 하는 요소들은, 남근-오이디푸스 시기 동안에 발생하는 외상적인 경험들과 잠재기나 청소년기에 발생하는 유사한 갈등들이다."(in 네이버 백과)

내는 데 만족하려고 한다. 다 알다시피, 레비스트로스는 오이디푸스 신화의 신화소를 분석하면서, 신화와 신화소의 관계를 명약관화하게 보여주고 있다. 그에 따르면, 신화에서 중요한 것은, 신화를 구성하는 개별적인 요소들의 자연적이거나 원형적인 의미가 아니라, 그 요소들이 위치를 바꾸더라도 그 위치들 간의 관계가 변함없도록 조합되고 재조합되는 방식이다. 후자를 레비스트로스는 신화소(mythème)라고 부른다. 따라서 신화는 신화소의 공시적 체계 위에서, 각 요소들이 다양한 형태로 통시적인 줄거리로 결합되는 환상의 시나리오다. 라캉은 그러한 레비스트로스의 정의를 받아들여 개인적 신화라는 개념에 적용한다.[48] 그에 따라 라캉의 개인적 신화는, 레비스트로스의 신화소에 해당하는 심리 체계의 산식인 수학소(mathème) 위에, 개인적인 다양한 요소들이 통시적으로 배치 결합되면서 나타나는 개인의 조그만 드라마 — 또는 환상의 시나리오 — 로 정의될 수 있다. 예컨대 그것은 오이디푸스 구조 위에 써지는 개인적인 오이디푸스 신화이다.(이 장의 <도표 1> 참조) 그렇다고 그것이 아버지, 어머니 그리고 형제, 친구 사이의 관계를 사실적으로 반영하고 있는 것은 아니다. 그 관계는 주체의 주관적 이해에 의해서만 가치를 갖기 때문에, 그것은 주체에게 닫혀 있다.[49]

---

48 라캉은 그의 책 『신경증 환자의 개인적 신화』(in *Ornicar?* n° 17~18, Seuil, 1978, pp.290~307 참조)에서 다음과 같이 말하고 있다: "나는 클로드 레비스트로스에게 많은 것을 배웠다. 우선 상징적 구조가 지배적이라는 사실을 배웠다. 그게 무얼까? 그것은 사회적인 것, 친족 관계, 이데올로기, 뿐만 아니라 각자에 있어서 각자와 세계와의 관계, 그의 감각적 관계, 그의 가족 콤플렉스이다. 다음으로 상상적 시나리오, 즉 신화와, 그것들이 세우는 의식(儀式)은 경제적이고 사회적인 모순을 덮어 가리는데 필수적이다. 세 번째 가르침은 그러한 형성물은 변형된다는 것이다. 그것들[형성물들]은 수학적인 법칙에 따라 그렇게 한다[변형된다]."

49 라캉은 「신경증 환자의 개인적 신화 또는 신경증에서의 시와 진실(Le Mythe individuel du névrosé ou poésie et vérité dans la névrose)」이라는 글에서 <개인적 신화>를 다음과 같이 정의하고 있다: "이 환상의 시나리오는 정확히 내가 신경증 환자의 개인적 신화라고 부르는 것의 표출인 조그만 드라마와 몸짓으로 나타난다. 그것은 실제로 아마 주체에게 닫힌 방식

세 번째 문제는 네 번째 문제와 밀접한 관련을 가지고 있다. 한 마디로, 어린이의 공포증이 상징계로 이행하여 정상화되기도 하지만 다른 신경증들로 발전하기도 한다. 따라서 공포증은 모든 신경증(공포증을 포함해서 네 가지)으로 갈라지는 네거리에 있게 되고, 어른의 공포증은 다른 모든 신경증과 정신증에서 동시에 발견되는 것이다.

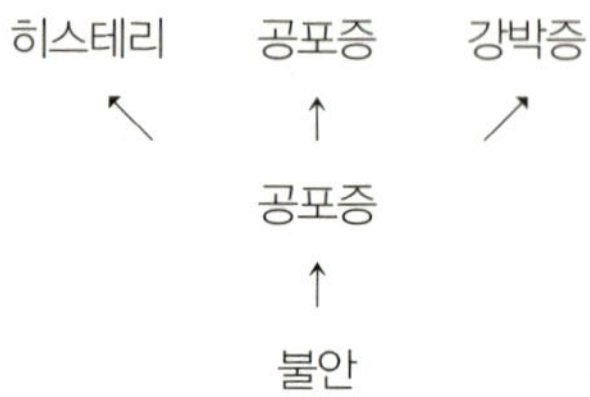

그것은 공포증에 고유한 기제가 없는 하나의 증상일 뿐이라는 것을 의미한다. 그래서 프로이트는 질병 분류의 차원에서 공포증에 따로 자리를 마련하지 않는다.

> 신경증의 분류 체계 내에서 공포증은 지금까지 어떤 확정된 위치를 갖지 못했다. 여기서 분명한 사실은 이 공포증이 여러 가지 신경증들의 증상을 지니고 있는 것으로 간주될 뿐이며, 하나의 독립된 병리학적 과정으로 볼 수 없다는 것이다. 꼬마 한스가 보인 종류의 공포증에는 — 이 공포증은 가장 흔한 것이다 — 내 생각으로는 '불안 히스테리'라는 명칭이 적절할 것 같다. 나는 신경증적인 불안 상태에 대한 서술 작업을 하고 있는 슈테켈 박사에게 이 용어를 사용할

으로, 아버지, 어머니, 그리고 과거에 다소 지워진 친구 녀석 사이의 창립적 관계를 반영한다. 그렇지만 전적으로 반영하는 것은 아니다. 그러한 관계는 분명히, 내가 여러분에게 설명한 순전히 사실적인 방식에 의해 해명되지 않는다. 왜냐하면 그것[그 관계]은 주체가 그것에 대해 가졌던 주관적 이해의 가치만을 갖기 때문이다."(in *Ornicar?* n° 17~18, Seuil, 1978, pp.290~307 참조)

것을 제안했다. 그리고 나는 이 용어가 널리 보편화되기를 희망한다.[50]

말하자면 '불안 히스테리'라는 용어로써 공포증을 지칭하는 것에서 이미 암시되어 있듯이, 프로이트는 공포증을 한편으로는 불안에 예속시키고, 다른 한편으로는 히스테리에 편입시키고 있다. 그것은 공포증에 고유한 임상적 실체가 없는 것처럼 프로이트에 눈에 비쳤기 때문이다. 그렇다고 다른 신경증 증상 없이 공포증만 나타나는 신경증 환자가 없는 것은 아니다. 그러한 사실은 무엇을 의미하는 것일까? 공포증이 하나의 증상이면서 동시에 하나의 임상 구조라는 사실을 의미하지 않는다면 말이다.

라캉 역시 공포증을 증상으로 볼 것인가, 아니면 구조로 볼 것인가 하는 문제 사이에서 양분되는 태도를 보인다. 다시 말해 한편으로는 공포증을 증상과 동일시하고,

> 그러한 상상적 창조[개인적 신화를 말한다]는 그의 증상, 다시 말해 그의 공포증과 관련하여 배치되는 것이라 할지라도, 증상과 분리하기 힘든 것으로 나타난다.[51]

다른 한편으로는 히스테리나 강박증과 대등한 하나의 신경증 — 더 나아가 그것들보다 더 근본적인 신경증 — 으로 본다.

> 실제로 신경증 — 히스테리, 강박증, 또는 보다 근본적으로 공포증 — 환자는 큰타자의 결핍(Φ)을 그의 요구(D)와 동일시하는 사람이다.[52]

---

50 프로이트, 「다섯 살 배기 꼬마 한스의 공포증 분석」, 열린책들, pp.146~7.

51 Lacan, *Séminaire IV: La relation d'objet*, Seuil, p.285.

52 Lacan, *Ecrits*, Seuil, p.823. 라캉은 다른 책에서도 공포증을 '신경증의 가장 근본적인 형태'로 보고 있다.(Lacan, *Séminaire VIII: Le transfert*, Seuil, p.425 참조)

그러나 라캉은 『세미나 XVI; 소문자 타자에서 큰타자로』(1968~69)에서 '공포증의 구조(structure phobique)'라는 말이 가능한지의 문제에 대해 다음과 같은 결론을 내린다. "그것을 임상 실체(entité clinique)로 볼 수는 없다. 그렇지만 그것은 차라리 <회전판(une plaque tournante)>, 즉 아주 일반적으로 그것이 회전해서 바뀌는 것 — 즉 신경증의 커다란 두 범주인 히스테리와 강박증 — 과의 관계 하에서뿐만 아니라 그것과 도착증의 합류점에서 밝혀져야 하는 어떤 것으로 볼 수 있다."[53] 말하자면 공포증은 히스테리와 강박증 중의 하나로 나아가는 출입구이며, 도착증과도 연결되어 있다는 것이다.

사실 음란물품(즉 물품음란증의 대상)과 공포증의 대상 사이에는 유사성이 있다. 그 둘은 모두 거세 불안과 직접적인 관계를 유지하고 있다. 그것들은 기호형식의 가치를 갖고 있지만, 모두 상상적이다. 그것들은 모두 남근의 어떤 실증화(positivation)를 나타내고 있으며, 남근적 향락에의 접근을 마련한다. 따라서 그 둘은 모두 상징계와 상상계 그리고 실재계 사이의 접점에 있다. 그리하여 그 두 대상 사이의 차이에 대한 연구는 그 세 영역 — 상징계-실재계-상상계 — 의 접점을 밝혀줄 뿐 아니라 다섯 번째 질문에 대한 대답을 자연스럽게 마련해줄 것이다. 그러나 그에 대한 대답을 제시하는 것은, 이제 갓 라캉에 입문한 우리의 능력을 훨씬 넘어간다. 단지 우리는 그 수수께끼에 대한 해결의 실마리를 제공해주고 있는 크리스티안 라코트의 다음의 글을 인용하는 것으로 만족하려고 한다.

> 그렇지만 1963년 「아버지의 이름들에 대한 유일한 세미나」부터, 우리는 공포증의 대상의 특수성을 규정하는 라캉의 지적을 찾을 수 있다: <동물이 공포증의 수준에서 아버지의 은유처럼 보이는 것은 사실이 아니다. 공포증은 단지

---

53 Christiane Lacôte, <phobie>, in Chemama et al., *Dictionnaire de la psychanalyse*, Larousse, 2003, p.319.

어떤 회귀(retour)일 뿐이다.> 토템으로의 회귀인가? 확실치 않다. 라캉이 그 문제를 검토하는 것은, 아버지의-이름과 남근 사이의 관계의 문제를 공포증의 대상 안에서 다듬기 위해서이다. 멜망(Melman)이 강조하듯이, 공포증의 대상은 아버지를 나타내는 것이 아니라 남근을 나타내는 것 같다. 공포증의 대상이 [과연] 남근의 기호형식적 가치와 상징적인 아버지의-이름 — 때로 상상적 부성에 따라 용해되는 — 에의 <부름> 사이에서 일종의 <모음합축(crase)>[54]을 만든다고 할 수 있을까? 그러한 질문들은 『세미나 RSI(1974~75)』에서 중요한 전환을 이룬다. 거기서 상상계는 정확히 다른 두 영역인 실재계와 상징계와 동등하게 접합에 필수적인 요소로 자리를 잡는다. 1974년 12월 17일, 라캉은 불안을 재정의한다: 그것은 <남근적 향락과 […] 육체의 연합이 민감해질 때, […] 육체 내부로부터 ex-siste(외-재)하는 것>이다. 또한 그는 다음과 같이 말한다: <꼬마 한스가 공포증 속으로 돌진하는 것은, 분명히 그가 남근에 대해 갖고 있는 궁지를 구현하는 것이다. 그는 그 궁지에 대해, 소위 말 공포증의 형태로 된, 다양하게 안절부절 못하는 일련의 등가물을 만들어내는 것이다. […] 말하자면 그것에 그러한 순수한 불안을 되돌려줌으로써, 불안을 남근에 적응시키게 하는 것이다.> 여기서 치료의 방향이 지적된다. 즉 남근의 실증화에서 정확히 상징적 조작자(ϕx)라는 기능인 것으로 넘어가는 것이다. 그 조작자(opérateur)는 말하는 존재가 문제될 때부터, 두 성[남녀] 사이의 근본적인 모음중복(hiatus)을 표시하면서 동시에 기능하게 한다.

라캉의 작업은 공포증에 의해 제기된 다양한 문제들로 나아가게 한다. 그리고 아마 공포증에 고유한 구조의 가설을 제시하게 한다. 그 가설은 중요하다. 왜냐하면 흔히 심한 공포증 환자는 정신증 환자로 위치되고 취급받기 때문이다.

동물 공포증과 공간 공포증(광장 공포증, 밀실 공포증)이 있다.

그런데 라캉이 그러한 구분을 해결하도록 도와주는 것 같다. 멜망의 연구(「공포증에서 보로메오 매듭의 구멍 내기」, in 『공포증』, 국제 프로이트 협회)의 시도 중의 하나는 공포증을 <상상계의 병>으로 제시한다. 그는 르그랑 뒤 솔(Legrand du Saulle)의 오래된 기술을 다시 다루면서, 공포증을 낳는 관점에

54 합축(crase)은 인접한 두 단어의 끝 음절과 첫 음절이 합쳐져 축약되는 것을 말한다. 그 예로 kago[駕籠, 일본 가마](kago=kaï + ego)를 들 수 있다.

의해 조직화된 공간이 얼마나 많은지에 주목한다: 시선을 사로잡는 것이 아무것도 없는 황량한 장소, 망루, 현기증 나는 시점들. 그래서 주목할 것은, <automaton>인 동물이 흔히 소실점(point de fuite)의 기능을 갖고 있는 것으로부터 나타난다는 점이다. 마치 그 지점 — 거울 이미지에 의해 조정되고 거울 속에서 말에 의해 보이고 분절되는 공간과의 관계에 의해 유도되는 — 이 기하학화와 결부될 수는 없지만 고유한 자동성(autonomie)을 부여받은 한 조각의 공간으로 나타나는 것 같다. 라캉의 정신분석은 『세미나 XI : 정신분석의 네 가지 기본 개념』(1963~64) 이후, 어떤 그림의 소실점에서 시선의 위치를 인식해낸다. 그런데 공포증에서 분명히 문제가 되는 것은 위협을 가하는 위험으로서 생산되는 공간, 즉 시선의 <실재> 자체이지 그것의 <위치>가 아니다. 어떤 이유로 해서 그러한가? 상상계와의 관계를 이유로 내세울 수 있다. 아주 현저하고 고치기 힘든 공포증의 명료한 날카로움은 그러한 사실로 밝혀질 수 있다. 멜망은 공포증 환자와, 향락에 대해 큰타자에게 내는 상징적 세금[빚](le tribut symbolique)을 거세로 지불하는 신경증 환자를 대립시키면서 다음과 같이 쓰고 있다: <그것은 마치 주체가 큰타자에게 […] 공포증을 낳는 동물의 창조로 상상적 질서[상상계]의 세금을 지불하는 것과 같다. […] 공포증은 따라서 공간의 절단이 마치 기대하지 않은 방식으로, 공포증 환자가 지불하게 될 세금을 구성하러 오는 것 같다.> 물론 모든 신경증 환자는 금지로 표시된 접근할 수 없는 장소를 알고 있다. <그러나 문제는 공포증 환자에게 그 세금이 결코 끝이 없다는 것이다. 그러한 사실은 그의 거처의 가장자리까지 확대될 수 있다. 달리 말하면, 그는 이를테면 모든 것을 주게 될 수 있다.> 그러한 이유로 해서, 멜망이 라캉의 보로메오의 틀을 가져와서, 공포증에는 상상계와 실재계 사이의 독특한 관계가 있다고 말하는 것이다. 보통 구멍이 나는 것은 상징계의 고리이고 상상계의 고리는 견고하고, 실재계의 고리는 <외-재(ex-sistence)>를 확립하는데 비해, 공포증에서는 모든 것이 마치 구멍의 차원으로 표시된 것이 상상계인 것처럼 진행된다. 그러한 사실은 아주 중요하다. 왜냐하면 그것은 공포증 환자가 문제 삼고 있는 향락이 유한하거나 무한한 — 즉 남근적 향락이거나 큰타자의 향락 — 특성 사이의 놀이, 즉 애매성을 설명해주기 때문이다. 그것은 성차를 진정으로 제시하지 않는 남근과의 관계에서 그러한 거세의 절약과 중단이 생긴 이래로, 자아와 닮은 자(semblable) — 특히 필수적인 동반자 — 의 관계의 조직(prégnance)을 보여주고 있다.

불안에 의해 지불되는 무한과의 그러한 관계는 사실 공포증 환자에게, 그 자신과 그의 매력(charme)이라는 세계에 대한 고통의 격심함을 제공한다. 그 격심함이 그를 치유하기에 충분하지 않더라도 말이다. 그것이 바로 공포증 환자의 치료의 어려움이다. 행동주의적인 재교육에 의한 일시적이지만 진짜 성공은 거기서 논거를 발견한다. 그렇지만 그러한 재교육은 치유에 의해 제기되는 윤리적인 문제를 남긴다: 그것은 신경증화를 거치는가?[라는 문제 말이다.] 멜망이 말했듯이, <아버지의-이름은 거세를 얻기 위한 필수적인 쐐기인가 아니면 증상의 쐐기인가?>[55]

2012년 10월 17일 / 10월 24일

55 Christiane Lacôte, <phobie>, in Chemama et al., *Dictionnaire de la psychanalyse*, Larousse, 2003, pp.319~20.(번역 필자)

VII

신경증의 임상구조: 억압

방어와 억압
전이와 자기애
억압의 세 단계: 1. 원억압
2. 사후 억압
3. 억압물의 회귀
라캉의 억압 이론: 1. $\Phi = S(\not{A})$
2. 은유, 기호형식의 대체
3. 무의식의 구성

1.

프로이트가 정신신경증(psychonévrose)이라는 용어를 도입한 것은, 아주 이르게 그가 정신분석을 창시할 때부터이다. 예컨대 1894년의 논문 「방어-정신신경증(Les psychonévorses de défense)」[1]은, 그 부제가 보여주듯이, <후천성

---

1 이 논문의 원제는 *Die Abwehr-Neuropsychosen*(방어-신경정신증)이다. 그것은 프로이트가 초창기에는 정신신경증(Neuropsychose)을 신경정신증(Neuropsychose)이라고 불렀다는 사실을 의미한다.

히스테리와 수많은 공포증과 강박증, 그리고 몇몇 환각적 정신증에 대한 심리학적 이론>을 제시하는 것을 목표로 하고 있다. 그 논문은 초창기 논문임에도 불구하고, 그 제목과 부제에서 정신신경증의 임상구조와 정신 질환의 분류를 그대로 담고 있다. 우선 그 부제는 한편으로 정신신경증이 히스테리와 공포증 그리고 강박증을 포함하는 신경증과, 환각이 주 증상인 정신증으로 대별된다는 것을 보여주고 있고, 다른 한편으로는 신경증과 정신증은, 그 제목이 암시하듯이, <방어> 기제라는 하나의 임상구조로 정신신경증에 포함된다는 것을 보여주고 있다. 그래서 제목이 정신신경증<들>이라고 복수로 되어 있는 것이다. 이렇게 방어가 정신신경증의 임상구조를 결정하는 기제라면, 방어-정신신경증과 정신신경증은 사실 동의어라고 할 수 있다. 단지 전자에서는 방어가 정신신경증의 기제임과 동시에 특징이라는 사실을 강조하고 있을 뿐이다. 사실 프로이트는 방어-신경정신증(Die Abwehr-Neuropsychosen)에서 <방어>와 <신경정신증>을 하나의 복합명사로 결합하고 있다. 그리고 "모든 정신신경증이 방어를 본질적인 기능으로 갖고 있다는 생각이 확실해지자, 발견적 가치에 의해 정당화되었던 방어-정신신경증이라는 용어는 정신신경증이라는 용어에 자리를 양보하고 사라진다."[2]

방어는 자아에게 불쾌한 정동을 일으킬 수 있는 내적인 자극(즉 욕동)이나, 그 자극이 결부되어 있는 어떤 표상에 대해 작용한다. 다 알다시피, 여기서 자아는 인격의 한 영역으로, 모든 교란(예컨대 서로 대립하는 욕망간의 갈등)으로부터 보호받으려고 하는 주체의 공간이다. 그것은 주체에 동화된 표상군으로 구성되어 있는데, 그 표상군은 그것과 대립하는 표상과 양립할 수 없기 때문에, 후자에 대해 불쾌감이나 위험을 느끼고 방어를 작동시키는

2 라플랑슈, 『정신분석 사전』(임진수 역), 열린책들, p.158.

것이다. 따라서 그러한 불화는 불쾌감을 주는 정동의 신호가 되고, 자아는 그 정동에 대한 방어 작용의 대행자가 된다. 이렇게 방어-정신신경증이라는 개념을 논하는 프로이트의 여러 저작은, 항상 어떤 표상과 자아의 양립 불가능성이라는 개념을 강조하고 있다. "여러 신경 장애들[즉 정신신경증들]은 '자아'가 어떤 표상과의 부조화로부터 자유롭기 위하여 끌어들이는 여러 방법으로부터 나온다."[3]

그렇다면 방어에 사용되는 기제에는 어떤 것들이 있는가? 그것은 자아의 방어가 그것에 대립하는 표상을 다루는 여러 방식에 있다. 따라서 방어 기제는, 이론의 여지는 있지만, 자아를 중심으로 이루어진다.[4] 자아가 자신을 지키기 위해서 방어 기제를 개발하고 이용한다는 말이다. 그러한 자아의 방어 기제에는 가령 격리, 소급적 취소, 반동 형성, 투사 등, 수없이 많은, 정확히 말하면 정신분석이 발견한 웬만한 기제는 모두 자아의 방어 기제라고 할 수 있다. 그것에 대한 연구는 안나 프로이트의 저작[5]과 함께 정신분석 탐구의 중요한 주제가 된다. "안나 프로이트는 구체적인 예에 근거하여, 방어 기제의 다양성과 복잡성, 그리고 그것의 외연(外延)을 기술한다. 특히 방어적 목적이 어떻게 아주 다양한 활동(환상, 지적 활동)을 이용하는지, 그리고 방어가 어떻게 욕동의 요구뿐만 아니라 불안의 발전을 야기할 수 있는 모든 것 — 감정, 상황, 초자아의 강요 등 — 에 근거하고 있는지를 보여주고

3 브로이어 & 프로이트, 『히스테리 연구』, 열린책들, p.163.

4 자아의 존재가 방어 기제의 전제 조건인지의 여부는 이론적인 문제로 남아 있다. 만약 그것이 자아의 존재를 전제한다면 그것은 좁은 의미의 방어 기제인데, 방어 기제에는 자아의 방어 기제 말고도 퇴행, 반전, 선회와 같은 욕동의 과정 중에 나타날 수도 있고, 내입, 투사와 같은 자아 형성 이전의 기제가 자아의 방어로 사용될 수도 있다. 이 문제는 또한 뒤에서 거론될 방어와 억압의 포함 관계에서 중요한 변수로 작용한다. 만약 그것이 자아의 방어 기제라면, 사후억압만이 방어에 속하고 무의식을 형성하는 원억압은 방어와 별개의 심리 작용이라고 보아야 한다.

5 Freud (A.), *Das Ich und die Abwehrmechanismen*(『자아와 방어기제』), 1936 참조.

있다."[6] 그러나 "자아와 그거가 확연히 분리되기 이전에는, 그리고 초자아가 형성되기 이전에는, 심리장치가 그러한 조직 단계에 도달한 뒤에 사용하는 방어 수단과는 다른 방어 수단을 사용했다"[7]는 데 주목해야 한다. 그것이 바로 신경증의 임상 구조와 관련하여 특히 주목해야 할 억압이다.

2.

방어와 억압의 관계에 대해 말하면, 언뜻 보아 방어가 억압보다 더 포괄적인 개념이기 때문에 억압을 포함하고 있는 것 같고, 억압은 여러 방어 기제 중의 하나처럼 보이지만, 꼭 그렇다고 말할 수는 없다. 프로이트 역시 억압이 방어의 특별한 경우에 불과하다고 말한 다음에도, 반드시 그것의 특수성을 지적하는 것을 잊지 않고 있다. "나는 지금 방어라는 오래된 개념으로 돌아가는 것이 확실히 좋다고 생각한다. 그러나 방어는 일반적으로 경우에 따라 신경증에 이르기도 하는 갈등에서, 자아가 사용하는 모든 기술을 가리킨다고 생각해야 한다. 반면에 우리는 억압이라는 용어를, 특별히 그러한 방어 수단 중의 하나를 위해 마련해두어야 한다. 사실 처음에는 우리의 연구 방향이 다른 방어 수단보다 억압을 더 잘 알도록 해주었다."[8]

그렇다면 억압은 어떠한 점에서 방어와 구분이 되는가? 그리고 프로이트는 억압의 어떤 특징 때문에 억압을 더 중요시한 것일까? 그것은 한 마디로 억압의 보편성 때문이다. 프로이트에 따르면, 억압은 특히 히스테리에서

6 라플랑슈, 『정신분석 사전』(임진수 역), 열린책들, p.156.
7 프로이트, 『억압, 증상 그리고 불안』, 열린책들, p.296.
8 *Ibid.*, p.295.

분명히 드러나지만, 다른 정신 질환이나 정상 심리에서도 중요한 역할을 한다. 왜냐하면 그것은 여타의 심리와 분리된 영역인 무의식의 구성의 기원이 되기 때문이다. 즉 무의식이 보편적이라면, 그것을 구성하는 억압도 보편적이라는 말이다. 게다가 방어는 '자아의 방어 기제'라는 표현이 암시하듯이, 자아가 형성된 이후 자아가 이용하는 심리 기제인데 반해, 억압은 자아 형성 이전에 이미 무의식의 형성에 관여하고 있다. 물론 방어를 넓은 의미에서, 심리장치가 내외적 자극에 대해 행사하는 자기 보호 수단을 총칭하는 개념으로 볼 수 있다. 그러나 그 관점에서 보더라도, 무의식으로의 억압이라는 아주 고유한 의미에서의 억압은 모든 질환에서 어떤 한 시기 — 탄생 초기와 유아기 — 의 방어 작용으로 발견된다. 그래서 1900년 『꿈의 해석』부터 방어라는 용어는 프로이트 어휘집에서 사용 빈도가 떨어지기 시작한다: "나는 방어 대신에 억압을 말하기 시작했다"[9] 억압은 항상 일차적이고 병인의 기원에 있다. 그에 비해 방어는 이차적일 수 있으며, 억압 과정에 의해 형성된 증상에 대해 나타날 수도 있다. 예컨대, 프로이트는 '이차적 방어'(증상 자체에 대한 방어)를 다룰 때, 그것을 결코 이차적 '억압'이라고 부르지 않는다. 결국 좁은 의미의 방어는 자아 수호적이고, 그에 따라 자아가 조직화되기 이전에 원초적으로 무의식을 구성하는 억압에 비해 이차적일 수밖에 없다.

그렇지만 방어라는 용어는 프로이트의 텍스트에서 사라지지 않고 총칭적 의미를 유지하며 계속 사용된다. 그 이유는 무엇일까? 아마 무의식과 의식적 자아 사이의 심리적 갈등을 강조하기 위해서는 방어라는 용어가 필요했을 것이다. 그래서 프로이트가 '방어 전투'라는 표현을 쓰는 것이다. 반면에

9 프로이트, 「신경증의 병인에서 성욕이 작용하는 부분에 대한 나의 견해」, 열린책들, 전집 X, p.54.

억압이라는 용어에 관해 말하자면, 프로이트는 그것을 결코 심리적 갈등을 조종하는 데 사용되는 방어 기술로 규정한 적도 없고, 그렇게 사용한 적도 없다. 따라서 방어-정신신경증이라는 용어에서 방어를 정신신경증의 핵심 기제로 내세우는 것은 아마 심리적 갈등이 정신신경증의 원인이라는 점을 강조하기 위한 것이라고 말할 수 있다. 한 마디로 억압과 방어의 차이는 심리적 갈등의 한 축인 무의식이 억압에 의해 구성되어야, 그 이후에 그것에 대해 심리적 갈등에서 자아가 방어 기제를 작동시킨다는 사실에 있다.

3.

그렇다면 억압에 의해 무의식이 구성되고, 그것이 다시 증상으로 되돌아오는 과정을 프로이트는 어떻게 설명하는 것일까? 「억압에 관하여」(1915)라는 논문에서, 프로이트는 넓은 의미의 억압을 세 시기로 나누고, 그 중 두 번째 시기에 국한된 좁은 의미의 억압을 구분해낸다. 첫 번째 시기는 원억압에 해당한다. 그것은 욕동 그 자체를 대상으로 하는 것이 아니라, 그것의 기호, 즉 의식까지 도달하지 않았으면서 욕동이 집중되어 있는 욕동의 대표들(représentants)을 대상으로 한다. 그렇게 해서 억압되어야 할 요소에 대해 인력을 행사하는 최초의 무의식의 핵이 만들어진다. 두 번째 시기의 고유한 의미의 억압(eigentliche Verdrängung), 또는 사후 억압(Nachdrängen)은 그러한 무의식 쪽의 인력과, 상급 심역 — 즉 자아 — 쪽에서의 반발(Abstossung)이 협동하는 이중적 과정에 의한 억압이다. 따라서 사후 억압은 의식적 자아의 형성과 함께 시작된다. 그에 비해 원억압은 자아와 관계없이 일어나는 것으로, 심리장치 자체가 최초로 구조화되면서 발생한다. 마지막으로 세 번째 시기는 증상, 꿈, 실수 등의 형태로 된 억압된 것[억압물]의 회귀이다. 그것은 무의식과 의식 사이의 갈등이 타협의 방향으로 나아가 형성되는 타협 형성물, 또는 무의식의 형성물이다.

그렇다면 억압은 무엇을 대상으로 하는가? 그것은 욕동 — 이것은 유기체적이기 때문에 의식-무의식의 양자선택을 벗어나 있다 — 도 아니고, 정동도 아니다. 정동은 억압과 관련하여 여러 가지 변형을 겪지만, 엄밀한 의미에서의 무의식이 될 수 없다.[10] 욕동의 대표-표상(관념, 이미지 등)만이 억압될 수 있다. 그것들은 일차적으로 원억압되는 표상이든지, 그 표상과 우연히 결합하여 사후억압의 대상이 되는 표상이다. 억압은 그것들 각각에, 변형의 정도와 무의식의 핵으로부터의 거리, 그리고 그것의 감정적 가치에 따라, 완전히 개별적인 서로 다른 운명을 마련해준다.[11]

이렇게 무의식을 구성하는 억압은 여러 차원에서 정의될 수 있다. 첫째, 억압은 억압되어야 할 욕동의 대표-표상을 정동으로부터 분리하는 것이고, 둘째 정동으로부터 분리된 욕동의 심리적 대표를 의식으로부터 격리하여 따로 보관하는 것이고,[12] 셋째 욕동이 투여되던 대상으로부터 리비도를 철수시키는 것이다. 그리하여 그러한 철수로 인해 대상 표상에는 투여가 전혀 없는 상태가 된다. 그러나 이 모든 작용이 서로 따로 일어난다고 생각해서는 곤란하다. 그것들은 동시에 작동하는 억압의 서로 다른 측면일 뿐이다. 그렇다면 억압 이후에는 어떤 일이 일어날까? 프로이트에 따르면, 일반적으로 억압된 것은 꿈이나 증상이나 행위화의 형태로 현재로 회귀하려고 한다. "이해되지 않은 채로 남은 것은 회귀한다. 고통 속에 있는 영혼처럼, 그것은

10 프로이트, 「무의식에 관하여」, 열린책들, 전집 XI, p.176.
11 라플랑슈, <억압>, 『정신분석 사전』(임진수 역), 열린책들, p.247 참조.
12 이렇게 의식으로부터 추방되어 격리된 대표-표상이 무의식을 구성한다. 그것이 기억 상실에 처해지는 까닭은, 그것이 의식의 조명을 받지 못하는 곳에 있기 때문이다. 그렇다고 그것이 파괴되어 없어지는 것은 아니다. 그것은 단지 무의식에 감금될 뿐이다.

해결책과 해방을 찾을 때까지 휴식이란 없다."[13] 마치 당겼던 고무줄을 놓으면 되돌아가듯이, 아니면 멀리 던졌던 부메랑이 되돌아오듯이. 그러나 문제는 똑같은 형태와 똑같은 방식으로 회귀하는 것은 아니라는 데 있다. 때로는 꿈이나 백일몽처럼 왜곡된 형태로, 때로는 전이에서처럼 원래의 대상이 아닌 전혀 다른 대상으로, 그리고 때로는 퇴행으로 고착된 것이 되돌아온다. 이 모든 억압물의 회귀는 일종의 증상의 성격을 띤다고 말할 수 있다.

앞에서도 말했듯이, 프로이트는 현실신경증과 정신신경증의 차이를 방어 내지 억압의 유무로 설명한 뒤,[14] 정신신경증을 다시 억압물의 회귀 방식에 따라 전이 신경증과 자기애적 신경증으로 분류한다. 말하자면 전이 신경증은 대상관계의 틀에서 억압된 무의식적 욕망이 원래의 투여 대상(과거)에서 현재의 다른 대상으로 이동하여 현실화되는 신경증을 말하는 반면에, 자기애적 신경증은 리비도가 다른 대상으로 이동하는 것이 아니라, 즉 전이가 일어나는 것이 아니라 자아로 철수하는 것을 특징으로 하는 정신증이다. 그러한 분류는 대상관계의 차원에서 심리 발달이 <자기성애 → 자기애 → 대상애(동성애적 대상선택 → 이성애적 대상선택)>의 통시적 순서를 밟아간다는 그의 이론에 근거하고 있다. 즉 리비도가 투여되던 표상이 억압되면, 그 리비도는 표상으로부터 분리되어 다른 표상에 투여될 길을 찾는데, 그 때 리비도가 상상적 대상이건 실제 대상이건 다른 이성적 대상을 선택하면 전이 신경증 — 즉 일반적 의미의 신경증 — 이 되는 것이고, 동성애적 대상을 선택하는 것으로 퇴행하면 도착증이 되는 것이고, 자아로 철수하면 자기애적 신경증 — 즉 일반적 의미의 정신증 — 이 되는 것이다.[15] 한 마디로 자기애적 신경

13 프로이트, 「다섯 살 배기 꼬마 한스의 공포증 분석」, 열린책들, p.154.

14 현실신경증은 방어와 억압의 임상 구조를 가진 정신신경증과 달리, 방출되지 않고 정체된 성적 흥분이 심리적 가공을 거치지 않고 다양한 신체적 증상으로 배출구를 찾는 일군의 신경증을 말한다. 따라서 현실신경증에서는 방어와 억압 작용이 일어나지 않는다.

증은 전이 신경증과 반대로, 기술적으로는 리비도의 전이가 어렵거나 불가능하고, 이론적으로는 그 리비도가 자아로 철수하는 것을 특징으로 한다. 반면에 전이 신경증의 범주에 속하는 신경증들은 리비도가 자아로 철수하는 대신, 항상 실제 대상이나 상상적 대상으로 리비도가 이동하는 것을 특징으로 한다.[16] 그렇다고, 다시 말해 정신신경증의 두 범주의 구분이 항상 유효하다고 하더라도, 그것들을 무조건 전이의 유무로 구분하는 것은 용납되지 않는다. 이제 프로이트에 따른 정신신경증의 임상구조와 질병기술학적인 분류를 대응시킬 수 있을 것이다.

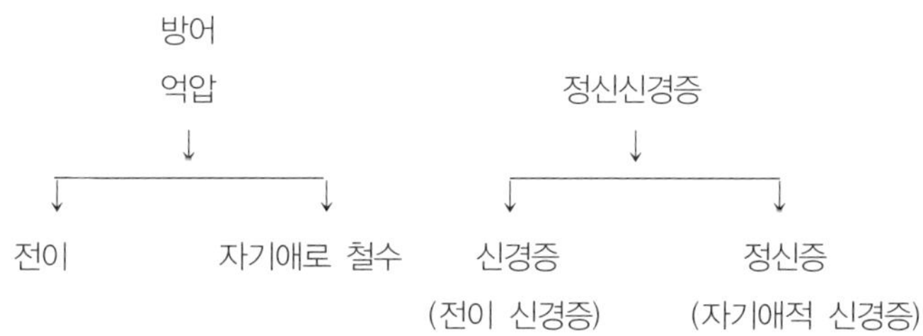

이 도표는 나름의 문제를 안고 있다. 왜냐하면 일반적으로 억압은 신경증, 그것도 히스테리의 핵심 기제로 알려져 있는데, 이 도표에서는 정신신경증

15 프로이트는 「신경증과 정신증」(1924)이라는 논문에서, 자기애적 신경증이라는 용어의 사용을 멜랑콜리 형태의 질환으로 제한하고, 그것을 전이 신경증 뿐 아니라 정신증과도 구분한다.(프로이트, 「신경증과 정신증」, 열린책들, pp.192~3) 다른 한편, 이 논문에서 주목해야 할 것은, 전이 신경증과 자기애적 신경증을 각각 신경증과 정신증이라는 용어로 일반화한다는 것이다. 그러한 일반화와 함께, 프로이트는 최종적으로 불안 히스테리(공포증), 전환 히스테리, 강박신경증을 신경증에 포함시키고, 정신증에는 멜랑콜리, 파라노이아, 그리고 정신분열증의 프로이트 식 이름인 파라프레니아를 포함시킨다.

16 그렇다면 리비도가 투여되던 원래의 대상 표상은 무엇인가? 그것은 당연히 오이디푸스의 틀 내에서 이루어지기 때문에, 아버지와 어머니의 이마고이다. 따라서 전이에서 문제가 되는 것은, 현실적으로 확연히 체험되는 유아기적 원형 — 즉 오이디푸스 콤플렉스 — 의 반복이다.

에 대응하는 기제로 표시되어 있기 때문이다. 어떻게 그것이 정신신경증을 특징짓는 임상 구조가 될 수 있을까? 사실 프로이트가 억압을 발견하는 것은 『히스테리 연구』에서다. 따라서 억압이 히스테리의 심리 기제인 것은 분명하다. 그러나 프로이트는 그것의 보편성 — 즉 억압이 무의식을 구성하고 모든 신경증의 병인으로 작용한다는 — 을 발견하고, 그것을 강박증을 포함하는 신경증 일반 뿐 아니라, 심지어 「슈레버」 사례가 보여주듯이 파라노이아의 발병 과정을 설명하는 원리(물론 이 설명은 실패한다!)로 사용하고 있다. 따라서 프로이트의 관점에서 억압은 적어도 신경증과 정신증을 아우르는 모든 정신신경증의 기본 기제라고 말할 수 있다. 물론 여기에 이론의 여지가 없는 것은 아니다. 우선 억압이 방어보다 발달의 차원에서 우선하느냐 하는 문제가 발생한다. 그리고 그에 따라 병인의 차원에서 억압이 모든 방어 기제보다 우위에 있느냐 — 즉 억압이 모든 심리 기제의 대표이고 핵심 기제이냐 — 하는 문제가 있다. 또한 억압이 과연 정신증의 설명 원리가 될 수 있느냐 하는 문제도 제기된다. 첫 번째 문제에 관한 한, 프로이트는 하등의 의심도 품지 않았던 것 같다. 그의 말대로 "억압 이론은 정신분석이라는 전 건물이 세워져 있는 초석"[17]이기 때문이다. 진짜 문제는 두 번째 문제에 있다. 그러나 비록 그가 자인했듯이, 실패로 돌아가긴 했지만, 정신증(특히 파라노이아)을 억압 이론으로 풀려는 그의 시도는 정신분석 이론의 역사에서 역설적으로 좋은 결과를 낳았다고 말할 수 있다. 왜냐하면 억압을 중심으로 한 파라노이아의 분석이 아포리아(aporia)(논리적 궁지)를 만남으로써, 프로이트는 그것으로 모든 것이 설명되지 않는다는 것을 발견하고, <폐기(Verwerfung; forclusion)>라는 개념을 내놓음으로써, 정신증을 정신분석으

17 프로이트, 「정신분석 운동의 역사」, 열린책들, p.61.

로 접근할 수 있는 길을 라캉에게 열어주었기 때문이다. 그리하여 라캉은 그 개념으로 정신증에 관한 독창적인 이론을 개화시킨다.

4.

라캉 역시 억압을, 신경증을 특징짓는 임상 구조로 본다는 점에서 프로이트와 다르지 않다. 단지 라캉이 프로이트로부터 계승한 억압을 언어학적으로 재해석한다는 점만 프로이트와 다를 뿐이다. 우선 라캉은 프로이트가 말하는 억압되는 것을, 언어학적으로 기호형식으로 규정한다. 그러나 그러한 규정조차 억압되는 것에 대한 프로이트의 정의에 이미 배태되어 있다. 왜냐하면 프로이트의 정의에 따르면, 억압되는 것은 욕동도 정동도 아닌, 기호의 가치를 갖고 있는 욕동의 대표-표상이기 때문이다. 라캉에게는 기호에서 기호형식으로 이동하는 언어학적인 한 발자국을 내딛는 수고만 필요했을 뿐이다. 사실 억압되는 대표-표상이 언어학적으로 기호형식에 해당한다는 사실은, 프로이트가 무의식을 전의식의 <언어 표상>에 대립하는 <사물 표상>으로 정의하는 것에서 잘 나타나 있다. <사물 표상>은 기호내용과 기호형식의 결합으로 이루어진 <언어 표상>과 달리, 기호내용이 배제된 순수한 물질성으로서 기능하는 기호형식이기 때문이다.

그렇다고 라캉의 공적이 과소평가되어서는 안 된다. 오히려 프로이트의 대표-표상을 기호형식으로 바꿈으로써 이룩한 이론적 도약은 엄청나게 커서, 그 기원이 프로이트임을 잊어버릴 정도로 독창적이고 혁명적인 이론이라는 인상을 준다. 그 혁명의 핵심에는 주체는 기호형식에 의해 표상되고, 그 기호형식은 가치 결정을 위해 다른 기호형식으로 이동하지만, 그 기호형식들의 장소에는 그것의 진실을 보증할 마지막 기호형식이 결핍되어 있어서 기호형식에 의해 표상되는 주체는 분열될 수밖에 없다는 명제가 있다. 결국 분열된 주체는 기호형식($\$$)의 장소인 큰타자의 결핍($\not{A}$)을 마주 대하게 된다. 여기서 주체의 모든 질문과 심리 작용이 발생한다.

$$S1 \rightarrow \$ \rightarrow S2 \rightarrow \not{A}$$

우선 주체가 언어의 장소에 <외-재(ex-sistence)>하려면, 즉 주체가 기호형식의 표상 효과로 발생하려면, 기호형식의 내입이 있어야 한다. 이것을 라캉은 프로이트의 용어를 빌려 최초의 긍정(Bejahung, affirmation primordiale)이라고 부른다는 것은 이미 언급한 바 있다. 그런데 그러한 긍정을 통해 내입된 최초의 기호형식은 기호형식의 원리에 따라 큰타자의 구멍(−1)에 도달한다. 기호형식의 가치 결정에 실패한다는 말이다. 여기서 프로이트의 억압에 대한 라캉의 언어학적 해석이 나온다. 즉 라캉은 긍정에 의해 내입된 최초의 기호형식이 아버지의 은유에 의해 큰타자의 장소에서 생략되는 것을 원억압이라고 말한다. 따라서 라캉이 보기에, 원억압되는 것은 최초의 기호형식이고, 그 결과 원억압은 주체의 역사 속에 위치하는 특수한 심리 행위가 아니라, 언어 자체의 구조적 특징 — 즉 언어의 필연적인 불완전성과 그에 따른 진실의 발화 불가능성 — 으로 인한 보편적이고 필연적인 것이다.[18] 그런데 그렇게 최초의 기호형식이 큰타자의 결핍의 기호형식이 되면서, 전자가 무의식의 장소(I)에 영원히 격리 감금 — 즉 원억압 — 되기 위해서는, 큰타자의 결핍의 기호형식(S($\not{A}$))이 아버지의 이름의 기호형식(P)으로 대체되는 아버지의 은유가 일어나야 한다.

---

18 반면에 사후 억압은 주체의 역사 속에서 일어나는 특수한 심리행위이다.

$$\frac{P}{S(\not{A})} \cdot \frac{S(\not{A})}{x} \rightarrow P\left(\frac{I}{\phi}\right)$$

이렇게 원억압은 긍정(Bejahung)과 아버지의 은유 사이에 있다. 그렇다면, 최초의 기호형식은 무엇일까? 프로이트도 그렇고, 라캉도 그렇고, 그것은 상징으로서의 남근, 즉 남근의 기호형식이다. 그러한 사실은 아버지의 은유의 공식에서 남근의 의미작용(ф)이 생산되는 것을 통해서 쉽게 추론할 수 있다. 말하자면 남근은 스스로 기호내용의 효과를 의미하도록 운명 지어진 유일한 기호형식이다.

그렇다면 그러한 언어학적인 관점에서, 고유한 의미의 억압인 사후 억압과 억압물의 회귀는 어떻게 설명되는가? 우선 라캉은 프로이트와 달리,[19] 사후 억압과 억압물의 회귀를 동일한 것으로 본다. 왜냐하면 라캉이 보기에, 억압물의 회귀인 증상은 기호형식의 대체 — 즉 은유 — 에서 발생하는 의미작용인데, 그 은유 작용은 기호형식의 사슬에서 어떤 기호형식을 생략하여 무의식에 보관하는 것 — 달리 말하면 무의식의 구성 — 을 전제하기 때문이다. 따라서 사후 억압은 은유처럼 구조화되어 있고, 증상은 그러한 은유

19 억압과 억압물의 회귀의 관계에 대한 프로이트의 생각은 크게 두 가지로 대별된다. 하나는 『빌헬름 옌젠의 「그라디바」에 나타난 망상과 꿈』(1907)에서 전개된 생각으로, 억압된 것은 자신의 회귀를 위하여, 억압 당시에 따라갔던 것과 동일한 연상의 길을 이용한다는 것이다. 가령 십자가의 이미지로 유혹을 쫓아버리려고 하지만, 그 십자가에 여자의 이미지가 나타나는 것을 본 고행자의 우화가 그것이다. "억압된 것이 최후의 승리를 거두는 곳은, 억압하는 것(le refoulant) 안이거나 그것 뒤이다."(프로이트, 『빌헬름 옌젠의 『그라디바』에 나타난 망상과 꿈』, 열린책들, 전집 XII, p.45) 다른 하나는 「억압에 관하여」(1915)에서 재검토하여 수정한 생각으로, 억압된 것의 회귀는 특수한 하나의 기제라는 것이다. 거기서 억압된 것의 회귀는 넓은 의미의 억압 작용 중에서 독립적인 세 번째 시기로 간주되고, <억압된 표상과 억압하는 표상 사이의 타협 형성>을 통해 이루어지기 때문에, 압축과 이동 작용을 사용하는 것으로 밝혀진다. 그렇게 해서 표출되는 것이 증상이다. 따라서 증상은 억압된 것의 회귀로 설명할 수 있다.

의 뛰어난 예이다.[20]

은유가 무의식을 구성한다는 것은 라캉의 <은유 또는 기호형식의 대체의 공식>에 잘 나타나 있다 "<은유 또는 기호형식의 대체의 공식>은 다음과 같다:

$$\frac{S}{\not{S}'} \cdot \frac{\not{S}'}{x} \rightarrow S\left(\frac{I}{s}\right)$$

여기서 대문자 S 들은 기호형식들이고, x는 미지의 의미작용이고, s는 은유에 의해 도출된 기호내용이다. 이렇게 은유는 기호형식의 사슬 속에서 S'를 S로 대체하는 데 있다. 여기서 삭제선(/)으로 그어진 S'의 생략(élision)은 은유의 성공의 조건이다."[21] 즉 어떤 기호형식에 의해 대체되어, 기호형식의 사슬에서 없어진(또는 생략된) 기호형식은 무의식(I)에 보존되는 것이다. 결과적으로 라캉의 이론에 의하면, 무의식은 기호형식으로 구성되고, 언어의 장소가 된다. 라캉의 유명한 명제들 — <무의식은 언어처럼 구조화되어 있다>든지, <언어는 무의식의 조건이다>라든지, <무의식은 큰타자의 담화이다>라든지 — 은 그러한 논리에서 나온 것이다.

그런데 여기서 하나 의문이 생긴다. 그렇다면 사후 억압되는 기호형식들은 원억압된 최초의 기호형식과 어떤 관계를 맺으면서 억압되는가? 이 문제

---

20 라캉은 은유와 증상의 기제가 동일하다는 것을 다음과 같이 말하고 있다: "은유라는 이중적 이완(弛緩)의 기제는 분석적 의미에서 증상이 결정되는 기제 자체이다. 성적 트라우마의 수수께끼 같은 기호형식과, 실제 기호형식의 사슬에서 그것이 대체하는 말[표현] 사이에서 섬광이 지나간다. 증상 — 육체나 기능을 의미화 요소로서 붙잡는 은유 — 속에 의미작용 — 의식적 주체가 접근할 수 없지만 기호형식이 귀착되는 — 을 고착시키는 섬광 말이다."(Lacan, *Ecrits*, Seuil, 1966, p.518)

21 J. Lacan, *Ecrits*, Seuil, 1966, p.557

를 풀기 위해서는 그 두 기호형식이 서로 다른 의미를 가진다는 사실과, 라캉이 말하는 기호형식은 흔히 언어학에서 말하는 음성적 이미지로서의 기호형식만이 아니라는 사실을 이해하고 있어야 한다. 우선 원억압된 최초의 기호형식은 큰타자에 결핍된 기호형식 자체이기 때문에, 사후 억압된 기호형식들처럼 구체적인 형태는 없다. 단지 우리는 남근의 의미작용이 발생하는 것을 미루어, 원억압된 그 결핍의 기호형식이 남근의 기호형식일 것이라고 짐작할 수 있을 뿐이다. 그러나 그 남근의 의미작용도 사후 억압되는, 주체의 역사에서 특수한 기호형식($\cancel{S}'$) — 소쉬르가 말하는 음소의 시퀀스(séquence phonématique)와 동일시될 수 있는 — 에 자리를 내주고, 동시에 다른 기호형식(S)에 의해 대체됨으로써 비로소 발생한다.(<도표 1>) 그리고는 그 기호형식도 다른 기호형식에 의해 대체되면서 무의식에 감금된다. 그렇기 때문에 주체의 차원에서의 무의식은 사후 억압에 의해 비로소 구성된다고 말할 수 있다.(물론 진정한 의미의 무의식은 원억압에 의한 것이지만 말이다.) 이제 라캉에 있어서, 기호형식이 왜 음성적 이미지로만 정의될 수 없는지 이해할 수 있다. 음소의 시퀀스와 동일시되는 기호형식은 라캉적 의미의 기호형식에 대한 정의가 아니다. 의미 효과를 발휘하는 것은 라캉적 의미에서 모두 기호형식이라고 말할 수 있다. 따라서 최초의 기호형식이 원억압되면서 남긴 구멍(−1) — 이것은 결국 큰타자의 결핍의 기호형식(S($\cancel{A}$))이다 — 도, 일반적인 의미의 언어 이상으로 의미작용의 효과를 발생시킨다는 점에서 기호형식이다. 이것을 도표로 그리면 다음과 같다.

S

↓ 대체

기호형식의 사슬 : S1........ $\not S'$ .... Sn　　$\not S'$: 사후 억압된 기호형식

‖

원억압된 최초의 기호형식의 구멍 :　(−1)

큰타자의 결핍의 기호형식 :　$S(\not A)$

〈도표 1〉

2012년 10월 31일

VIII

신경증(1) : 히스테리

1. 프로이트의 이론

전환, 신경감응과 신체적 호응
구강욕동과 혐오감
유혹외상론에서 유혹환상론으로
히스테리적 동일시
불충족의 욕망
도라의 히스테리 : 동성애와 전이

1.

히스테리에 대한 연구의 역사에 프로이트가 차지하는 혁명적 위치는 여러 차원에서 눈에 띄게 드러난다. 우선 프로이트는 히스테리를 선천적인 육체의 질병으로 보지 않고, 후천적인 심리 질환으로 보았다. 사실 히스테리에 대한 질병기술학적인 개념의 역사는 고대 그리스까지 거슬러 올라가지만, 그것의 원인을 신체 이외의 심리적 사실이나 정신적 외상으로 끌어내린 것은 프로이트가 처음이다. 물론 히스테리에 처음으로 주목하고, 그것에 히스테리라는 병명을 붙여준 것은 의학의 아버지인 히포크라테스다. 그 당시의 원시적인 의학 수준을 감안해서 볼 때, 히스테리의 발견은 실로 엄청난 것이었다. 게다가 그 질환이 주로 여성에게 나타난다는 사실을 발견하고, 남자에게는 없고 여자에게만 있으면서 여자를 여자로 만드는 육체적 기관 — 즉 자궁(그리스어로 hysteron) — 에서 병명을 따온 것은[1], 진실로 놀라운 혜안의 소유자가 아니면 가능하지 않은 일이었다. 왜냐하면 프로이트에 이르러, 히스테리는 여자에게만 나타나는 것이 아니라 남자에게도 나타난다는 사실이 밝혀지지만, 그것이 여성성의 병이라는 사실을 암시하고 있기 때문이다. 이러한 사실이 논리 실증적으로 증명되는 것은 라캉에 이르러서다.

그러나 만약 프로이트가 히스테리를 설명함에 있어서 심리적인 원인만 문제 삼고 육체적인 요인을 배제했다면, 그의 연구 성과는 곧 한계를 드러내고 그 가치가 오래 가지 못했을 것이다. 그리고 정신분석의 생명도 그의 죽음과 함께 소멸했을지도 모른다. 그러나 히스테리 연구를 통해 드러난 그의 진정한 업적은, 전통적으로 뛰어넘을 수 없는 장벽으로 완전히 분리되어 있던 이원적인 심리와 육체를 표상으로 연결시킴으로써, 그것들의 관계를 두 장소의 관계로 만들었다는 데 있다. 말하자면 표상이 두 장소의 이음매 역할을 하는 것이다. 여기서 심리는 순전히 신체적인 공간의 차원에서 높은 위치 — 즉 머리 — 에 있고, 육체는 그보다 낮은 위치에 있는데, 심리적 표상을 매개로 두 장소는 서로 소통하게 된다. 그리하여 프로이트는 히스테리의 심리발생(psychogenèse)론과 기관장애설(organicisme) 사이의 전통적인 논쟁에 종지부를 찍는다. 사실 히스테리가 제기한 문제는 생물학적인 육체와, 언어적 특성을 갖고 있는 <욕동의 대표>, 다시 말해 하나의 기호

1 히포크라테스는 히스테리를 자궁이 육체를 떠돌아다니다가 뇌에 가서 붙는 병이라고 생각했다.

형식 사이의 만남의 문제였다. 그런데 프로이트가 히스테리 환자에게서 일어나는 <신체적 호응(complaisance somatique)> — 억압된 어떤 표상이 어쩌다 육체에 자리 잡게 되는 일종의 육체의 부름 — 을 폭로한 것이다. 그것이 바로 그 유명한 전환(conversion) 기제이다.

전환은 억압된 표상으로부터 분리된 리비도가 신경감응(innervation) 에너지로 바뀌어 신체적 증상 — 가령 운동 마비나 감각 마비 또는 통증 — 으로 치환되는 것을 말한다. 물론 증상으로 전환되는 것은 리비도 에너지이다. 전환이라는 용어가 프로이트에게 있어서 경제학적인 개념과 관계가 있다고 말하는 까닭이 거기에 있다. 그러나 그것은 심리적 갈등을 해결하는 특수한 방식이기 때문에, 그것의 특수성을 규정하는 것은 증상의 상징적 의미작용이지 에너지의 경제가 아니다. 말하자면 전환은 억압된 표상이 육체를 통해 증상으로 표현되는 것이다. 애초에 프로이트가 전환이라는 용어를 정신병리학에 도입한 것은, 그 자신도 이해하기 어려웠던 "심리적인 것이 신체적인 신경 감응으로 도약하는 것"[2]을 설명하기 위해서였다. 그렇다고 신체적인 차원의 호응이 없으면, 증상은 일어나지 않는다. "히스테리 증상은 두 측면 — 심리적인 원천과 신체적인 원천 — 의 이바지를 동시에 필요로 한다. 그것은 신체적 호응이 없다면 일어날 수 없다. 그 호응은 어떤 육체기관 내에서의, 또는 그것과 관계된, 어떤 정상적이거나 병리적인 과정에 의해 제공된다."[3]

전환의 가장 적절한 예는 안나 O의 공수증(hydrophobie)이다. 안나 O는 자신이 미워하는 간호원의 애견이 자기가 즐겨 사용하는 컵의 물을 먹는 것을 보고 공수증에 걸린다. 안나는 혐오스러웠지만 예의상 그 이야기를

---

2 프로이트, 「쥐인간 — 강박신경증에 관하여」, 열린책들, 전집 IX, p.12.
3 프로이트, 「도라의 히스테리 분석」, 열린책들, 전집 VIII, p.226.

감히 하지 못한다. 그 결과 더위가 기승을 부리는 여름이었는데도, 안나 O는 심한 갈증에 시달리지만 물을 마시지 못한다. 그녀는 이유도 모른 채 아무것도 마실 수 없게 된 자신을 발견한 것이다. 그녀는 그토록 갈구하던 물이 든 잔을 들어 올릴 수는 있었지만, 잔이 입술에 닿자마자 마치 공수증 환자인 양 잔을 밀쳐버렸다. 그러나 쌓인 울분을 터뜨리며 그 증상의 기원이 된 기억을 말로 표현 한 뒤, 그녀는 마실 것을 요청해서 많은 양의 물을 힘들이지 않고 마신다. 그 뒤부터 증상은 사라지고 다시 나타나지 않는다.[4]

이 사례는 전환 증상의 발생 과정과 그에 대한 치료 방법을 극명하게 보여주고 있다는 점에서 정신분석 사례의 표본이라고 말할 수 있다. 우선 예의상 말을 하지 못했다는 것은 혐오감이 표상(애견)으로부터 분리되는 억압 과정을 겪는다는 것을 의미한다. 그렇게 억압된 표상으로부터 분리된 혐오감은 신경감응 에너지로 변해 입(술)에 부착되면서 신체적 호응이 일어나고, 안나 O의 입은 공수증 환자처럼 물을 거부하게 된다. 그러나 그 장면 이전에 이미 또 다른 표상이 억압되어 있었다. 간호원에 대한 증오가 그것이다. 그러나 그것도 말로 표현하지 못하고 억압된 결과, 간호원-표상이 애견-표상으로 이동한다. 물론 이 과정에서 미움은 더러움에 대한 혐오감으로 바뀐다. 결국 안나 O의 공수증은 그녀의 기억의 상징인 것이다. 달리 말하면 그녀의 입에 억압된 표상이 표시된 것이 바로 그녀의 공수증인 것이다. 입에 간호원과 그의 애견의 낙인 — 또는 부적 — 이 붙었다고나 할까? 그래서 증상은 그것의 은유적 가치에서 본다면, 작자를 모르는 메시지이다. 그것은 병든 육체에 기생하는 상형문자로 등록된 메시지이다. 프로이트의 유명한 명제 — <증상은 기억의 상징이다>라든지, <환자는 말로 할 수 없기

4 브로이어, 『히스테리 연구』, 열린책들, p.52.

때문에 증상으로 말하는 것이다>라든지 — 가 의미하는 것이 바로 그것이다.

표상 간호원 → 애견 ————————→ 물
억압 → 분리 | | ↑ 신체적 호응 : 공수증
정동 증오 → 혐오감 —— 신경감응 ⟶ 입

이렇게 증상이 나타나는 신체적 부위에는 억압된 표상이 표시되어 있고, 역으로 그 억압된 표상은 증상을 통해 말을 한다. 그렇다면 치료는 어떻게 해야 하는가? 말할 것도 없이, 치료의 핵심은 말을 하지 못함으로써, 즉 말을 하지 못하고 억압됨으로써 증상으로 말하는 억압된 것을 일상적인 말로 표현하는 것이 될 것이다. 이렇게 정신분석의 핵에는 <말>이 있다. 증상도 말이고 치료도 말이다. 말로 하지 못했기 때문에 증상으로 말하는 것이고, 그 증상을 말로 표현하면 증상은 사라진다. 그래서 정신분석 치료를 <talking cure(말에 의한 치료)>라고 말하는 것이다. 게다가 정신분석 이론은 일종의 기호인 억압된 표상 — 즉 무의식 — 에 관한 연구이다. 그 대표적인 예가 앞에서 살펴본 히스테리적 전환이다. 그것은 억압된 표상 — 즉 무의식 — 이 신체적 호응에 힘입어 육체에서 출구를 찾는 심리 기제에 다름 아니다. 또한 그러한 전환의 전제 조건이 자아와 양립할 수 없는 표상의 억압이기 때문에, 억압은 히스테리 증상을 주도적으로 형성하는 방어 기제라고 말할 수 있다.

그렇다면 무엇이 그러한 억압을 일으키는 것이고, 그러한 억압에 의하여 무의식이 되는 것은 무엇일까? 프로이트는 『히스테리 연구』(1895)에서, 히스테리와 외상 신경증의 심리 기제가 유사하다는 데 주목한다. 우선 히스테리도 외상 신경증과 마찬가지로 증상의 원인이 대부분 정신적 상처(trauma)

에 있다. "우리들은 일반 히스테리의 병인론을 가지고 외상 신경증의 병인론을 유추해 나갈 수 있고, 외상성 히스테리의 개념을 확장시키는 것을 정당화할 수 있다. 외상 신경증에서 작용한 원인은 사소한 신체적 손상이 아니라, 두려움이라는 정동, 즉 심리적 외상이다. 관찰 결과를 유추해서 적용해보면, 대부분은 아니더라도 많은 히스테리 증상에서 심리적 외상이라 부를만한 촉발 원인을 찾아낼 수 있다."[5] 그러나 그러한 충격적인 상처는 일회적으로 증상을 일으킨 뒤 사라지는 것이 아니다. 유발 사건은 한 번이지만 증상은 수년간 지속된다. 게다가 그 외상은 기억에 남아 심리 속에서 <이물질(Fremdkörper)>로 작용한다. "결정적인 심리적 외상이 히스테리 현상의 원인이라고 해서 외상이 발병 인자로 증상을 일으키고 이후에는 그 증상만이 계속해서 독립적으로 존재하는 것이 아니다. 오히려 심리적 외상(좀 더 정확하게 말해 외상에 대한 기억)은 이물질의 형태로 존재하고, 그 이물질은 한 번 침투하면 멈추지 않고 오랫동안 원동력으로서 작용한다." 그것이 바로 프로이트가 말하는 무의식적 기억이다. 그래서 "히스테리 환자는 무의식적 기억 때문에 괴로워하는 것이다."[6] 사실 히스테리의 원인이 되는 우발적인 사건과 결부된 정동은 해소되지 않는다. 그것은 말이나 육체적인 길을 통해 완전히 방출되지 않는다. 왜냐하면 외상의 심리적 표상이 의식에 부재하거나 금지되어 있거나 참을 수 없기 때문이다. 이렇게 의식으로부터 비난받는 표상 집단은 의식에서 격리되어 <이차 의식(second conscient)>의 핵 — 이것이 <이물질>이다 — 을 구성한다.[7] 그것이 바로 증상 발작 때, 어떤 육체 부위의 부름을 받아 거기에 상징적 표시를 남기는 억압된 무의식적

5 프로이트, 『히스테리 연구』, 열린책들, p.16.
6 *Ibid.*, p.19.
7 따라서 의식은 분열되어 <이중 의식(double conscience)>이 된다.(*Ibid.*, pp.24~28 참조)

표상, 즉 무의식이다.

결국 프로이트의 초창기 이론에 따르면, 정신적 상처가 된 외적 사건 — 이 당시 프로이트에게 문제가 된 외상은 항상 불쾌감으로 경험된 조숙한 성적 경험이다 — 은 일회적으로 증상을 야기하고 사라지는 것이 아니라, 기억에 이물질(또는 이차 의식) — 이것이 무의식의 기원이다 — 로 남아, 그것이 환기될 때마다 증상으로 되살아난다. 그렇게 기억이 이물질로 남는 이유는 그 외상의 표상이 자아와 양립할 수 없는 표상이기 때문이다.

> 억압 신경증에서 일반적으로 병이 전개되는 과정은 다음과 같다:
> 1) 외상적인 조숙한 성적 경험(하나 또는 여럿)이 억압되어야 한다.
> 2) 그 이후의 어떤 조건이 억압된 그 경험의 기억을 일깨운다. 동시에 최초의 증상이 형성된다.
> 3) 최초의 증상을 제외하면, [모든 것이] 건강한 성공적인 방어 단계.
> 4) 억압된 표상이 다시 나타나는 단계. 이 단계에서는, 억압된 표상과 자아가 투쟁하는 동안 새로운 증상 — 엄격한 의미에서의 병의 증상 — 이 형성된다. 즉, 이 단계는 타협, 패배, 기형적인 치료의 단계이다.[8]

그런데 프로이트의 관찰에 따르면, 히스테리의 원인이 되는 조숙한 성적 체험은 대개 수동적인 유혹 외상이었다. 예컨대 수면 중에 공포발작을 일으키던 12살 소년이 어느 날 음식물을 삼키기 어렵다고 말하며 두통을 호소한 사례가 있었는데, 그 아이가 울음을 터뜨리며 들려준 얘기는, "그가 학교에서 돌아오던 중 화장실에 들렀는데, 어떤 남자가 자신의 성기를 소년에게 내밀면서 입에 집어넣으라고 했다는 것이었다. 소년은 무서워 달아났고, 아무 일도 생기지 않았지만, 그 순간부터 아프기 시작했다. 소년은 이 일을

8 프로이트, 『정신분석의 탄생』(임진수 역), 열린책들, pp.94~95.

고백하자마자 완전히 회복되었다."[9] 이러한 일련의 과정을 통해 알 수 있는 사실은, 첫째, 음식을 거부하는 그의 거식증은 성기를 입에 넣지 않으려던 기억의 상징이며, 둘째, 고백 이후에 증상이 사라진 것으로 보아 그 병이 계속된 것은 소년의 침묵 때문이었다는 것이다.[10] 침묵이 흥분의 정상적인 분출구를 막았던 것이다.

그러나 프로이트는 억압의 발생에서 유혹과 같은 성적인 트라우마가 중요하다는 것을 깨닫고 매우 기뻐하지만, 그것은 곧 실망으로 끝나고 만다. 프로이트는 1896년 1월 1일자 <원고 K>에서 강박신경증에서도 히스테리에서와 마찬가지로 정신적 상처가 되는 유혹 장면이 중요한 병인이 된다는 것을 발견하고, 자만에 가까운 담담한 어조로 그 순간의 감동을 억제하며 다음과 같이 말하고 있다: "나는 나의 모든 강박신경증 사례에서, 아주 어린 나이에, 쾌감의 경험이 있기 몇 년 전에, 순전히 수동적인 경험이 있다는 것을 발견했다네. 그것은 우연이라고 할 수 없다네."[11] 따라서 이 당시까지만 해도 프로이트가 보기에 모든 신경증의 원인은 유혹 장면이었음이 확실하다. 그러나 그 기쁨은 얼마 가지 않아 산산조각 나고 만다. 유혹 장면의 허구성이 밝혀졌기 때문이다. 프로이트는 플리스에게 보낸 1897년 9월 21일자 <편지 69>에서, 유혹 장면에 기초한 신경증 이론을 포기한다: "나는 지난 몇 개월 동안 천천히 밝혀진 커다란 비밀을 지금 자네에게 털어놓아야겠네. 나는 더 이상 나의 신경증 이론[Neurotica : 유혹론에 기초한 신경증 이론(역주)]을 믿지 않는다네!"[12] 프로이트가 그렇게 확신하던 히스테리(뿐만 아니

9 브로이어, 『히스테리 연구』, 열린책들, p.281.

10 여기서 알 수 있는 부수적인 사실은, 유혹 외상과 그것에 따른 히스테리 발병에는 소년도 포함된다는 점이다. 그러한 사실은 히스테리가 반드시 여자와 관계있는 것이 아니라는 것을 암시하고 있다.

11 프로이트, 『정신분석의 탄생』(임진수 역), 열린책들, p.96.

라 강박증)의 유혹 장면 원인론을 포기하는 데는 네 가지 이유가 있다.

> 그것은 아마 설명 없이 이해될 수 없을 것이다. 너 자신은 내가 너에게 말한 것이 그럴 듯하다고 생각했을 것이다. 그래서 나의 불신의 기원이 된 문제부터 시작해서 역사적으로 너에게 설명하겠다. 나는 나의 분석을 진정한 완성까지 밀고 가려고 할 때마다 계속 실망을 느꼈다. 치료가 가장 잘 될 것 같은 사람들이 달아났으며, 내가 기대했던 완전한 성공은 이루어지지 않았다. 따라서 나는 부분적인 성공으로 끝나는 이유를 다른 식으로 설명해야만 했다 — 이것이 [불신의] 첫 번째 이유이다. 그 다음으로, 나는 모든 사례에서 아버지(나 자신의 경우도 예외는 아니다)가 도착증 환자로 비난받아 마땅한 것을 보고 놀랐다. 이와 똑같은 결정 요인이 발견되는 히스테리의 빈도도 예상 밖으로 높았다. 변태적인 행동이 아이에 대해 광범위하게 행해진다는 것이 거의 믿어지지 않았다. (도착증은 히스테리보다 엄청나게 자주 일어난다. 왜냐하면 그 질병은 사건이 누적되고, 방어를 약화시키는 요인이 개입할 때만 일어나기 때문이다.) 셋째, 무의식 속에는 ≪현실의 징후(indications of reality)≫가 전혀 없다는 것을 발견했다. 따라서 진실과, 정동이 투여된 허구를 구분하는 것은 불가능했다. (그래서 나온 해결책이, 성적 환상은 항시 부모라는 주제를 중심으로 이루어진다는 것이었다.) 넷째, 아주 깊이 진행된 정신증에서 무의식적 기억은 솟아오르지 않기 때문에, 어린 시절의 경험의 비밀은 가장 망상적인 상태에서도 드러나지 않는다는 것이 확인됐다. 이렇게 나는 무의식이 의식의 저항을 물리치지 못한다는 것을 확인하고, 분석 중에 반대 과정이 일어나서 의식에 의한 무의식의 완전한 길들이기(tamed)에 도달할 수 있으리라는 희망을 저버릴 수밖에 없었다.[13]

첫째는 그 트라우마의 기억에 가까이 갈수록 저항이 일어나 환자들이 도망갔고, 그 결과 분석 치료는 부분적인 성공으로 만족해야 했다는 것이고,

12 *Ibid.*, p.157.
13 *Ibid.*, pp.157~8.

둘째는 유혹 장면의 범인이 대개 아버지라는 점도 이상하고, 그 아버지가 도착증 환자로 비난받을 만큼 비도덕적인 사람이 아닌 경우가 대부분이라는 사실이다. 그러나 (프로이트는 앞의 두 사실을 중요시하지만, 필자가 보기에) 그보다 더 중요한 사실은 세 번째와 네 번째 이유이다. 프로이트가 세 번째로 지적한 것은, 무의식은 현실 징후가 없다는 사실이다. 그것은 무의식이 현실 경험의 기록이지만 기억나지 않는 — 즉 잊힌 — 기억이 아니라는 사실을 의미한다. 네 번째 이유가 말해주듯이, 무의식은 어떠한 경우에도 의식되지 않는 기억이다. 만약 언젠가 의식에 드러나는 무의식이라면, 그것은 무의식이라는 말과 그 말의 정의에 어긋난다. 왜냐하면 그것은 잠정적으로 의식되지 않는 것일 뿐, 고유한 의미에서 의식되지 않는 '무'의식이 아니기 때문이다. 따라서 무의식적 기억이라는 표현은, 기억이 경험에 대한 심리적 기록을 의미하는 한, 앞뒤가 맞지 않는 말이다. 무의식으로서의 기억이라는 표현이 가능하려면, 그 때의 기억은 심리를 구조화하는 구조로서의 기억일 것이다. 아무튼 이제 프로이트에게 무의식이 무엇인지는 분명해졌다. 무의식은 잊혔지만 노력하면 의식화할 수 있는 경험의 기억이 아니라, 의식하기 불가능하지만, 증상을 일으키는 구조로서의 기억이다.

그렇다면 외상적 경험으로서의 유혹 장면은 환자가 꾸며낸 허구란 말인가? 그리고 무의식의 기원이 된 이물질은 외상 기억 이후에 생기는 것이 아니라, 외상을 경험하기 전에 이미 심리적 현실로 있는 것이란 말인가? 사실 유혹 장면은 완전한 허구는 아니지만(다시 말해 현실 징후의 실마리가 전혀 없다고 말할 수는 없지만), 무의식적 환상이 거기에 개입하고 있음이 틀림없다. 한 마디로, 프로이트에 따르면 유혹 장면은 원환상이다. 다 알다시피, 원환상은 주체의 개인적 경험과 관계없이, 일반적으로 모든 인간 존재에게서 만나게 되는 환상을 일컫는다. 원환상(Urphantasien)이라는 용어는 프로이트의 저작에서 1915년에 나타나지만[14], 사실 유혹 장면이 무의식적 환상이라는 개념은 이미 1890년대 중후반에 플리스에게 보낸 편지에 이미 나타나 있다.

> 환상은 체험된 것들과 들었던 것들이 어떤 경향에 따라 무의식적으로 결합됨으로써 일어난다. 그러한 경향은 증상을 낳았고 또한 증상을 낳을지 모르는 기억에 접근할 수 없도록 만드는 것을 목적으로 하고 있다. 환상은 융합과 왜곡이라는 과정 — 다른 물질과 결합된 어떤 화학 물질이 분해되는 것과 같은 — 에 의해 형성된다. 첫 번째 종류의 왜곡은 파편화에 의한 기억의 위조에 있다. 그것은 연대기적인 관계의 무시를 내포한다. […] 그래서 이미 본 장면의 파편은 이미 들은 장면의 파편과 결합하여 환상을 구성하고, 사용되지 않은 파편들은 다른 결합에 이용된다. […] 그와 같은 환상의 구성은 기억-증상[Erinnerungssymptm : (역주) 기억으로부터 직접 오는 증상]의 중지를 가져온다. 반면에 방어를 벗어나는 무의식적인 허구가 만들어진다. 그러한 환상이 강해져서 의식으로 접근하는 경우, 그것은 억압되고, 환상에서 그 환상을 구성하는 기억으로 역행함으로써 증상이 형성된다. 그런 식으로 모든 불안 증상(공포증)은 환상으로부터 나온다.[15]

인용문에서 말하는 것을 종합하면, 결국 프로이트에 따르면, 증상을 만들어내는 무의식적인 이물질은 경험의 파편들이 무의식적으로 결합하면서 융합 왜곡의 과정을 거쳐 만들어진 무의식적인 허구 — 또는 환상 — 이다. 유혹 장면도 거기서 예외는 아니다. 그것은 성적 외상과 그 외상에 대한 있는 그대로의 기억-기록이 아니라, 허구적으로 만들어진 환상인 것이다. 그렇다고 현실적 실마리가 전혀 없는 것은 아니다. 현실 징후는 무의식적 허구가 만들어질 때 한 요소로서 참여할 뿐 아니라, 환상-기억을 환기시키면서 증상으로 불러내는 역할을 하기도 한다. 사실 프로이트가 정신분석

14 "나는 다음과 같은 환상의 형성물들을 원환상이라 명명한다 — 부모의 성관계의 관찰, 유혹, 거세 등."(프로이트, 「정신분석 이론에 반하는 편집증의 사례」, 1915. 전집 X, p.129).
15 프로이트, 『정신분석의 탄생』, 1897년 5월 25일 <원고 M>, 열린책들, pp.143~4.

이론을 완성하는 과정에서 가장 극적인 사건은, 히스테리 병인으로서 유혹-외상을 발견하는 것과, 얼마 안가서 그것을 포기하고 그것의 대체로서 유혹-환상론을 제기하는 것을 들 수 있다. 그렇지만 유혹-외상론을 포기하고 유혹-환상론으로 넘어간 다음에도, 프로이트는 그것의 현실 징후를 완전히 포기하지 않는다. 그것은 환자들이 고백하는 성적 유혹의 체험이 허구라는 것을 깨달았을 때조차, 그가 유혹-외상론을 완전히 포기하지 않는다는 것을 의미한다. 그것은 그가 그것의 현실적 근거를 계통 발생적인 신화적 사실에서 찾으려는 노력에서 증명된다. 예컨대 "오늘날 분석에서 이야기되는 모든 환상은, […] 아마 옛날 원초적인 시대의 인간 가정에서는 현실이었을 것이다. 지금은 어린아이가 환상을 만들어냄으로써, 선사 시대의 진실의 도움으로 개인적인 진실의 공백을 메우는 것이다."[16]라고 프로이트는 말하고 있다. 말하자면 선사 시대에 실제 사실이었던 것이 오늘날에서 심리적 현실이 된 것이다. 이렇게 (유혹-)환상론은 (유혹-)외상론의 쇠퇴와 더불어서 나타나고 다시는 외상론이 대두되지 않는 것이 아니라, 프로이트는 그 두 이론을 죽을 때까지 평행 상태로 유지한다. 따라서 외상론과 환상론의 복잡한 관계는 증상의 원인에 대한 정신분석적인 탐구만큼 오래된 문제라고 할 수 있다.

2.

프로이트는 이렇게 일찍이 신경증 — 특히 히스테리 — 의 기원에, 모든

16 프로이트, 『정신분석 강의』, 1915~17. 전집 I, p.501.

개인적 환상을 뛰어넘는 보편적 환상이 있음을 발견한 뒤, 이번에는 『꿈의 해석』(1900)에서 아주 독특한 이론을 내놓는다. 히스테리 환자는 자신이 사랑하는 사람이나, 그 사람의 다른 애인 — 질투 관계에 있는 — 과 동일시하는 경향이 있다는 명제가 그것이다. 그럼으로써 히스테리 환자는 자신의 욕망을 불충족 상태로 남기려고 한다는 것이다.[17] 이 기상천외한 명제는 '정육점 안주인의 꿈'이라고 알려진 꿈을 해석하는 과정에서 발견한다.

어떤 여자 히스테리 환자(정육점집 안주인)가 프로이트를 찾아와, '꿈은 소원성취'라는 그의 명제와 상반되는 꿈 이야기를 털어놓는다. 꿈 내용은 이렇다.

> 꿈 내용
>
> 나는 저녁식사를 베풀고자 했다. 그러나 훈제 연어가 조금 있을 뿐, 아무것도 없었다. 시장에 나가려고 했으나 일요일 오후라는 것과 상점이 벌써 문을 닫았을 것이라는 생각이 났다. 그래서 몇몇 상인에게 전화를 걸었으나 전화가 고장이다. 그래서 그날 저녁을 베풀려는 나의 소원을 포기해야 했다.[18]

한 마디로 이 꿈은 꿈꾸는 사람이 친구에게 연어를 저녁으로 대접하려고 소원하나, 상점이 문을 닫는 일요일이고 전화까지 고장이 나서 소원을 성취하지 못하는 꿈이다. 환자가 이 꿈을 보란 듯이 제시하는 것은, 다분히 프로이트의 꿈 이론을 반박하려는 의도를 숨기고 있다. 왜냐하면 처음 들으면 꿈이 조리 있게 앞뒤가 맞아 떨어지는 듯 보이고 소원 성취의 반대인 양 생각되기 때문이다. 그렇지만 프로이트는 이 꿈을 꾸기 전날 무슨 일이 있었는지를 묻는 것으로부터 시작해서, 차분히 자신이 창안한 해석 방법대

---

17 우리는 이 이론을 <동일시에 의한 욕망의 불충족론>이라고 부를 것이다.
18 이 절에서 인용된 모든 인용문은 프로이트, 『꿈의 해석』, pp.190~5를 참조한 것이다.

로 자유 연상을 탐문해간다. 그 결과 밝혀진 사실은, 첫째 남편이 항상 이 친구를 칭찬하기 때문에, 프로이트의 환자로서는 질투를 느끼지 않을 수 없었다는 사실과, 둘째, 다행히 친구는 비쩍 말랐는데, 그녀의 남편은 풍만한 몸매를 좋아했다는 것이다. 그러나 그 비쩍 마른 친구는 남편의 그러한 취향을 알고 프로이트의 환자에게 살이 찌고 싶은 욕망을 피력하며, "언제 또 우리를 초대할 거야? 너희 집에서는 항상 아주 맛있게 잘 먹었는데..."라고 말한다.

이야기가 여기까지 진행되자, 꿈의 의미는 분명해해진다. 프로이트는 그 여자 환자에게 이렇게 말한다. "당신은 식사에 초대해달라는 친구의 말을 듣고 이렇게 생각했을 것이다. '내가 너를 초대하면, 너는 물론 우리 집에서 많이 먹고 살이 쪄 우리 남편의 마음에 더 들겠지! 그러느니 차라리 너에게 저녁을 대접하지 않는 게 낫지.' 그래서 꿈은 당신이 저녁을 제공할 수 없다고 말하고 있는 것이다. 즉 당신 친구가 보기 좋게 살찌는 데 일조하고 싶지 않은 당신의 소원을 성취시키는 것이다. 당신은 또한 모임에서 대접받는 음식 때문에 살이 찐다는 사실을, 다이어트를 위해 저녁 초대에 응하지 않겠다는 남편의 계획을 통해 잘 알고 있었다." 그러나 이러한 해석에는 아직 해결해야 할 문제가 남아 있다. 꿈-내용에 훈제 연어가 왜 나타났느냐 하는 것, 즉 그것의 출처이다. 그래서 프로이트는 묻는다. "'어떻게 꿈속에서 훈제 연어를 생각하게 되었습니까?' 그녀가 대답한다. '훈제 연어는 그 친구가 좋아하는 음식이에요.'" 이렇게 해서 환자의 너무도 솔직한 대답과 함께 이 꿈의 해석은 종결되는 듯싶었다.

그러나 문제가 하나 더 있었다. 남편은 아내가 살이 찐 것을 좋아할 뿐 아니라, 그녀가 좋아하는 음식인 캐비어를 사다주는 것을 기쁨으로 여기는데, 정작 그녀는 캐비어를 사오지 말라고 함으로써 남편을 놀리고, 나아가 자신이 먹고 싶은 욕망을 불충족 상태로 남긴다는 것이다.

나의 환자[즉 정육점 안주인]는 현재 남편에게 푹 빠져 있었고 그를 끊임없이 약 올렸다. 그녀 또한 그에게 철갑상어 알을 절대 가져오지 말라고 부탁했던 것이다. 그것은 무엇을 의미할까? (그녀에게 물었다. 그녀의 대답은 다음과 같았다.)

사실 그녀는 오래전부터 매일 아침 철갑상어 알 샌드위치를 먹고 싶었지만, 너무 비싸서 자제하고 있었다. 물론 그녀가 남편에게 부탁하기만 하면 즉시 철갑상어 알을 사다줄 텐데, 그녀는 반대로 그녀에게 그것을 사오지 말라고 간청한 것이다. 그런 식으로 그를 놀리는 것이다.

(나는 그 이유가 설득력이 없다고 생각했다. 그렇게 설명이 불충분한 경우 털어놓지 않은 동기가 숨어 있기 마련이다. 베르넴의 피최면자들을 생각해보면, 그들은 최면에서 깨어나 최면 상태에서 부여받은 임무를 수행한다. 그리고 그 동기를 질문하면 자신이 왜 그런 일을 했는지 모른다고 대답하는 것이 아니라 아주 불충분한 이유를 끌어댄다. 내 환자의 철갑상어 알도 그와 유사한 경우일 것이다. 나는 그녀가 살아오면서 충족되지 않는 욕망을 스스로 만들었다는 것을 깨달았다. 그녀의 꿈 또한 현실적으로 충족되지 않은 그러한 욕망을 그녀에게 보여주고 있는 것이다. 그런데 왜 그녀는 그러한 욕망을 필요로 하는 걸까?)

어떻게 그녀는 스스로 불충족의 욕망을 만들어내는 것일까? 그녀는 남편의 기쁨도, 자신의 충족감도 좌절시킨다. 그것은 이해가 가지 않는 일이다. 남편의 기쁨을 좌절시키는 것은, 그가 자신의 친구를 좋아하니까 그 보복으로 미워서 그랬다 치더라도, 그 결과로 자신의 욕망을 충족시키지 않는 것은 어떻게 설명할 수 있을까? 즉 자신의 욕망을 충족시키지 않음으로써 남편을 놀리는 것을 어떻게 이해해야 할까? 꿈 내용도 마찬가지다. 친구의 욕망 — 연어를 얻어먹고 살이 찌는 욕망 — 을 성취시키지 않으려는 그녀의 욕망의 관점에서 보면, 그 꿈은 분명 소원성취이다. 그러나 꿈-내용의 차원에서는 친구를 대접하려는 그녀의 욕망이 표면에 드러나 있고, 그 욕망이 성취되지 않았다. 따라서 그런 측면에서 보면, 그 꿈은 분명 소원이 성취되지 않는 꿈이다. 이러한 모순을 어떻게 해결해야 할까? 프로이트는 말한다. "거기서 문제가 되는 것이 그녀가 아니라 그녀의 친구라면, 그녀가 그 친구의 자리에 있다고 스스로 생각한다면, 아니면 다른 말로, 그녀가 그 친구와 '동일시(identifier)'했다면, 그 꿈은 새로운 의미를 획득하게 될 것이다. 나는 그녀가 실제로 그렇게 했다고 생각한다. 그러한 동일시의 증거는, 바로 그녀가 현실에서 충족시키고 싶지 않은 욕망을 스스로 만들어낸 것이다." 그렇다. 프로이트가 생각하기에, 그러한 모순을 해결할 수 있는 유일한 설명 방법은 동일시였다. 사실 동일시로 설명하면 그 모든 것이 쉽게 풀린다. 예컨대, 프로이트의 환자는 친구와 동일시해서 그 친구의 욕망을 좌절시키는 것이다. 그러면 결국 내(프로이트의 환자)가 나(내가 된 친구)의 욕망을 좌절시키는 셈이 되는 것이다.

> 히스테리적 동일시는 어떤 의미일까? 그것을 해명하기 위해서는 좀 더 상세한 설명이 필요하다. 동일시는 히스테리 증상의 기제에서 극히 중요한 요인이다. 환자들은 그 수단[동일시]를 통해, 자신의 내적 상태뿐 아니라 다른 많은 사람들의 내적 상태를 병적인 표출로 표현할 수 있다. 예를 들어 그들은 많은 사람들을 대신해서 괴로워하고, 혼자서 한 드라마의 모든 역할을 담당할 수 있다. 사람들은 말할 것이다: "그것은 유명한 히스테리적 모방"이라고. 즉 "히스테리 환자들에게는, 그들에게 강한 인상을 주는 다른 사람들의 모든 증상을 모방하는 소질이 있다."고. "나아가 (증상을) 재현까지 하는 공감의 소질이 있다."고. 그러나 그것은 히스테리적 모방의 심리적 과정이 따라가는 경로만을 보여줄 뿐이다. 그러나 [모방과 동일시는] 과정 자체가 다른 것이다. 그것은 보통 생각하는 히스테리적 모방보다 약간 더 복잡하다. 그것은 무의식의 추리 과정과 일치한다. 한 가지 사례가 그것을 분명히 보여줄 것이다.
>
> 어떤 의사가 특이한 경련을 일으키는 환자를 다른 환자들과 한 병실에 있게 하면, 어느 날 아침 나머지 환자들이 그 특이한 히스테리 발작을 모방한다고 해서 그는 놀라지 않을 것이다. 그는 단순히 다음과 같이 중얼거릴 것이다.

<나머지 사람들이 저 사람을 보고 모방하는군. 심리적 감염이야.> 그렇다. 그러나 그 심리적 감염은 대략 다음과 같이 일어난다. 일반적으로 환자들은 의사가 각각에 대해 알고 있는 것보다 서로에 대해 더 많은 것을 알고 있다. 그래서 그들은 의사의 회진이 끝나면 서로를 걱정한다. 그들 중 하나가 오늘 발작을 일으키면, 다른 사람들은 금방 집에서 온 편지나 실연의 슬픔의 기억 또는 다른 것들이 그것의 원인이라는 사실을 깨닫는다. 그리하여 그들의 동정심이 움직이고, 그들은 무의식적으로 다음과 같은 추론을 한다. <그런 동기가 그런 발작을 일으킨다면, 나도 그런 발작을 일으킬 수 있다. 나 역시 그와 같은 동기를 갖고 있으니까.> 만약 이것이 의식적인 추론이었다면, 그것은 아마 그와 같은 발작이 일어날까 봐 <불안(angoisse)>해하는 것으로 끝날 것이다. 그러나 그것들이 다른 심리적 차원[무의식의 차원]에서 일어나기 때문에, 두려워하던 증상이 실현되는 것이다. 따라서 동일시는 단순한 모방이 아니라, 동일한 병인에 의한 <자기 것으로 만들기(appropriation)>이다. 그것은 <…똑같이(tout comme si)>를 표현하며, 무의식 속에 지속하는 공유 특성과 관계한다.

히스테리에서 동일시는 성적인 공통점을 표현하기 위해 가장 많이 사용된다. 여자 히스테리 환자는 자신이 성관계를 가졌던 사람이나, 자기처럼 그 사람과 성관계를 가졌던 사람과 동일시하는 것을, 전적으로 그런 것은 아니지만 선호한다. 언어도 그러한 개념에 책임이 있다. 즉 사랑하는 두 사람은 <하나(un)>이다. 꿈처럼 히스테리 환상에서도 성관계를 생각하는 것만으로도 충분히 동일시에 이를 수 있다. 반드시 성관계를 현실이라고 믿어야 할 필요는 없다. 따라서 그 여자 환자는 꿈에서 자신이 친구의 자리를 차지하고 그녀와 동일시하여 증상(자신의 욕망을 거부하는 증상)을 창조함으로써, 자신의 친구에게 질투(자신도 부당하다는 것을 알고 있는 질투)를 보일 때, 그러한 히스테리의 사고과정을 계속 따랐을 뿐이다. 그 과정은 다음과 같이 진술할 수 있다: 그녀가 꿈에서 친구의 자리를 차지하는 것은, 친구가 남편 곁에 있는 자신의 자리를 차지하고 있기 때문이다. 그렇기 때문에 그녀는 남편의 평가에서 친구의 자리를 차지하고 싶은 것이다.

그렇다면 그러한 동일시의 동인은 무엇인가? 그것은 "친구가 남편 곁에 있는 자신의 자리를 차지하고 있기 때문이다. 그렇기 때문에 그녀는 남편의 평가에서 친구의 자리를 차지하고 싶은 것이다." 결론적으로 남편의 사랑을 받는 자리에 있고 싶어서, 그 자리에 있는 친구와 동일시하는 것이고(그 자리는 원래 자신의 자리다), 그 친구는 질투의 대상이기 때문에 그 친구의 욕망을 좌절시키는 것인데, 그것이 자기 자신에게로 되돌아와(왜냐하면 그 친구가 바로 동일시에 의해 자기 자신이 되었기 때문에) 자신의 욕망을 불충족 상태로 남기는 결과를 가져오는 것이다. 그리하여 히스테리 환자는 불충족의 욕망을 충족시킨다는 프로이트의 유명한 명제가 나오는 것이다.

3.

프로이트의 히스테리 연구는 『도라의 히스테리 분석』(1905)과 함께 『히스테리 연구』(1895)를 한 단계 더 뛰어넘는다. 그러나 역설적이게도 프로이트는 그것을 정점으로, 심리장치에 관한 제2 지형학을 내놓음으로써 그의 이론에 획기적인 전환이 이루어지는 순간에도, 그에 부응해서 기대할 만한 히스테리에 대한 새로운 연구는 내놓지 못한다. 그것은 『도라의 히스테리 분석』(1905)이 프로이트의 히스테리 연구의 개화이면서 동시에 끝이라는 것을 의미한다. 사실 『도라의 히스테리 분석』(1905)은 여러 가지 의미에서 정신분석의 창시자였던 프로이트에게 의미심장한 사건이었다. 우선 『히스테리 연구』는 1896년 정신분석이 탄생하기 이전에 브로이어와의 공동 작업이었는데 반해, 『도라의 히스테리 분석』(1905)은 자기가 개발한 정신분석 치료 방법을 적용하여 치료한 첫 번째 사례이다. 게다가 이 논문의 원래 제목—『꿈과 히스테리』—이 암시하듯이, 그것은 『도라의 히스테리 분석』이 도라의 두 꿈을 중심으로 이루어졌다는 사실과 함께, 꿈을 해석하는 과정 자체가 증상을 치료하는 과정이라는 것을 보여주고 있다. 그만큼 프로이트는 『도라의 히스테리 분석』과 함께 정신분석가로 태어나고 있고, 그것에 정신분석가로서의 첫 운명을 걸고 있는 듯이 보인다.[19] 그래서인지 프로이트를 위시하여 그를 따르던 사람들이 출간했던 여러 사례들 중에서 도라의 사례보다 더 인상 깊은 것은 거의 없다. 그것은 그 이후에 『도라의 히스테리 분석』이 얼마나 많은 논쟁 — 그 사례에 대한 해석 논쟁뿐 아니라 철학과 페미니즘 논쟁 — 을 가져왔으며, 얼마나 많이 문학적으로나 연극적으로 다시 써지고 공연되었는가가 증명해 보여주고 있다.[20]

그 뿐만이 아니다. 『도라의 히스테리 분석』은 이론적인 차원에서도 『히스테리 연구』를 훨씬 넘어선다. 후자에서는 증상이 외상에 대한 반응의 부재 — 즉 <해소>의 부재 — 에서 기인한다. 그러나 그러한 해소의 부재 자체가 무슨 탓인지를 자문하면, 최면에서 비정상적 의식의 출현에 비견되는 의식의 유리(dissociation), 즉 <유사 최면 상태> 이론으로 귀결된다. 그러나 프로이트는 그러한 브로이어의 유사 최면 상태 이론을 재빨리 포기한다. 프로이트의 도라 사례 보고에서 분명히 드러난 점은, 억압 이론이야말로 히스테리 증상의 심리발생(심리기원)론을 설명해준다는 것이다. 따라서 우리는 『도라의 히스테리 분석』과 함께 새로운 개념들 — 예컨대 무의식, 전이, 성심리 병인론 등 — 에 부응하는 최초의 상세한 사례 연구를 갖게 된 것이다. 그 사례는 그러한 개념들을 설명하면서 동시에 예증해 보여주고 있다.

19 그러나 역설적이게도 이 첫 시도는 실패로 돌아간다. 프로이트는 그것을 다음과 같이 고백하고 있다. "나는 이 글이 어떤 분석에 대한 미완성 원고라고 예고했다. 그러나 독자들은 이 글이 제목에서 기대한 것보다도 훨씬 더 불완전하다는 것을 발견할 것이다."(프로이트, 『도라의 히스테리 분석』, 열린책들, p.306) 그러나 이 고백은 다시 한 번 역설적이게도 실패를 인정하면서 후학에게 탐구의 길을 열어놓는 위대한 학자로서의 프로이트의 면모를 유감없이 드러내고 있다.

20 그 중에서 엘렌 식수(Hélène Cixous)의 『도라의 초상(Portrait de Dora)』(Éditions des femmes, 1986)과 파트릭 마오니(Ptrick Mahony)의 『도라가 떠나간다(Dora s'en va)』(Les Empêcheurs de penser en rond, 1996)은 인상적이다.

그리하여 확실한 것이 아무것도 없던 시대에 그 관념들은 논쟁을 끌어들이고, 그에 따라 도라 사례의 독서는 고유한 질을 간직하게 된다. 그것은 최초의 독창적인 보고서만이 가질 수 있는 경험의 질이다.

『도라의 히스테리 분석』은 1900년 — 정확히 말하면 10월 — 프로이트를 찾아온 18세 소녀 도라의 히스테리 증상에 대한 연구보고서이다. 프로이트는 도라와의 3개월간의 연구를 마치고 1901년 이 보고서를 작성했으나, 4년이 지난 1905년이 되어서야 출판한다. 그것은 환자의 사생활과 치료의 비밀을 보호하기 위한 것이었다. 말하자면 히스테리 증상이 비밀스럽게 억압된 성적 욕망의 표현인 만큼 비밀이 보장되어야 하는데, 그러한 비밀의 고백이 학문적으로 이용되었다는 사실이 다른 환자들에게 알려지면, 환자들이 아마 아무 이야기도 하지 않으려고 할 것이라는 사실에 대한 고려 때문이었다. 프로이트가 4년 동안 출판을 미뤄왔던 것도 그러한 이유인데, 4년 후 출판을 결정한 것은 그 당시 환자의 삶에 변화가 생겼다 — 즉 그녀가 새로운 사람을 만나 결혼했다 — 는 소식을 들었기 때문이었다. 그 변화는 환자가 겪었던 증상들, 즉 이 보고서에서 이야기된 내용들에 대해 환자가 더 이상 흥미를 갖지 않을 거라는 가정을 가능하게 했다. 그럼에도 프로이트는 그러한 임상보고서가 환자의 사생활을 침해한다는 이유로 비난받기도 했는데, 그에 대해 그는 "의사는 개별 환자에 대한 의무뿐 아니라 학문에 대한 의무도 저버리지 말아야 한다. 학문에 대한 의무는 똑같은 질병을 앓고 있는 다른 환자들에 대한 의무이다"라고 말하면서, 환자에게 직접적인 피해만 주지 않는다면 히스테리에 관한 지식을 널리 알리는 일이 매우 중요하다는 것을 지적하고 있다.[21]

---

21 프로이트, 『도라의 히스테리 분석』, <서론>, 열린책들, pp.189~197 참조.

원명이 이다 바우어(Ida Bauer, 1882~1945)인 도라는 빈의 유대계 부르주아 가문[22]에서 태어났다. 아버지와 함께 프로이트를 찾아왔을 때 그녀는 짜증을 많이 내고 성격의 변화가 매우 심한 소녀였다. 아버지와의 사소한 말다툼 끝에 기억상실을 수반한 의식불명의 증상을 보이자, 그녀의 아버지가 그녀의 반발에도 불구하고 프로이트에게로 데려온 것이다. 도라는 이미 여덟 살 때부터 신경증 증상을 보이며 만성적 호흡곤란에 시달렸고, 열두 살에는 편두통과 신경성 기침 증세를 보였으며 열여섯 살에는 기침과 목이 쉬는 증상이 나타났다. 발작을 동반하는 독특한 형태의 기침과 목이 쉬는 증상은 프로이트와 만났던 열여덟 살에도 계속되고 있었다.

프로이트는 그의 논문에서 출발점 — 병 자체의 출발점은 아닐지라도 적어도 <그 병이 띠고 있는 최종 형태> — 이 무엇인지를 드러내는 데 신경을 쓰고 있다. 문제는 도라를 제외한 네 사람이 무대에 올리고 있는 상황이다. 도라의 아버지 — 그는 <활동이 대단하고 평범하지 않은 재주를 가진> 남자로, 그의 딸 도라는 그에게 각별한 애정을 보낸다 — 와, 훨씬 더 눈에 띄지 않은 채 특히 가사에만 전념하는 어머니, K 부인이라고 불리는 여인 — 도라는 이 여인에게 오랫동안 일종의 숭배심을 갖고 있다 —, 그리고 마지막으로 K씨가 그들이다.

도라의 발작은 그녀가 산 속의 호숫가에 있는 K씨 부부의 집에서 몇

22 도라의 아버지는 물질적으로 풍요로운 대기업가로 프로이트로부터 매독치료를 받은 환자였다. 도라는 아버지, 어머니 그리고 그녀보다 한 살 반이 많은 오빠와 함께 살았다. 그녀는 아버지를 무척 따르고 특별한 애정을 가지고 있었다. 반면 어머니는 남편이 아프기 시작할 무렵부터 모든 관심을 집안일에만 쏟으며 집착했는데(가정주부 정신증이라 부를 만큼), 도라는 어머니와의 관계가 좋지 못했다. 그녀의 오빠는 그녀가 어린 시절 매우 따르는 모범이었으나, 세월이 지나면서 소원해졌다. 중증의 정신신경증을 앓았던 숙모와 우울증을 앓고 있던 삼촌이 있는데, 환자는 어릴 적부터 친가에 커다란 호감을 가지고 있었다. 병이 난 이후에는 숙모를 인생의 모범으로 삼았다. 그녀의 재능, 지적인 조숙함, 병약한 기질 등은 아버지 가계에서 물려받은 것이었다.(*Ibid.*, pp.202~4 참조)

주 보내는 것 — 예정된 일 — 을 거절할 때 시작된다. 며칠 뒤, 그녀는 거부 이유를 K씨가 호수에서 소풍을 한 뒤, 산책을 할 때 감히 그녀에게 사랑의 고백을 했기 때문이라고 설명한다. 그가 그녀에게 <자신의 아내는 자기에게 아무 것도 아니다>라고 말했고, 그 말을 듣자 그녀가 그의 따귀를 때렸다는 사실이 나중에 알려진다. 그 때 그녀는 아버지에게 K씨 부부와의 관계를 끊으라고 명령한다. 그런데 도라의 아버지는 K 부인에게 신실한 우정으로 밀착되어 있었다. 사실 그는 그녀와 애정 관계를 유지한다. 그는 그녀를 포기하기보다 자신의 딸이 보고한 장면을 꾸며낸 것이라고 비난한다.

프로이트가 보기에, K씨의 고백에 뒤따른 도라의 모욕은 히스테리의 현실적인 촉발 원인인 외상을 야기하기에 충분했다. 그렇지만 그 외상이 때 이른 유혹 — 모든 히스테리 병리의 기원에 있는 — 으로 귀결되지 않는다는 사실에 주목해야 한다. 첫 치료부터, 도라는 예전의 사건을 이야기하기 시작한다. 그것은 14살로 거슬러 올라간다. K씨는 그 때 도라를 밀며 꽉 껴안는다. 그 때 도라는 심한 구역질을 느끼고 도망간다.

> 언급된 순서로 보면 두 번째이고 시간상으로는 첫 번째인 이 장면에서 열네 살 소녀의 행동은 이미 완전한 히스테리 증상을 보여준다. 육체적 증상의 여부와 상관없이 성적인 흥분에 불쾌감을 느끼는 사람 모두를 내[프로이트]는 히스테리 환자로 여긴다. 그러한 <정동 전도>에 담긴 기제를 밝혀내는 일이 신경증 심리학의 가장 중요하면서도 가장 어려운 과제들 중의 하나이다. [···] 도라의 사례를 상술하기 위해서는 정동 전도에 주의를 기울이는 것으로는 충분치 않다. 여기서는 이밖에도 감각 이동이 일어났다는 점을 감안해야 한다. 건강한 소녀의 경우, 그러한 상황에서 자연스럽게 나타날 수도 있는 성기의 감각 작용 대신에 도라의 경우에는 소화기관 입구의 점막에서 생겨난 불쾌감, 즉 구역질이 일어났다. 키스에 의한 입술의 흥분이 이 현상에 영향을 미쳤음이 확실하다.[23]

이밖에 도라는 그 사건에 따른 또 다른 후유증인 감각-환각을 수시로 보인다. 즉 그녀는 포옹 당했을 당시 상체에 가해진 압박을 아직도 느낀다고 말한다. 또한 그 이후로 숙녀와 다정한 대화를 나누고 있는 남자 옆을 지나가지 않으려는 기피증을 보인다. 프로이트는 말한다. "여기서 세 가지 증상들, 즉 구역질, 상체의 압박감, 여자와 다정한 대화를 나누는 남자에 대한 두려움 등이 하나의 체험에서 생겨난 점과 이 증후들의 상호 연관성을 통해서만 증상의 전체적인 진행 과정을 이해할 수 있다는 점은 주목할 만하다. 구역질(나중에 알게 되겠지만 유아기의 빨아먹는 버릇에서 비롯된)은 입술의 성감대를 억압하기 위한 증상이다. 발기된 [남자의] 성기가 쇄도할 때 여성의 성기인 클리토리스도 이에 상응한 반응을 보였을 것이다. 이 두 번째 성감대의 흥분은 흉부의 압박감으로 전이되어 버렸다. 성적으로 흥분된 상태에 있는 남자에 대한 두려움은 공포증의 결과로서 억압된 기억이 되살아나는 것을 막기 위한 조치이다."[24]

프로이트는 이렇게 그 행위 — 차라리 성적 흥분의 기회인데 구역질을 느끼는 것 — 가 히스테리의 원인이 아니라 결과라고 확신한다. 나이 든 남자들의 성적 시도에 대항하여 젊은 처자가 자신을 방어하는 것이 자연스러운 시대에, 구역질을 자명한 것으로 여기지 않는 프로이트의 관점은 그것의 중요성을 충분히 인식한 것이었고, 그것은 곧바로 그 구역질이 무엇을 의미하는 지에 대한 조사로 이어진다. 한 마디로, 그는 억압된 욕망이 증상 속에 감춰져 있다 — 겉으로는 욕망에서 증상이 아주 멀리 떨어져 있는 것처럼 보이지만 — 는 걸 보여준다. "히스테리 증상은 가장 비밀스럽게 억압된 욕망의 표현이다."[25] 그것은 분명 정신분석의 핵심 공헌 중의 하나이다.

---

23 *Ibid.*, pp.212~213.
24 *Ibid.*, p.214.

그렇지만 분석 치료의 초기부터 더 중요한 것은, 도라의 아버지와 K씨 부인의 관계에 관한 것이었다. 도라가 프로이트를 보러 왔을 때, 프로이트는 그녀가 그들이 유지하고 있는 관계를 격하게 고발하면서도, 그녀 자신이 그 관계를 조장한다는 사실을 재빨리 알아챈다. 그러면서도 그녀를 그러한 고발로 이끄는 것은, 교환 화폐 — 아버지가 자신의 음모를 위해 도라를 K씨의 사랑의 기도에 내맡기는, 즉 K씨 부인을 얻는 대신 도라를 K씨에게 넘기는 — 로 이용된다는 느낌이다. 프로이트는 그러한 관계와 연관하여 도라의 증상들 중의 하나인 신경성 기침의 상징적 의미를 재빨리 해석해낸다.

프로이트는 그녀의 신경성 기침(tussis nervosa)을 여러 가지 차원이 중첩된 것으로 해석한다. 우선 프로이트는 여러 요소를 종합해본 결과 증상의 기저에 이미 기침이 유발될 수 있는 기질적 조건이 존재한다고 판단한다. 그리고 그 위에 성감대의 의미를 지닌 신체부위, 즉 손가락 빨기와 연결되는 구강의 성감대가 덧붙여진다. 이제 그러한 구강 욕동의 흥분은 첫 번째 심리적 의미, 즉 폐결핵에 걸린 아버지에 대한 연민에서 나오는 모방과 그에 따른 자기비난 — 아버지를 사랑하는 것에 대한 죄책감 — 과 처벌의 의미가 결합해 증상으로 고착된 것이다. 그리고 그것은 이제 K씨와의 관계에서 그의 부재를 아쉬워하고 그에게 더 좋은 아내가 되고자 하는 소원을 표현하는 능력으로 나타난다. 즉 도라의 기침 증상은 K씨가 부재했던 3주에서 6주 동안 지속되는데 반해, K씨 부인은 K씨의 부재 시에 건강했다가도 K씨가 돌아오기만 하면 아팠다. 이렇게 K씨 부인은 병을 통해 남편에 대한 거부감을 표현한 반면, 도라는 그에 대한 사랑을 표현했던 것이다. 특히 도라가

25 *Ibid.*, p.190.

기침 때문에 발성장애를 겪을 때는 이상하리만큼 글이 잘 써졌는데, 그것은 연인이 멀리 떨어져 있을 때 말을 포기하고 그 사람과 교류할 수 있는 유일한 수단인 편지를 선택했던 것이다. 마지막으로 리비도의 일부분이 다시 아버지에게 향하게 된 후에(이것은 뒤에 분석할 첫 번째 꿈이 증명해준다), 기침 증상은 자신을 K씨 부인과 동일시한 상태에서 이루어지는 아버지와의 성교 — 특히 펠라치오[fellatio : 입으로 남자의 성기를 빠는 구강성교(역주)] — 를 표현함으로써 결정적인 의미를 획득한다. 이것은 앞에서 말한 구역질과도 연결되는데, 왜냐하면 구역질은 배설물이 풍기는 냄새에 대한 반응이기 때문이다. 다시 말해 그것은 성기, 그 중에서도 남자의 성기를 기억나게 하는데, 그 기관은 성교 이외에도 소변의 기능을 갖고 있기 때문이다. 따라서 구역질은 펠라치오 환상에서 입술의 성감대를 억압하기 위한 증상이다. 이렇게 프로이트는 그녀에 대한 질문을 통해, 그녀에게 다른 형태의 성적 충족 — 입-성기의 성적 환상 — 이 존재하고, 그것은 기침이라는 증상 속에 숨어서 실현되고 있다는 사실을 확신한다. 결론적으로 이 모든 것은 프로이트에 따르면 아버지에 대한 그녀의 오이디푸스적 사랑으로 귀결되는 것이다.

그러니 아버지를 사랑한 도라가 자기를 담보로 K씨 부인과의 사랑을 유지하려는 아버지에게 어떻게 했겠는가? 도라는 호숫가에서의 사건 이후 한편으로는 K씨를 피하면서, 다른 한편으로는 아버지가 K씨 부인과의 관계를 끊기를 바란다. 결국 그녀의 질병의 목적은 아버지가 마음을 누그러뜨려 K씨 부인과의 관계를 끊게 만드는 데 있는 것이 분명했다. 그녀는 작별 편지를 통해 아버지를 경악시키거나, 기절을 함으로써 동정을 불러일으키면 목적을 달성할 수 있으리라고 생각한 것이다. 그런 시도들은 비록 실패했지만, 최소한 호숫가에서의 사건을 믿어주지 않고 K씨의 말에 동조한 아버지에게 복수는 한 것이다. 솔직히 그녀는 아버지가 딸의 건강을 위해 K씨 부인을 희생하겠노라고 약속하기만 했다면, 아마 금방 좋아졌을 것이다.

그러나 그녀의 아버지는 계속 K씨 부인과 친밀한 관계를 맺는다. 몸이 약한 아버지를 곁에서 돌봐 주었던 사람이 K씨 부인이었던 것이다. 그녀는 그렇게 K씨 부인과 교제를 계속하는 아버지를 용서할 수 없었다. 게다가 그녀는 아버지가 K씨 부인과의 교제를 지속시키기 위해 자기를 K씨 손아귀에서 놀아나도록 두었다고 생각한다. 당시 의기소침해 있던 아버지가 숲속에서 자살을 감행하려던 순간에, 이를 알아차린 K씨 부인이 다가와서 간곡히 말리는 바람에 아빠가 이성을 되찾는 일이 있었다. 도라는 이 말을 믿지 않았고 아버지가 K씨 부인과의 밀회를 정당화하기 위해 꾸며낸 자살극이라고 생각한다. 프로이트는 그러한 아버지에 대한 비난 속에서 똑같은 내용의 자기비난 — 도라 자신의 — 을 추리해낸다. 말하자면 그녀는 자기 탄핵을 숨기기 위해 다른 사람을 탄핵하는 방식을 선택한 것이다. 그것은 도라가 아버지와는 반대로 K씨에게 줄곧 연정을 품고 있었지만, K씨와의 교제를 지속시키기 위해 암묵적으로 아버지와 K씨 부인과의 관계를 후원했던 것에 대해 가해질 수 있는 비난을 아버지에게 돌렸다는 것을 의미한다.

*

치료 이야기는 두 꿈을 중심으로 이루어진다. 그것들의 분석은 아주 상세하다. 그래서 완전히 요약되기는 힘들다. 프로이트는 『꿈의 해석』에서처럼 도라의 꿈과 관계된 모든 연상에 주목한다. 그 연상들은 최근의 사건과 도라 자신의 욕망 — 꿈 꿀 때 느낀 — 으로 귀결된다. 꿈은 이렇게 항상 양 다리 — 즉 낮의 잔재와 어린 시절의 억압된 욕망 — 를 걸치고 있다. 첫 번째 꿈에서도 마찬가지다.[26] "대화재가 난다. 도라의 아버지는 그녀의 침대 앞에 서 있다. 아버지가 그녀를 깨운다. 그녀의 어머니는 자신의 보석

상자를 구출한다. 그러나 아버지는 그들[도라와 어머니]을 끌고 나간다." 이 꿈의 연상은 주로 최근의 기억 — 도라가 깨어나면서 자기 침대 옆에 서 있는 K씨를 본 장면 — 으로 귀결된다. 프로이트는 그 꿈이 그러한 상황이 일어나는 것을 피하고자 하는 소원 — 그렇지만 K씨에게 아무 것도 거부하지 않으려는 억압된 욕망 — 을 표현하고 있다고 해석한다. 그러나 도라의 연상 중에는 도라 아버지가 예전에 말한 것도 포함되어 있다. "밤에 방문을 열어두는 것이 더 낫다. 그러면 나가고 싶을 때 [나갈 수 있다.]" 이 마지막 문장은 도라에게 야뇨증이 있을 시절도 참조하고 있다. 따라서 그의 아버지가 그녀를 깨우는 것은 그녀가 이불을 적시는 것을 피하는 것과 일치한다. 그래서 이 꿈은 도라가 아버지의 보호와 사랑을 부르는 것으로 해석될 수 있다.

첫 번째 꿈이 연인으로 향하던 시선을 아버지에게로 돌리는 현상, 즉 현재의 삶에서 과거의 질병으로의 도피를 나타낸다면, 두 번째 꿈은 한편으로는 그녀가 아버지에게서 벗어나서 삶을 찾아가는 모습을 보여주고 있고, 다른 한편으로는 K씨와 K씨의 전이인 프로이트에 대한 복수심을 나타내고 있다. 꿈 내용은 이렇다.[27] "어떤 미지의 도시에서 산책을 하면서 낯선 광장이며 거리를 구경해요. 그러고 나서 나는 내가 머무는 집으로 가요. 내 방으로 올라간 나는 어머니의 편지를 발견해요. 어머니의 편지에는 내가 부모님에게 알리지 않고 집을 떠났기 때문에 아버지가 아프다는 사실을 전하지 않았다고 씌어 있었어요. 또 아버지가 지금 돌아가셨으며 만일 <네가 원한다면 와도 좋다>고 했어요. 나는 이제 기차역으로 가요. 가는 도중에 <기차역은 어디 있습니까?>라는 질문을 백번도 더 하지만 매번 <5분>이라는

26 프로이트, 『도라의 히스테리 분석』, 열린책들, p.252 이하 참조.
27 *Ibid.*, p.285 이하 참조.

똑같은 대답을 들어요. 내 앞에 무성한 숲이 보여요. 숲으로 들어간 나는 어떤 남자를 만나요. 그는 나에게 아직도 두 시간 반이 남았다고 말해요. 그는 나와 함께 가겠다는 제의를 해요. 나는 그 제의를 거절하고 혼자 가요. […]" 두 번째 꿈의 핵심은 <어떤 남자>로 표현되는 K씨(와 그와 동일시되는 프로이트)에 대한 욕망 — 오이디푸스적인 사랑이 전이된 — 과, 그에 대한 복수심이 강조되는 방향에서 해석될 수 있다. 왜냐하면 프로이트가 그녀에게 K씨를 기억나게 한 미지의 어떤 요소를 갖고 있었기 때문에, 그녀는 K씨에게 하고 싶었던 복수를 프로이트에게 한 것이기 때문이다. 그리고 그녀는 K에게서 기만당하고 버림받았다고 느꼈던 것처럼 프로이트를 떠난다. K씨와 결혼할 수 있을 때까지(숙녀가 될 때까지) 기다리겠다고 하다가 K씨를 떠나갔듯이, 1년 정도 걸리는 치료를 못 견디고 프로이트를 떠난 것이다. 거기에는 K씨에 대한 양가감정처럼 프로이트에게도 프로이트를 떠나면서 동시에 잡아주기를 바라는 마음도 있었다고 할 수 있다. 이렇게 두 번째 꿈의 분석이 끝나자, 도라는 치료를 그만둔다. 그리하여 분석은 미완성으로 남는다. 그것을 프로이트는 다음과 같이 평가한다. 도라가 치료하는 동안 아버지에 대한 사랑을 프로이트에게 전이한 것이고, 또한 K씨에 대한 사랑을 프로이트에게 전이한 것이다. 그 전이를 환자와 분석하기 않았기 때문에, 그녀는 치료를 포기하는 것이고, 그것으로써 복수욕을 성취하는 것이다.[28]

결론적으로 프로이트의 해석에 따르면, 도라는 아버지에 대한 오이디푸스적 사랑을 K씨에게 전이하여 K씨를 사랑하지만, 아버지가 K씨 부인과의 사랑을 위해 교환 조건으로 자신을 K씨에게 팔려는 것에 대한 보복으로, 아버지의 대체였던 K씨가 호숫가에서 자기에게 사랑을 고백하자 따귀를

---

28 *Ibid.*, pp.312~14 참조.

때리고 도망간 것이다. 그리고 그녀는 K씨 부인과 동일시함으로써 아버지를 사랑하고 아버지의 기침을 모방하던 어린 시절로 퇴행한다. 신경성 기침, 구역질, 상체 압박감 등의 증상이 그러한 문맥에서 해석될 수 있다. 즉 그것들은 도라가 K씨 부인과 동일시하여 아버지와 사랑을 나누는 억압된 욕망의 기억이 증상으로 나타난 것이다.

그러나 다른 한편으로 프로이트는 숭배에 가까운 K씨 부인에 대한 도라의 동성애를 해석하지 못한 잘못을 자인하는 여운을 남긴다. 그런데 그 잘못은 그냥 넘겨버릴 수 있는 잘못이 아니라, 지금까지의 모든 프로이트의 해석을 뒤집어버릴 수 있는 엄청난 폭발력을 지닌 화근이 아닌가? 왜냐하면 K씨 부인에 대한 동성애가 가능하려면 K씨 부인과의 동일시로 해석해서는 안 되기 때문이다. 동성애가 가능해지기 위해서는, 도라가 K씨 부인을 사랑하는 남자와 동일시하는 것으로 해석해야 되는 것 아닌가? 따라서 프로이트가 지적대로 도라의 동성애가 간과되었다면, 프로이트의 해석은 전부 정반대로 뒤집어져야 한다. 해석의 출발점 자체가 대척점에 있는 것이다. 즉 프로이트는 <정육점 안주인의 꿈>의 분석에서, "여자 히스테리 환자는 자신이 성관계를 가졌던 사람이나, 자기처럼 그 사람과 성관계를 가졌던 사람과 동일시하는 것을, 전적으로 그런 것은 아니지만 선호한다."[29]고 말하고 있는데, 프로이트는 도라가 그녀가 사랑하는 사람(남자)과 동일시하는 것이 아니라, 그 사랑하는 사람(남자)이 사랑하는 여자와 동일시하는 것으로 본 것이다. 그러나 그것은 잘못된 해석이었음이 라캉에 이르러 밝혀진다.

2012년 11월 7일 / 11월 14일

---

29 프로이트, 『꿈의 해석』, 열린책들, p.194.

VIII

신경증(1) : 히스테리

2. 라캉의 이론

1.

"그것은 과연 프로이트의 실수인가? 라캉은 「전이에 대한 토론」(1951, 『에크리』, 1966)이라는 글과 여러 세미나에서 도라의 사례를 재론하면서 주석을 붙인다. 그는 프로이트가 인지했지만 간과한 차원을 강조한다. 즉 K부인 — 그리고 <그녀의 육체의 눈부시게 흰 피부> — 에 대해 도라가 <홀딱 빠진 애착>이 그것이다. 따라서 여기서 잊지 말아야 할 것은 도라의 동성애적 욕망이다."[1]

호숫가의 이 사건을 어떻게 해석할 수 있는가? 만약 K씨의 구애가 강제 추행이었다면, 도라가 따귀를 때리고 달아나는 것은 너무나 당연하다. 그러나 도라가 K씨를 사랑했다는 흔적은 여기저기서 발견된다. 예컨대 K씨와 결혼할 수 있을 때까지 기다리겠다든지, K씨가 출장을 갔을 때 기침 때문에 발성 장애가 나타나서 대신 사랑의 편지를 쓴다든지 하는 것이 그 증거이다. 따라서 K씨의 구애는 강제 추행이라기보다 오히려 숙녀에게 예를 다하는 정중한 접근이라고 보아야 한다. 그렇다면 <나의 아내는 나에게 아무것도 아니야.>라는 K씨의 말은 도라에게 오히려 K씨의 마음을 확인할 수 있는 위안이 아닌가? 그런데도 도라는 K씨의 그 말에 따귀를 때리고 도망간다. 일반적으로 생각할 때, 보통 여자가 남자의 따귀를 때리는 경우는, '나는 너를 이제 더 이상 사랑하지 않아. 다른 사랑하는 여자가 생겼어.'라고 말할 때이다. 그 때 여자는 남자에게 배신감을 느끼고 그의 따귀를 때린다. 그것은 그 남자가 나를 사랑하고 있고, 나도 그 남자를 사랑하고 있다고 믿었는데, 그 남자가 나의 믿음과 사랑을 배신했다는 뜻이다. 그렇다면 도라의 경우는 여러 가지 면에서 일반적인 경우와 정반대다. 즉 자신의 연적이라고 할 수 있는 K씨 부인을 K씨가 더 이상 사랑하지 않는다고 말하고 있는데, 그 말에 자신의 애인인 K씨의 따귀를 때리고 있는 것이다. 애인에 대해 고백하는 남편을 아내가 때리는 일은 있어도, <아내는 나에게 아무것도 아니다>라고 고백하는 정부를 때리는 여자는 없다. 이것을 어떻게 해석할 수 있을까? 이것이 가능하려면, K씨의 구애의 말 — '아내는 나에게 아무것도 아니야' — 이 도리어 도라에게 여러 가지 차원에서 환멸과 배신감을 불러일으켜야 한다. 우선 도라는 K씨 부인을 K씨의 말과는 반대로, 즉 <아무것도 아닌 것>과는 반대로 자신의 <전부>라고 생각하고 있어야 한다.

1 R. Chemama, <Dora> in *Dicitionnaire de la psychanalyse*, Larousse, 2003, p.118.

그래야 K씨의 말이 도라로 하여금 K씨의 따귀를 때리게 할 만큼 도라에게 충격적일 수 있다. 그렇다. K씨 부인은 도라에게 그녀의 <전부>였던 것이다. 그것은 도라가 K씨 부인에게서 자기 자신의 <전부>를 발견하고 K씨 부인을 사랑했다는 것을 의미한다. 즉 도라는 K씨 부인에게서 자기 자신의 성 — 여성성 — 의 신비를 보았던 것이다. K씨 부인이 호숫가의 사건을 도라가 꾸며낸 것이라고 도라의 아버지에게 모함을 해도, 도라는 그녀를 비난하기는커녕 K씨 부인의 눈부시게 흰 피부에 홀딱 반하고, 그녀와 더 가까이 지내면서 모든 여성의 비밀을 그녀에게서 배우는 것이 그것을 증명해 보여준다.

그러한 맥락에서 도라가 K씨와 유지하고 있는 사랑은 K씨 부인을 사랑하기 위한 조건 또는 눈속임에 불과하다. 즉 도라는 그런 상상적 사랑의 미끼를 통해 K씨와 동일시하고 있는 것이다. 이제 우리는 도라의 행위를 이렇게 말로 표현할 수 있다. <나에게 전부였던 K씨 부인이 K씨에게 아무것도 아니라면, K씨는 나에게 무엇일 수 있단 말인가? 아무것도 아닐 수밖에 없다. 왜냐하면 내가 K씨를 사랑한 것은 K씨 부인을 사랑하기 위함이고, K씨에게도 K씨 부인이 전부라는(즉 K씨가 K씨 부인을 사랑한다는) 전제하에서다.> 그러한 의미에서 도라는 차라리 신경성 기침을 통해 그의 아버지와 동일시하는 것이고, 펠라치오 환상이라기보다 무의식적인 쿠니링구스[cunnilingus : 입으로 여자의 성기를 빠는 구강성교(역주)] 환상이다. “라캉은 말한다. <K부인은 여기서 개인으로서가 아니라 신비로서의 가치가 있다.> 그녀는 도라에게 여성성 — 그녀 자신의 여성성 — 의 신비이다. 도라는 그 여성성에 어렵게 접근한다. 도라는 남자와의 동일시를 통해 그 불가사의의 해결에 가까워진다. 그러한 이유로 해서 그녀는 사랑의 고백 장면에서 K씨의 따귀를 때리는 것이다. 그의 부인이 K씨에게 아무 것도 아니라면, 그는 그녀에게 무엇일 수 있겠는가?”[2]

그렇게 해서 K씨의 말은 도라로 하여금 K씨의 따귀를 때리는 행위로 이행(passage à l'acte)[3]하게 하면서, 그녀의 욕망을 지탱하고 있던 끈과 구조를 파열시킨다. 그것을 라캉은 프로이트의 텍스트로부터 도라의 무의식의 변증법을 <도식 L>로 공식화한다. 그녀가 K씨 대신 K씨 부인을 사랑하는 것은 후자가 S로서 자신의 무의식의 문제 — 여자란 무엇인가? — 를 은유화하고 있기 때문이다. 그녀의 꿈이 그것을 증명하고 있다. 그녀는 그러한 사랑을, 자신도 모르게 K씨와의 동일시에 의해 유지한다. 그래서 K씨에 의해 말해진 말 — <나의 부인은 나에게 아무것도 아니야.> — 은 도라를 순수한 교환 대상의 위치로 돌려보내면서, 넷으로 된 교환의 회로를 끊어버리는 것이다.[4]

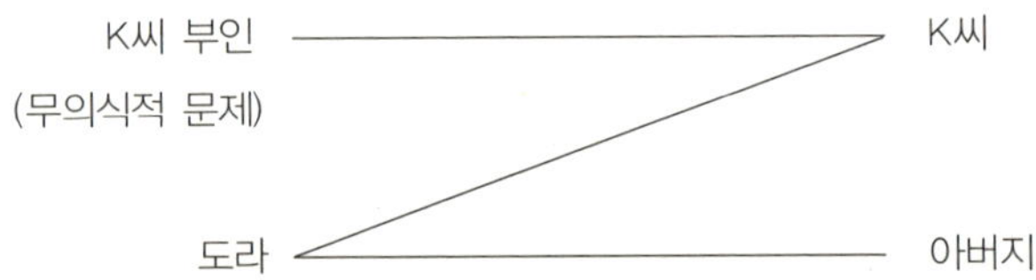

그 뒤에 라캉은 그의 세미나에서 다양한 형태로 도라의 사례를 자주 재론한다. 그 사례 덕분에 그는 히스테리에 대한 강력한 이론을 공식화한다. <히스테리 환자는 다른 여인에게 보내는 경의 속에서 자신을 느끼고, 그 여자(그녀가 자기 자신의 신비를 숭배하게 되는 여자[그녀로 하여금 자신의 신비를 숭배하게 하는 여자])를 남자(그녀가 향유하지 않고 그의 역할을 떠맡는 남자)에게

2 R. Chemama, <Dora> in *Dicitionnaire de la psychanalyse*, Larousse, 2003, p.118.

3 호숫가의 사건을 도라의 <행위로의 이행(passage à l'acte)>로 보는 것은 라캉의 독특한 시각인데, 그에 대해서는 임진수, 『실재와 진실』(파워북, 2012), 제15장 <행동화> 참조.

4 이러한 맥락에서 볼 때, 도라는 K씨의 말을 상당히 박해적으로 해석하고 있는 듯이 보인다. 그래서 라캉이 그것을 '조그만 박해적(persécutif) 에피소드'라 부르는 것이다.

제공한다.>[5]

이렇게 라캉은 프로이트가 해석에 실패한 도라의 동성애를 중심으로 그녀의 히스테리를 풀어나간다. 그것을 통해 밝혀낸 히스테리 이론은 놀랍게도 히스테리 환자는 타자와 동일시함으로써 그 사람의 욕망을 도용한다는 것이다. 도라가 K씨와 동일시하여, K씨의 욕망을 자신의 욕망으로 삼음으로써 K씨 부인을 욕망하듯이 말이다.[6] 그런데 그렇게 히스테리 환자가 타자의 욕망을 자신의 욕망으로 유지하는 것은, 환자 자신이 그 타자의 욕망의 대상이 아니라는 조건 하에서만 가능하다.[7] 라캉에 따르면, 그렇게 히스테리 환자가 타자의 욕망의 대상이 되는 것을 거부하는 것은, 박탈의 상처를 부활시키기 때문이다.[8] 그래서 K씨가 그녀를 욕망의 대상으로 삼으면서 구애할 때, 도라는 그것을 참지 못하고 그의 따귀를 때리고 도망하는 것이다. 결과적으로 <욕망은 큰타자의 욕망>이라는 욕망의 구조는 다른 임상 구조에서보다 히스테리에서 가장 잘 드러난다. 왜냐하면 히스테리 환자는 타자의 욕망을 동일시를 통해 훔치는 자이기 때문이다.

---

5 R. Chemama, <Dora> in *Dicitionnaire de la psychanalyse*, Larousse, 2003, p.118에서 재인용

6 "히스테리 환자의 구조에 따라, […] 히스테리 환자는 대리로(par procuration) 사랑하는 사람이다. […] 히스테리 환자는 그러한 동성애적 대상에, 이성과의 동일시를 통해서 도달한다."(Lacan, *Le Séminaire IV: La relation d'objet*, Seuil, p.138)

7 "그러한 조건의 문제는 기본적으로 자신이 남자의 욕망의 대상임을 인정하는 것이다. 그것이 바로 도라에게는, [드레스텐의] 마돈나 앞에서 오랜 명상에서와 똑같이, K 부인에 대한 그녀의 숭배를 야기하는 신비이다. 그리고 그녀가 머나먼 자신의 애인[K씨]의 힘을 빌릴 때, 그는 여자를 신의 욕망의 대상이나 욕망의 초월적 대상으로 만들면서, 기독교가 주체를 진퇴양난으로 몰아세우는 해결책으로 그녀를 몰아간다."(Lacan, *Ecrits*, Seuil, p.222)

8 "정신분석 경험이 우리에게 가르쳐주는 것은 이렇다. 앞에서 말한 남근의 소지자는 […] 자신의 상대에게 그러한 박탈을 받아들이게 하려고 무척 애쓴다. 그러나 그것을 위한 그의 모든 노력, 세심한 배려, 애정의 서비스는 헛수고다. 왜냐하면 그는 앞서 말한 박탈의 상처를 되살아나게 하기 때문이다. 따라서 그러한 상처는 그 소지자가 만족스럽게 그것을 진정시킨다고 하더라도 보상될 수 없다. 반대로 남근의 존재 자체에 의해 상처만 되살아난다."(Lacan, *Le Séminaire XVII: L'envers de la psychanalyse*, Seuil, p.84)

히스테리 환자의 구조가 그러한 욕망의 구조가 되는 것은, 라캉에 따르면, 기호형식에 의해 분열되고 결핍된 주체($)가 큰타자의 결핍(Ⱥ) — 즉 큰타자의 욕망 — 앞에서 욕망에 대한 질문을 하기 때문이다. 다 알다시피, 라캉은 분열된 주체($)가 큰타자의 결핍(Ⱥ) — 즉 큰타자의 욕망 — 앞에서 어떤 질문을 하고 어떤 위치를 선택하느냐에 따라 히스테리의 임상 구조가 결정된다고 보고 있다. 그러한 질문은 주체가 기호형식에 의해 표상되어 언어에 외－재(ex-sister)하는 순간 필연적으로 걷게 되는 노선이다. 왜냐하면 어떠한 기호형식도 기호형식의 논리에 따라 기호형식의 장소인 큰타자에게 가치 결정을 의뢰해야 하기 때문이다. 그 의뢰가 곧 질문인데, 큰타자는 그 질문에 대해 대답하지 않을 뿐 아니라, 대답할 수도 없다. 가치 결정을 결정적으로 마감할 수 있는 마지막 기호형식이 큰타자에 없기 때문이다. 그리하여 주체는 큰타자의 결핍 앞에서 끊임없이 자신에 대해 질문을 한다. 그것이 바로 라캉이 신경증의 구조를 질문의 구조로 보는 이유이다.

그 질문에는 두 가지가 있다. 하나는 히스테리적 질문으로, 주체의 성적인 입장에 관한 질문이다. 말하자면 히스테리적인 주체는 큰타자에게 '내가 남성인가 여성인가?'를 묻는다. 그러면서 '여성이란 무엇인가?'에 대해 궁금해 한다.[9] "도라가 여성학에 관한 강연을 듣는 일에 열중하고, 또한 스스로 여성학을 공부하는 것"[10]도 그러한 질문의 일환이다. 그만큼 히스테리 환자는 여성의 문제에 관심을 갖는다. 또한 앞에서 보았듯이, 도라는 K씨

9 라캉은 『세미나 III : 정신증들』(Seuil, 1981)에서 제12장과 13장을 <히스테리적 질문>에 바치고 있다.(특히 pp.191~3 참조) 다른 하나는 강박증적 질문인데, 그것은 존재의 문제에 집중되어 있다. 즉 강박증 환자는 <나는 누구인가? 나는 있는가, 없는가?> 질문한다. 말하자면 햄릿의 말처럼 그에게는 <사느냐 죽느냐 그것이 문제이다.> 이것에 대해서는 <강박증>의 장에서 자세히 다룰 것이다.

10 프로이트, 『도라의 히스테리 분석』, 열린책들, p.209.

부인에게서 여성성의 신비를 목격하고 그녀를 숭배한다. 이렇게 히스테리와 여성성 사이에는 밀접한 연관이 있다. 한 마디로 그것은 여성성의 병이다. 히스테리라는 말의 어원적 의미 — 즉 <자궁> — 와 <노처녀 히스테리>라는 일반적 표현에는 그러한 사실이 이미 반영되어 있다고 할 수 있다. 그렇다고 그것이 여자에게만 국한되는 것은 아니다. 여성성의 병이라는 사실은 남자 히스테리와 여자 히스테리 양쪽 모두에 해당한다.

이렇게 라캉은 히스테리를 증상으로 정의하는 것이 아니라 구조로 정의한다. 그에 따라 히스테리의 전형적인 신체 증상이 나타나지 않아도 히스테리로 진단할 수 있다. 또한 라캉은 히스테리 구조와 욕망의 구조의 특별한 관계에 주목하면서, 정신분석 치료에서 분석자를 히스테리로 만들 필요가 있다고 역설한다. 왜냐하면 반복강박적이고 실재적인 죽음에 저항할 수 있는 것은 상징계의 욕망이기 때문이다. 따라서 히스테리 환자로 만든다는 것은 삶을 회복시켜주는 가치가 있는 것이다.

2.

라캉은 말년에 <임상구조로서의 히스테리>와 구별되는, 담화의 특별한 한 형태로서 <히스테리적 담화>라는 개념을 내놓는다. 담화(discours)라는 개념은 라캉이 1960년경 정신분석 이론에 끌어들이면서, 그에 의해 1971년에 <네 가지 담화>라는 독창적 이론으로 발전한다.[11] 따라서 그 개념과

11 <discours(담화)>라는 말을 학문적 용어로 격상시키면서 거기에 독창적 의미를 부여한 최초의 사람은, 역설적이게도 언어학자가 아닌 정신분석가인 라캉이다. 그 뒤 그 개념은 언어학자인 벤베니스트(Benveniste)에 의해 라캉의 정신분석으로부터 언어학에 역수입된다. 즉 "벤베니스트가 라캉의 『에크리』를 숙고하면서 담화의 문제를 언어학으로 제시하는 것

이론의 독창성과 풍부함은 전적으로 라캉의 공헌이라는 데는 이론의 여지가 없다. 그러나 그 기원은 프로이트로 거슬러 올라간다는 것도 사실이다. 이렇게 라캉의 독창성의 근원에는 언제나 프로이트의 발견이 있다. 그 발견은 간단히 말하면 심리 내적인 무의식의 구조[12]가 바깥의 커뮤니케이션 속으로 나온다는 것이다. 이것은 라캉의 담화 이론의 핵심이기도 하며 독창성이기도 하다. 즉 앞의 각주에서도 말했지만, 라캉에 따르면, 무의식의 구조가 주체의 발화행위를 통해, 커뮤니케이션의 현실 — 발신자의 메시지

이다."(J. Dubois et al., <discours> in *Dictionnaire de linguistique*, Larousse, 1973, p.137) 그렇다면 <discours(담화)>라는 개념에 라캉이 가져온 혁신은 무엇인가? 라캉의 "담화 분석 이전의 문제틀에서 <discours(담화)>라는 용어는 언어학적 관점에서 <발화내용(énoncé)>와 동의어일 수밖에 없었다. énoncé(발화내용) / discours(담화)의 대립은 단순히 언어학과 비-언어학 사이의 대립을 나타냈다. 언어학은 자료로 묶여 분석에 제공되는 énoncé(발화내용) 대해 연구를 했다. 반면에, discours(담화)의 규칙, 다시 말해 일련의 문장의 사슬들을 정당화하는 담화 과정에 대한 연구는, 다른 모델과 방법, 특히 정신분석처럼 말하는 주체(sujet parlant)를 고려하는 온갖 관점을 참조하고 있었다. 라캉이 정신분석에서 말과 언어의 기능과 장을 연구하면서 최초로 담화의 문제를 제기한 것은 바로 그러한 용어에서이다."(*Ibid*., pp.156~7) 이렇게 라캉은 discours(담화)를 énoncé(발화내용)과 동의어였던 전통적인 언어학적 개념에서 끌어내어, 거기서 작용하는 말하는 주체의 발화행위(énonciation)를 발견한다. 그럼으로써 담화 분석의 초점을 전자에서 후자로 이동시킨다. 그러나 그러한 발견의 기원에는 정신분석적 경험이 있다는 사실을 잊어서는 안 된다. 즉 정신분석은 의식을 움직이는 보이지 않는 무의식을 연구하는 학문이자 치료 방법인데, 라캉이 보기에, 그 무의식이 말하는 주체의 발화행위를 통하여 발화내용에 흘러나왔던 것이다. 따라서 말하는 주체는 무의식의 주체에 다름 아니고, 담화는 무의식의 담화에 다름 아니다. 그러한 사실은 우리로 하여금 <discours>를 <담론(談論)>으로 번역하는 것을 꺼리게 하면서 <담화(談話)>로 번역하게 한다. 왜냐하면 <담론>이라는 한자어에서는 어떤 주제를 가지고 논리적으로 하는 말이라는 인상을 지울 수 없기 때문이다. 그것은 <담론>이라는 한자어가 정신분석의 무의식이나 언어학의 발화행위를 담아내지 못한다는 것을 의미한다. 한 마디로 그것은 철학적이고 논리적인 발화내용이라는 느낌을 준다. 반면에 <담화>라는 말은 서로 이야기를 주고받는다는 의미로부터 커뮤니케이션의 틀을 전제하고 있고, 뿐만 아니라 발화행위까지 포함하는 뉘앙스를 갖고 있다. 그에 따라 <담화>라는 번역어는 라캉이 <discours>라는 용어를 정신분석에 도입한 의도를 고스란히 담고 있다고 할 수 있다.

12 <임상 구조>는 무의식의 구조에 국한되기 때문에, 그것은 커뮤니케이션의 틀을 문제 삼지 않는다. 반면에 <히스테리적 담화>는 특별한 형태의 사회적 관계를 가리킨다. 그러한 맥락에서 <임상 구조로서의 히스테리>는 병리학적인데 반해, <히스테리적 담화>는 반드시 히스테리 환자에 국한되는 것이 아닌, 일반적인 커뮤니케이션의 한 형태이다.

(발화내용)가 수신자에게 전해지는— 속으로 나온다는 것이다. 프로이트는 그러한 현상을, 정신분석을 통해 최초로 발견하고 진술한다. 그 첫 번째 예가 「플리스에게 보낸 편지」(1895년 1월 24일)에 동봉된 <원고 H>에 실려 있는, 관찰 망상에 시달리는 한 환자의 사례이다.

> 이미 성숙한 처녀(30살가량)가 남동생과 언니와 함께 살고 있다. 그들은 숙련공의 계층에 속한다. 그녀의 남동생은 혼자 힘으로 제조업자가 되었다. 그들은 아는 사람에게 방을 하나 빌려주었는데, 그는 여행을 많이 하고, 약간 비밀스럽고, 아주 재주 있고 똑똑한 사람이었다. 그는 그들과 일 년 동안 같이 살았고, 그래서 그들의 가장 좋은 동료이자 동무가 되었다. 그 이후에 그는 그들을 떠났다가, 6개월 뒤에 다시 돌아온다. 그런데 이번에는 비교적 짧게 머물렀고, 그것을 마지막으로 그는 사라진다. 두 자매는 그가 없는 것을 애석해하면서, 그에 대해 좋은 말만 한다. 그러다가 여동생이 언니에게, 그가 언젠가 자기를 유혹하려고 했다고 이야기한다. 그녀가 방 청소를 할 때, 그는 아직 누워 있었다. 그는 그녀를 자기 침대 곁으로 오게 하더니, 그녀가 아무런 의심 없이 가까이 가니까, 그녀의 손을 자기의 자지에 갖다 댔다. 그 이방인은 그 장면에 속편이 없이,[13] 얼마 뒤, 그 집을 떠난다.
>
> 그 뒤 몇 년 동안, 그러한 경험을 한 여동생은 병이 들었다. 그녀는 괴로워했고, 부인할 수 없는 관찰 망상(delusions of observation)[14]과 박해망상(delusions of persecution)의 증상이 나타났다. 이웃 여자들은 그녀를 불쌍히 여겼다. 왜냐하면 그녀는 남자에게 버림받았고, 아직도 그 남자가 돌아오기를 기다리고 있기 때문이었다. 그들은 그녀에게 그러한 종류의 암시를 계속 주었고, 그 이야기를 계속 떠벌렸다, 등등. 물론 그녀는 그 모든 것이 거짓이라고 말했다. 그로부터 그 환자는 한 번에 몇 주 동안 그러한 상태에 떨어졌다가는, 잠시 이성을 회복하여 그 모든 것이 흥분의 결과라고 설명했다. 그러나 그 사이에도 그녀는 성적인 성격을 부인하기 힘든 신경증으로 고통을 겪었고, 곧바로 새로운 편집증 발작에

13 그 장면에 속편이 없다는 말은 그 장면이 처음이자 마지막이었다는 말이다.
14 누군가에게 감시당하고 있다는 망상을 말한다.

들어갔다.

언니는 유혹 장면[15]의 이야기가 나올 때마다 동생이 그것을 부인한다는 사실에 놀랐다. 브로이어(Breuer)가 그 사례를 듣고는, 그 환자를 나에게 보내주었다. 나는 유혹 장면의 기억을 원래대로 복원시킴으로써, 그녀의 편집증의 성향을 치료하려고 노력했지만 성공하지 못했다. 나는 그녀를 두 번 상담했고, 그녀가 ≪최면 집중(concentration hypnosis)≫ 상태에 있을 때, 그녀로 하여금 나에게 그 세입자에 관한 모든 것을 이야기하게 했다. 나는 ≪난처한(embarrassing)≫[16] 일이 그녀에게 일어났는지를 알기 위해, 그녀에게 질문 공세를 폈지만, 그녀는 그것을 아주 단호하게 부인했다. 나는 그녀를 다시 보지 못했다. 그녀는 나에게 모든 것이 자신의 신경을 너무 거스른다는 메시지를 보내왔다. 방어! 방어가 분명했다. 그녀는 누군가가 그것을 자기에게 상기시키는 것을 원치 않았고, 결과적으로 그것을 의도적으로 억압하고 있었던 것이다.

방어인 것은 부인할 수 없었다. 그런데 그 방어가 히스테리 증상이나 강박증으로 귀결될 수 있었을 텐데? 도대체 편집증적 방어의 특성은 무엇일까?

그녀는 무언가를 피하고 싶어 했고, 그것을 억압하고 있었다. 우리는 그것이 무엇인지 짐작할 수 있다. 아마 그녀가 보았던 것과 그것의 기억이 그녀를 진실로 동요하게 만들었던 것 같다. 그녀가 피하려고 했던 것은, ≪쌍년(bad woman)≫[17]이라는 비난이었다. 그 뒤에, 그러한 비난이 밖에서 들려왔고, 그래서 모든 것의 자리가 바뀌었는데도, 실제 내용은 그대로였다. 다시 말해 자기에 대한 내부의 비난이 밖으로 전위(傳位)된 것이다: 즉, 그렇지 않아도 그녀가 자기 자신에게 했을 말을, 사람들이 말하고 있는 것이다. 내부적으로 내려진 심판은 받아들이지 않을 수 없지만, 밖으로부터 오는 것은 거부할 수 있다. 그런 식으로 심판과 비난은 그녀의 자아로부터 멀리 떨어져 유지되는 것이다.

편집증의 목표는, 따라서, 자아와 양립할 수 없는 표상으로부터 자신을 방어하기 위해, 그 내용을 외부 세계로 투사하는 것이다.[18]

---

15 그 남자의 유혹을 말한다.

16 그 당시 <난처한> 일이란 대개 임신을 말한다. 그 당시에는 피임법이 발달되지 못했기 때문에, 성관계를 하고 나면 임신이 될까봐 걱정이 대단했다고 한다.

17 어쩌면 <화냥년>이라고 번역하는 것이 더 나을지 모르겠다.

18 프로이트, 『정신분석의 탄생』(임진수 역), 열린책들, pp.67~70.

라캉의 담화 이론과 관련하여, 여기서 눈여겨보아야 할 대목은, '모든 것의 자리가 바뀌었는데도 실제 내용은 그대로'라는 말이다. 아마 거기서 <자리>는 심리 <내>적인 자리와 <외>적인 자리이고, <내용>은 그녀에 대한 비난과 심판을 말하는 것일 것이다. 따라서 그 말은 내부의 비난이 바깥의 비난으로 이동했다는 것을 뜻한다. 그렇다면 내부의 비난은 누가 하는 것일까? 1895년 당시는 프로이트가 <초자아>라는 용어를 발견하기 이전이기 때문에, 잠정적으로 우리는 심리 속에 있는 관찰과 비판을 담당하는 또 다른 자아라고 말해야 한다. 그것을 보통 자기비난이라고 한다. 자기비난은 <비난하는 나>와 <비난받는 나>의 분열을 전제하고 있다. 후자는 일반적으로 말하는 고유한 의미의 자아이고, 전자는 사회적 도덕과 윤리가 내면화된 <나>라고 말할 수 있다. 따라서 내부의 비난이 바깥의 비난으로 이동한다는 것은, 그러한 <비닌받는 나>와 <비난하는 나>의 관계(이 둘은 모두 <나> 속의 <나>들이다)가, 현실 속의 <나>와 타자의 실제 관계로 나온다는 뜻이다. 특히 <비난받는 나>는 <나>의 위치에 그대로 있고, <비난하는 나>가 밖에 있는 타자에 투사되면서 바깥 현실로 나가는 것이다. 그것을 도표로 그리면 다음과 같다.

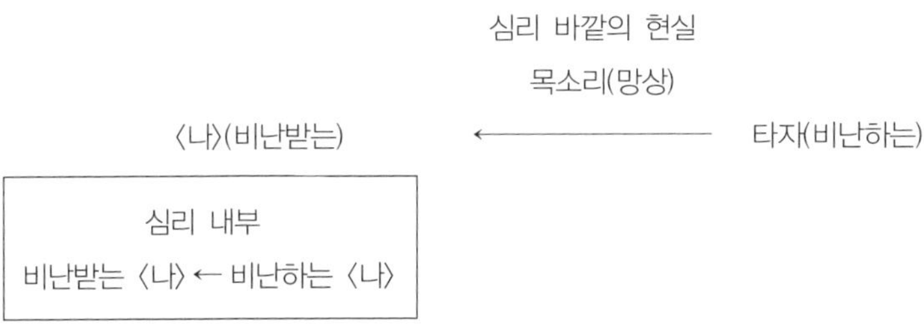

여기서 "두 질문이 제기된다. (1) 그러한 이동(déplacement)은 어떻게 일어

나는 것일까? (2) 그것은 편집증의 다른 사례에도 적용되는 것일까? (1) 이동은 아주 간단히 이루어진다. 문제는 일상적인 심리 기제 — 이동이나 투사 — 의 남용이다. 내적인 변화가 일어날 때마다 우리는 내적인 원인이나 외적인 원인을 가정한다. 만약 우리가 어떠한 이유로 해서 내적인 동기를 선택할 수 없다면, 우리는 외적인 동기를 선택할 것이다. 둘째, 우리는 우리의 내적인 상태를 (감정 표현을 통해) 타인에게 내보이는 것에 익숙해 있다. 그것이 바로 정상적인 관찰 망상(관찰된다는 정상적인 생각)과 정상적인 투사를 낳는 것이다. 우리가 우리 자신의 내적 변화를 의식하는 한, 그러한 반응은 정상적인 것이다. 만약 우리가 그러한 변화를 잊어버리고, 바깥으로 나간 삼단 논법의 한 항만을 고려한다면, 우리는 사람들이 우리에 대해 알고 있는 것과 그들이 우리에게 행한 것을 과장하는 편집증을 갖게 되는 것이다. 그들은 알고 있지만 우리 스스로는 모르고 있는 우리의 부분 중에서, 우리가 받아들일 수 없는 것은 무엇인가? 그것이 바로 방어를 목적으로 투사라는 기제를 남용하는 것이다. (2) 그러한 관점은 편집증의 다른 사례에도 적용되는가? 나는 모든 경우에 그렇다고 생각한다. […] 그 모든 경우에, 환자가 망상에 매달리는 집요함은, 그가 참을 수 없는 어떤 다른 관념을 자아 밖으로 추방하려고 행사하는 힘과 동일하다. 그러한 환자들은 자기 자신을 사랑하듯 망상을 사랑한다."[19]

그러한 구성에서 가장 구체적인 예증은 실제로 편집증에 의해 제공된다. 프로이트는 1904년 『일상생활의 정신병리학』에서 그 이전의 암시와 아주 비슷한 말로 다음과 같이 쓰고 있다. "가장 현대적인 종교에 이르기까지 종교를 고무하고 있는 세계에 대한 신화적 개념의 대부분은 외부 세계에

19 프로이트, 『정신분석의 탄생』, pp.71~73.

투사된 심리 현상에 지나지 않는다. 무의식의 심리적 요인과 현상들에 대한 불분명한 앎(다시 말해 그러한 요소와 사실에 대한 심리 내적인 희미한 지각)은, 초감각적인 현실(편집증과의 유사성을 고려해야 하기 때문에, 이를 달리 표현하기는 힘들다)의 구성에 반영된다. 그 초감각적 현실은 과학을 통해 무의식의 심리학으로 변형된다. 우리의 작업은 그러한 관점에 서서, 천국, 원죄, 하느님, 나아가서 선과 악이나 영생 등에 관련된 신화들도 분석 대상으로 삼아, 형이상학을 메타심리학으로 번역하는 것이다. 편집증 환자가 행하는 이동과, 미신을 믿는 자의 이동을 나누고 있는 거리는 보기보다 그렇게 크지 않다."[20]

슈레버 원장의 분석이 그러한 심리 내적인 과정과 그것에 대한 오인의 역할을 확인시켜주고 있다. "슈레버의 '신의 빛살'은 해의 빛살과 신경줄 그리고 정자가 통합된 것인데, 사실 리비도 투여가 바깥으로 향하여 뻗는 것을 구체적으로 나타내는 것일 뿐이다. 그렇게 보면 그의 망상은 우리의 이론에 놀랄 정도로 들어맞는다. 그의 자아가 모든 빛살을 자기 쪽으로 끌어들이기 때문에 세계가 끝장날 것이라고 믿는 것, 또한 나중에 재구성하는 과정에서 그에게 닿아 있는 빛살(=연결)이 끊기면 어쩌나 하는 불안 등, 슈레버의 망상 구조의 다른 많은 세부 사항은, 내가 지금까지 편집증을 설명하는 근거로 가정했던 과정들을 심리 안에서 인식하는 것과 거의 비슷하다."[21] 슈레버의 세계 종말 망상도 내부의 재난이 외부 세계에 투사된 것으로 볼 수 있다.

환자는 그의 리비도 투여가 향하고 있던 주위의 사람들과 외부 세계로부터

20 프로이트, 『일상생활의 정신병리학』, 열린책들, 344~5, 강조는 프로이트.
21 프로이트, 「슈레버」, 열린책들, pp.188~9.

리비도 투여를 거두어 들였다. 그래서 그는 모든 것에 무관심해져 버린 것이다. […] 세상의 종말은 그런 내부의 재난을 투사한 것이다. 그가 사랑을 거두어들이자 그의 주관적인 세상이 끝난 것이다.[22]

그렇지만 담화의 개념 작업에서 본질적으로 새로운 단계에 올라서는 것은, 서로 다른 형태의 편집증의 구별과 체계화가, 억압에 의한 모순이 주어, 목적어, 동사 또는 문장 전체 등 어디에 영향을 미치느냐에 따라, 서로 다른 삼단 논법과 투사의 형태로 나타난다는 것을 보여주면서부터이다. 가령 프로이트가 파라노이아(편집증)와 연결시키는 망상에 관해 말하자면, 그것은 주체에게 있어서 동성애적 리비도의 쇄도에 반하여 자신을 방어하는 방식이다. 그러한 동성애적인 리비도의 쇄도—이것은 주체와 동성인 사람과의 사회적 관계를 성화(sexualisation)시키고, 동시에 자신을 여성과 동일시하게 한다—는 슈레버에게 이중의 위협을 가한다. 하나는 거세 위협이고(왜냐하면 남성을 동성애적으로 사랑하려면 자신이 여자가 되어야 하기 때문이다), 다른 하나는 자기애의 위협이다.(왜냐하면 거세는 자기 몸의 일부—그것도 목숨보다 중요한 일부—를 훼손하는 것으로 당연히 자아욕동의 저항을 불러오기 때문이다. 아들러는 이것을 <남성적 항의>라고 부른다.) 프로이트에 따르면, 그러한 상황에서 주체는 자신을 방어하기 위해 투사를 본질로 하는 망상 기제를 사용한다. 그런데 바로 그 투사가 동성애적인 욕망의 명제—<나는 그(아버지)를 사랑한다>—를 거부 부정하는 과정에서, 그것을 문법적으로 변형시켜 밖으로 내보내는 것이다. 즉 편집증적 망상의 여러 형태는 출발 명제—이것의 내용은 동성애적 욕망의 환상이다—의 모순을 거부하는 여러 가지 문법적 형태와 일치한다. 그것은 동사를 부정하느냐, 목적어를 부정하느냐,

22 *Ibid.*, p.179.

주어를 부정하느냐에 따라, 망상의 일차시기를 결정한다. 그러나 정작 투사되는 것은, 그 일차시기의 부정을 합리화하는 과정에서 일어난다. 즉 논리적으로 이차시기인 투사 시기는, 일차시기에 일어난 감정의 이유를 바깥에 있는 타자— <그>라는 타자— 에게서 찾는 과정이다. 그럼으로써, 이차시기는 타자가 주어가 되어 편집증 환자의 망상— 박해망상, 호색망상, 질투망상 등— 에 능동적으로 개입하는 과정이며(실제 타자와는 전혀 무관하게 의식에서 만들어진 허구적 사실이기 때문에 망상이다!), 출발명제에서 일차시기로의 이동의 연결고리가 되는 매개명제이다.

망상의 여러 형태와 투사

	박해망상	호색망상	질투 망상[23]	과대망상
출발명제	나는 그를 사랑한다.	나는 그를 사랑한다.	나는 그를 사랑한다.	나는 그를 사랑한다.
	동사 부정	목적어 부정	주어 부정	명제 전체 부정
일차시기	나는 그를 미워한다.	나는 그녀를 사랑한다.	그를 사랑하는 것은 그녀다	나는 아무도 사랑하지 않는다
이차시기	그가 나를 미워하니까	그녀가 나를 사랑하니까		나는 나만을 사랑하니까

(투사시기 : 매개 명제)

말하자면, 동성애적 욕망은 언어학적으로 <나는 그를 사랑한다.>는 문장(기본 명제)으로 표시할 수 있는데, 그것은 거세 위협을 불러오고, 그에 따라 자아는 그 문장을 부정(동사, 목적어, 주어 부정)하는 방식으로 자신을 방어하고, 그것에 대한 합당한 이유를 타자에게 돌리면서, 타자가 주어가 되어 현실 밖에서 주체에게 어떤 행동을 하게 한다. 투사는 그렇게 자신의 심리적 현실을 밖의 타자에게 내보내, 그 타자의 행위가 자신에게로 되돌아

23 질투 망상에는 투사 시기가 필요하지 않다. 왜냐하면 일차시기에 이미 <그녀>가 주어가 되면서 바깥으로의 투사가 이루어지기 때문이다.

오게 하는 방어 기제이다. 그리고 그러한 투사로부터 생긴 관념적 현실에 대한 확신이 편집증적 망상이다. 그러한 프로이트의 망상에 대한 언어학적 설명은, 그 이전의 어떠한 정신분석 이론에 비해 여러 점에서 결정적인 가치를 갖고 있다. 첫째, 그것은 뭐니 뭐니 해도 무의식을 언어처럼 구조화된 명제로 만들고, 둘째, 그 명제를 정신증의 망상에 시험함으로써 그 명제가 어떻게 커뮤니케이션의 현실 속으로 투사되는지를 밝혔다. 게다가 셋째, 지금까지는 정신증을 단순히 환자의 기능 결여나 해리로 진단했는데, 프로이트의 슈레버 분석을 통해, 정신증에도 주체가 개입하고 있다는 것이 증명된 것이다. 이제 이러한 언어학적 설명이 발판이 되어, 라캉의 도약 — 즉 제2의 정신분석 혁명 — 이 일어나리라는 것은 예측가능한 일이다.

3.

프로이트의 정신분석과 변별되는 라캉의 정신분석에 독창성이 있다면, 그 중의 하나가 아마 무의식의 주체라는 개념일 것이다. 무의식의 주체라는 개념은 분명히 프로이트에게 찾아볼 수 없다. 게다가 그것을 말과 언어와 연결시켰다는 점은 놀라움을 금치 못하게 만든다. 왜냐하면 프로이트의 이론에 의하면, 무의식은 억압된 표상으로 구성되어 있고, 표상은 언어 기호의 가치가 있기 때문에, 무의식은 당연히 언어처럼 구조화되어 있고, 또한 정신분석 치료의 핵심이 무의식의 언표화(verbalisation)에 있기 때문에, 분석적 담화는 당연히 말하는 주체를 끌어들일 것이고, 또한 언어처럼 구조화되어 있는 무의식은 분석상황 — 언어학적으로 말하면 커뮤니케이션 — 에서 말로 발설될 것이기 때문이다. 따라서 정신분석이 억압된 표상의 무의식과 <말 치료(talking cure)>를 이론과 치료의 출발점으로 삼는 한, <무의식의

말하는 주체>라는 개념은 정신분석에서 필연적으로 발생할 수밖에 없다. 라캉은 단지 그러한 논리적 귀결을 재빨리 간파했을 뿐이다. 그가 한 일이라곤, 프로이트의 정신분석을 언어학의 장으로 옮기는 한 발자국의 걸음밖에 없다. 그러나 그것은 제2의 정신분석 혁명을 가져온 전혀 새로운 발걸음이기도 하다.

아무튼 라캉에게 무의식이라는 언어(표상) 지대에서 말하는 주체가 눈에 띄인 것이다. 그에 따라 주체는 다음과 같이 언어학적으로 정의된다. <하나의 기호형식은 다른 기호형식을 향하여 주체를 표상한다.> 언뜻 보기에 간단하면서도 애매한 이 명제는 많은 하위 명제를 불러온다. 우선 주체는 언어의 장 속에서 어떤 기호형식에 의해 표상될 때 언어에 <외-재(ex-sistence)>한다. 즉 주체는 언어에 의해 언어 밖으로 언어의 효과로서 나타난다. 그것은 주체가 오로지 말과 함께, 즉 말을 함으로써만 나타난다는 사실과 함께, 기호형식에 의해서만 표상된다는 것을 의미한다. 둘째, 그러나 그 주체는 주체를 표상하는 기호형식이, 기호형식의 가치 결정 원리 — <하나의 기호형식은 다른 기호형식과의 차이에 의해 그 가치가 결정된다.>는 소쉬르의 명제 — 에 따라, 다른 기호형식을 향할 수밖에 없기 때문에, 두 기호형식 사이에서 분열될 수밖에 없다. 셋째, 이 때 기호형식으로 표상되지 않는 부분대상이 인간 존재로부터 떨어져 나간다. 그것을 라캉은 <a>로 표시한다. 한 마디로 <a>는 인간 존재를 기호형식으로 나누었을(즉 표상했을) 때 남는 나머지이다.

이제 라캉은 그렇게 논리적으로 추론된 명제들을 수학소로 간단히 표시한다. 우선 주체(S)를 표상하는 최초의 기호형식(signifiant)을 그는 <S_1>으로 표시하고, 그것을 <주-기호형식(signifiant-maître)>이라고 부른다. 그리고 그 주-기호형식이 가치 결정을 위하여 향해 가야 하는 다른 기호형식을 <S_2>로 표시하고, 그것을 지식(savoir)이라고 부른다. 라캉이 S_2를 지식이라고 부르는 데에는 나름 이유가 있다. 왜냐하면 S_2는 S_1이 속한 기호형식들의 장소로서, S_1의 가치와 의미를 구체적으로 결정해주는 기호형식의 전체 집합일 뿐 아니라, 그 집합 자체가 기호형식들의 망, 즉 관계 구조로 되어 있어서, 그것이 설혹 무의식의 기능을 가지고 있다고 하더라도, 그것에 대한 지식은 알려지기 때문이다. 그것은 주체가 상징계의 질서 속에서 표상될 수 있도록 하는 유일한 곳으로, 주체보다 선행한다. 그래서 라캉은 그것을 특별히 큰타자의 장소(le lieu de l'Autre), 또는 큰타자(Autre)라고 부른다. 따라서 S_2는 기호형식의 장소로서 큰타자와 동등한 의미를 갖는다. 이제 S_1에 의해 표상된 주체는 그 두 기호형식 사이에서 분열된 주체($)로 나타난다. 왜냐하면 주-기호형식 S_1이 주체(S)를 표상하는 순간(즉 S_1=S가 되는 순간), 그것은 다른 기호형식 S_2를 향해 감에 따라, <S_1=$=$S_2$>가 되기 때문이다.

마지막으로 <a>는 그 큰타자의 결핍(또는 구멍)[24]으로 말미암아, 인간 존재가 기호형식에 의해 온전히 표상되지 못하고 남는 나머지 부분이다. 말하자면 그것은 인간 존재에게서 떨어져나간 상실된 파편으로, 라캉은 그것을 <대상 a>라고 부른다.[25] 그것은 맑스의 잉여가치(plus-value)와 많이 닮았다. 다시 말해 잉여가치가 노동(자)의 부스러기로 나오지만 자본가는 그것을 향유하지 못하고 생산에 재투자해야 하는 것처럼, <대상 a>도 큰타자로부터 찌꺼기로 나오지만 주체가 그것을 소유하거나 향락하지 못한다.

---

24 거듭 말하지만, 큰타자에는 주-기호형식의 가치를 결정해줄 마지막 기호형식이 없다. 왜냐하면 큰타자의 장소에 있는 기호형식들도, 주-기호형식과 마찬가지로 자신의 가치 결정을 위해 다른 기호형식을 필요로 하기 때문이다. 결국 큰타자의 장소에서는 순환논증의 오류(circulus in probando)가 발생한다. 따라서 큰타자에는 항상 기호형식의 가치를 보증해줄 마지막 하나의 기호형식이 부족하다(−1). 그것을 라캉은 Ⱥ로 표시하고 <큰타자의 결핍>이라고 읽는다.

25 정확히 말하면, 인간 존재에게서 떨어져나간 것이 아니라, 큰타자의 구멍에서 떨어져나간 큰타자의 나머지이다. 왜냐하면 큰타자(와 큰타자의 구멍)는 주체보다 선행하기 때문이다.

그래서 라캉은 대상 <a>에, 맑스의 잉여가치에 운을 맞추어 <잉여-향락(plus-de-jouir)>라는 이름을 부여한다. 라캉은 그렇게 기호형식에 의한 무의식적 주체의 표상 과정과 <a>의 생성 과정을 다음과 같은 산식으로 공식화한다.

$$\frac{S1}{\$} \rightarrow \frac{S2}{a} \qquad \frac{\text{주-기호형식}}{\text{(분열된)주체}} \rightarrow \frac{\text{지식}}{\text{잉여-향락}}$$

이 공식을 더 압축하면, 기호형식에 의해 분열된 주체가 기호형식의 장소인 큰타자(의 결핍)를 향해 말을 거는 것으로 환원된다. 그것은 주체가 말하는 주체이고 기호형식에 의해 표상되는 이상, 필연적인 운명이다.

$$\$ \rightarrow \not{A}$$

이제 심리 내면의 무의식을 구성하는 주체와 큰타자의 관계는 커뮤니케이션의 틀 속으로 나오면서 대행자(agent)와 타자(autre) — 기호학적으로 말하면 발신자와 수신자 — 의 관계 속에 대입된다. 그것은 심리 내면에서는 큰타자에게 말을 걸었던 무의식의 주체가, 바깥 현실에서는 말하는 행위의 주체(대행자)가 되어 타자 — 큰타자를 대신하는 — 에게 실제로 말을 건다는 것을 의미한다.

커뮤니케이션의 현실

대행자(말하는 행위의 주체) → 타자(큰타자를 대신하는)

무의식
$\$ \rightarrow \not{A}$

그렇다면 이렇게 심리 내부의 무의식의 주체와 큰타자의 관계가 심리 바깥의 현실에서 대행자와 타자의 관계로 나타날 때, 무의식의 네 가지 구성요소 — 이것을 라캉은 유동적인 <항(項)(termes)>이라고 부른다 — 는 담화 조직에서 구체적으로 어떻게 나타날까? 결론부터 말한다면, 무의식의 구성요소가 네 가지이듯이, 담화 조직에도 네 자리 — 라캉이 영원한 <위치들(sites)>이라고 부르는 — 가 있다. 우선 말하는 행위자인 대행자와 그 말이 지향하는 타자가 있다. 그리고 말하는 주체가 말을 하는 한, 그 말은 진실(vérité)의 문제를 발생시킨다. 왜냐하면 진실은 말의 차원에 있기 때문이다. 정확히 말하면, 진실의 차원은 말하는 순간 발화행위의 주체와 발화내용의 주체의 분열로 말미암아 필연적으로 발생하는 것이다.

> 주체가 어떻게 속임수 속에서 자신의 모습을 드러내는가를 보여주기 위하여, 라캉은 프로이트로부터 인용한 유태인의 이야기에 기꺼이 의지한다: <왜 너는 나에게 네가 렘베르크로 간다고 말함으로써, 나로 하여금 네가 크라코비로 간다고 믿게 하려고 거짓말을 하는 거니? 진짜는 네가 렘베르크로 가면서 말이야?> 보다시피, 대화 상대자는 발화내용의 진이나 위의 성질을 딱 잘라 결정해야 하지만, 단순히 발화내용 — <나는 렘베르크로 간다> — 만을 문제 삼고 있지 않다. 그는 진실한 발화내용(아니면 차라리, 정확한 발화내용)에 속임수(tromperie)가 있다는 것을 느끼고 있다. 따라서 속임수는 발화내용의 차원과는 다른 차원에 있다. 즉 그것은 큰타자를 연루시키는 영역인 발화행위와 주체의 차원에 있다. 대화 상대자가 <왜 너는 나에게 거짓말을 하니...?>라고 외칠 때, 그는 진실의 증인인 큰타자에게 호소하고 있는 것이다. 이렇게 진실의 차원이 등록되는 곳은 큰타자 속이다.[26]

그렇다면 대행자의 말이 타자에게 무엇을 발생시킬까? 그것은 생산

26 V. Nusinovici, <vérité> in *Dicitionnaire de la psychanalyse*, Larousse, 2003, p.448.

(production)이다. 그것은 말의 효과가 타자에게서 발생한다는 것을 뜻한다. 우리는 그러한 사실을 프로이트의 『농담과 무의식의 관계』(1905)에서 확인할 수 있다. 프로이트는 그 놀라운 텍스트에서, "농담은 다른 사람과의 의사소통 시에 약간의 향락을 제공한다."[27]고 말하면서, 농담의 쾌락은 에너지 비용 절감에서 오고, 농담의 특징은 농담자(1인칭)에게서 청자(제3자)에게 전달될 때 나타난다고 농담을 해부하고 있다.

> "우리의 전제에 따르면, 웃음은 이제까지 투여되었던 정신적 에너지의 총량이 자유롭게 방출되게 하는 조건에서 주어진다. 물론 모든 웃음에서 그런 것은 아니지만 농담에서 나오는 웃음은 분명히 쾌락의 신호이며, 우리는 그 쾌락을 이제까지 투여되었던 정신적 에너지의 제거와 관련시키려고 한다. 농담을 듣는 사람은 웃는데, 그것을 만들어낸 사람은 웃을 수 없다는 것은, 농담을 하는 사람에게는 투여되었던 정신적 에너지가 제거되거나 방출되는 데 방해물이 생기는 반면에, 농담의 청자에게는 투여되었던 정신적 에너지의 비용이 없어지고 방출된다는 것을 말해주는 것이다. 농담에서 제삼자인 듣는 사람이 자신의 비용을 아주 적게 들여 농담의 쾌락을 산다고 강조하는 것은, 제삼자에게서 일어나는 정신적 과정의 특징을 가장 적절하게 표현하는 것일 것이다. 말하자면 농담의 쾌락은 제삼자에게 선사되는 것이다."[28]

이 때 제삼자는 농담의 수신자(즉 청자)이면서, 라캉에 따르면, 궁극적으로 농담의 주체를 비판하고 검열하고 억압하는 고유한 의미에서의 큰타자이다. 왜냐하면 농담의 쾌락은 큰타자의 억압 금지에 들어가는 에너지(또는 비용)의 절감에 다름 아니기 때문이다.

27 프로이트, 『농담과 무의식의 관계』, 열린책들, p.183.
28 *Ibid*., p.189.

"농담을 하거나 들을 때 느껴지는 만족감은 어디서 기인하는 것일까? 가령 어린 시절의 중요한 쾌락을 참조하게 하는 말이나 음성 위에서의 단순한 놀이를 무시할 수 없다. 그러나 프로이트는 특히 다음과 같은 사실을 강조한다. 즉 재치 있게 말해지는 것은 일반적으로 의식에 의해 거부된 관념일지라도 검열에 의해 수용되기 더 쉽다. 주체가 농담을 하거나 들을 때, 그는 일상적으로 의지하고 있던 억압을 유지할 필요가 없는 것이다. 그리하여 농담은 일상적으로 억압의 사용에 사용되던 에너지를 해방시키는 것이다. 그러한 에너지의 절약에서 주체는 쾌락을 찾는 것이다. 쾌락은 임상적으로 긴장의 감소로 정의되기 때문이다.[…]

농담에서 주체가 결국 말을 하는 것은, 그가 그를 비판할 수 있는 큰타자를 웃기면서 무장 해제시키는 것이다. 프로이트는 농담에서 제3자의 지위를 강조한다. 조소(嘲笑)는 주어진 사람을 겨냥할 수 있다. 그러나 그것이 농담으로서 가치가 있으려면, 그것은 제3자에게 말해져야 한다. 웃으면서 그 농담이 받아들여질 수 있다고 확인해주는 제3자 말이다. 그 3자는 라캉이 큰타자라는 개념을 구성하는 원천 중의 하나로 간주될 수 있다. 우리는 그 심역 옆에서 우리의 진실을 인정하게 하려고 애쓰는 것이다. 그럴 때 농담은 억압의 제거의 가장 정확한 표상 중의 하나를 제공한다."[29]

여기서 우리가 눈여겨보아야 할 것은, 타자에게 전달되는 농담이 제공하는 <약간의 향락(de la jouissance)>과 라캉의 <잉여-향락>과의 관계이다. 프로이트는 <약간의 향락>과 관련하여 두 가지 사실을 분명히 밝히고 있다. 하나는 그것이 덤 또는 상여금(prime)[30]으로 주어진다는 것이고, 다른 하나는 <약간의 농담에 많은 만족>[31]이 뒤따른다는 사실이다.

---

29 R. Chemama, <mot d'esprit> in *Dicitionnaire de la psychanalyse*, Larousse, 2003, p.260.
30 "농담은 쾌락을 상여금으로 제공한다."(*Ibid.*, p.172)
31 괴테의 『파우스트』(제1막5장)에서 메피스토펠레스가 한 말.(*Ibid.*, p.165에서 재인용)

"여기서 우리는 경향적 농담이 <상승 원칙>의 특수한 사례라는 것을 보게 된다. 쾌락의 다른 가능성이 저지되어 그 자체로는 아무런 쾌락도 나올 수 없는 상황에서 쾌락을 발전시킬 수 있는 가능성이 첨가된다. 그 결과 첨가되었던 가능성보다 훨씬 큰 쾌락이 전개된다. 가능성은 <상여금(Verlockungsprämie)>과 비슷하게 작용한다. 작은 양의 즐거움을 제공함으로써 보통은 어렵게 도달할 수 있는 아주 많은 양의 쾌락을 얻게 된 것이다. 나는 이 원칙이 서로 거리가 떨어져 있는 정신적 삶의 여러 영역들에서 확인되는 질서에 해당한다고 추측하는 것이 옳으며, 방출을 유발하는 데 기여하는 쾌락을 <사전쾌락>으로, 그리고 그 원칙을 <사전쾌락원칙>이라 부르는 것이 적당하다고 생각한다."[32]

말하자면 일종의 말장난인 농담이 주는 쾌락은 상여금이 주는 쾌락과 같은 종류인데, <약간의>의 농담에 비해서는 그 쾌락이 엄청나게 크다는 것이다. 프로이트는 그것을 성기의 결합 이전에 서로 주고받는 애무와 같은 전희가 제공하는 <사전쾌락>과 연결시킨다. 그것은 아마 사전쾌락을 성교에서 맛볼 <최종쾌락>에 종속시키기 위한 의도였을 것이다. 즉 프로이트에 따르면, 사전쾌락은 긴장을 증가시킴으로써 최종적인 방출로부터 얻을 최종쾌락을 극대화하는 데 이바지한다. 그러나 라캉은 사전쾌락을 최종쾌락에 종속시키거나 부수적인 것으로 전락시키는 것에 반대한다. 분명 그의 <잉여-향락>의 개념은 사전쾌락에 힘입은 바 크다. 그러나 그는 육체적인 에너지의 방출 또는 자극의 감소에 뒤따르는 쾌락과, 그러한 쾌락을 넘어서고 위반하려는 향락을 대립시킨다. 그리하여 라캉에 따르면, 긴장의 고조를 즐기는 고통스러운 쾌락인 향락은, 어떤 한계 내에서 흥분의 양을 가능한 한 낮게 하거나 일정하게 유지하는 데서 오는 쾌락과는 반대되는 것이다. 말하자면 쾌락은 오히려 향락을 제한하면서 적게 즐기는 것이고, 그에 반해

32 프로이트, 『농담과 무의식의 관계』, 열린책들, p.176.

향락은 크게 즐기는 것이다. 그러한 라캉의 관점에서 보면, 최종쾌락이야말로 고유한 의미에서 쾌락(적게 즐기는 것)이고, 반대로 사전쾌락만이 향락(크게 즐기는 것)이라고 말할 수 있다. 따라서 후자가 전자에 이바지하는 것이 아니라, 전자가 후자에 걸림돌이 되는 것이다.

이제 우리는 라캉이 왜 <a>를 <잉여-향락>이라고 규정했는지, 그리고 그것이 왜 담화조직에서 생산과 일치하는지를 이해할 수 있게 되었다. 한 마디로, 라캉에게 있어서, 말하는 주체의 <잉여-향락>은 언어 상징계(S_2)의 도입으로 생기는 나머지인 <a>로부터 발생한다. 프로이트가 『농담과 무의식의 관계』에서 밝힌 대로, 농담하는 주체의 농담이 제3자 — 청자 즉 타자 — 에게 <덤(또는 상여금)>으로 <약간의 향락>을 제공하듯이 말이다.

4.

이렇게 해서 무의식적 주체의 네 가지 구성요소는 말하는 주체의 담화조직 — 즉 커뮤니케이션의 틀 — 으로 발화를 통해 나온다. 그 방식은 프로이트의 환자에게서 비난하는 <나>(초자아)와 비난받는 <나>(자아)의 심리 내적인 자아의 관계가 비난하는 타자(<너>)와 <나>라는 주체의 관계로 투사 대응되었듯이, 무의식의 네 가지 구성요소가 담화 조직의 네 자리에 투사 대응하는 식으로 진행된다.

심리 내부		심리 외적 현실
무의식의 네 구성요소		담화 조직의 네 자리
$\frac{S1}{\$} \rightarrow \frac{S2}{a}$	$\Rightarrow$ 투사(전위[33])	$\frac{\text{대행자}}{\text{진실}} \rightarrow \frac{\text{타자}}{\text{생산(잉여-향락)}}$

이제 이러한 도식으로부터 우리는 네 가지 형태의 담화를 도출해낼 수 있다. 왜냐하면 순서대로 되어 있는 무의식적인 언어의 네 요소가 밖으로 나오면서, 순서대로 담화의 네 자리를 돌아가며 차지할 것이기 때문이다. 그 담화들 각각의 가치와 성격은 대행자의 자리에 어떠한 무의식의 요소가 오느냐에 따라 결정된다. 왜냐하면 그 위치가 말하는 존재에게 특수한 명령의 가치를 갖고 있기 때문입니다. 다시 말해 그 위치에 오는 요소가 말하는 존재를 규정한다. 그리하여 라캉은 그 자리에 S_1(주-기호형식)이 오는 담화를 <주인의 담화(DM; Discours du Maître)>, S_2(지식)가 오는 담화를 <대학교수의 담화(DU; Discours de l'Université)>, $\$$(분열된 주체)가 오는 담화는 <히스테리 환자의 담화(DH; Discours de l'Hystérique)>, 마지막으로 <a>(잉여향락)가 오는 담화를 <정신분석가의 담화(DA; Discours de l'Analyste)>라고 부른다. 그것들은 무의식적인 기호형식의 사슬이 밖에 있는 담화의 네 자리를, 시계 방향이든 시계 반대 방향이든, 90°씩 돌아가며 교대로 차지한 결과이다.(이것을 라캉은 <순환적 교대(permutaion circulaire)>라고 부른다.)

33 전위(轉位)는 보통 이동(displacement)이라고 부르는 것이다. 그런데도 불구하고 여기서 특히 전위라고 번역한 것은, 단순한 표상간의 미끄러짐이 아니라 안과 밖의 <자리가 바뀌는> 이동이기 때문이다.

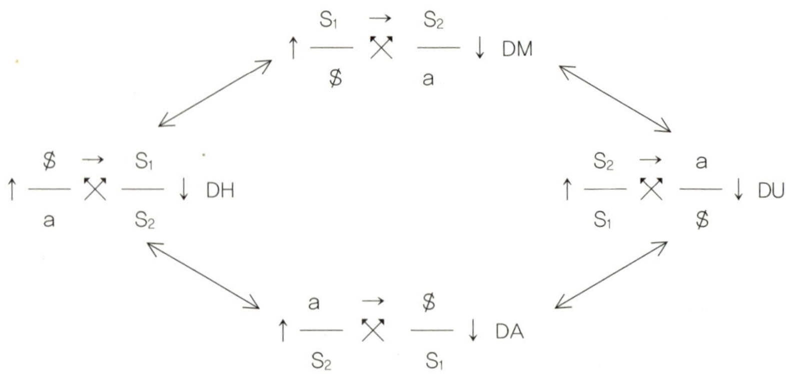

물론 이 네 가지 담화에서 지도적 역할을 하는 것은 주인의 담화이다. 그러나 정신분석 치료의 임상구조를 논하는 여기서, 관심사는 히스테리 환자의 담화이다. 그렇다고 두 담화가 관계가 없는 것은 아니다. 파트릭 발라스가 말했듯이,[34] 사실 네 가지 담화는 독립적으로는 아무 의미를 갖지 못한다. 그것은 마치 하나의 기호형식이 다른 기호형식과의 관계에 의해 가치를 갖듯이, 서로 관계를 갖고 순환할 때만 비로소 의미를 갖는다는 것을 뜻한다. 게다가 주인의 담화와 히스테리 환자의 담화는 특별히 서로를 조명하는 관계에 있다. 라캉은 『세미나 XX : 앙코르』에서 그러한 사실을 다음과 같은 도식으로 보여주고 있다.[35]

34 "어떠한 담화도 다른 담화의 가치를 무효화할 수 없다."(Patrick Valas, *Les dit-mensions de la jouissance*, Érès, 1988, p.130.)

35 Lacan, *Séminaire XX: Encore*, Seuil, 1975, p.21.

주인의 담화는

불가능

$$\frac{S_1}{\$} \quad \begin{array}{c}\rightarrow \\ \leftarrow\end{array} \quad \frac{S_2}{a}$$

— 히스테리 환자 담화의
퇴행에 의해 해명된다

$$\frac{\$}{a} \quad \begin{array}{c}\rightarrow \\ \leftarrow\end{array} \quad \frac{S_1}{S_2}$$

무능

〈도표 1〉

그러한 이유로 해서 히스테리 환자의 담화를 설명하기 위해서는 주인의 담화부터 설명해야 한다. 주인의 담화가 네 가지 담화에서 시도적 역할을 하는 것은, 한 마디로, 주인의 담화가 무의식의 구성을 보여주는 무의식적 주체의 담화와 일치하기 때문이다. 그것은 정신분석에서 밝혀진 무의식적인 기호형식의 사슬에서 주체가 구성되고 <a>가 생산되는 구조가, 헤겔이 말하는 주인과 노예의 관계에서 일어나는 과정과 일치한다는 것을 뜻한다.

다 알다시피, 헤겔에 따르면, 주인이 노예에 대한 명령으로 노예를 지배하고 있는 것 같지만, 주인은 바로 그 명령으로 인해 노예의 노예가 되며, 그 결과 주인의 무의식적 주체 역시 그 명령에 의해 지배된다. 그러한 사실을 고대 노예제도에 대한 연구를 통해 정확히 지적한 이론이, 헤겔의 <주인과 노예의 변증법>이다. 헤겔은 주인과 노예의 변증법을 전개하기 위하여 아리스토텔레스의 『정치학』을 참조한다. 왜냐하면 거기에는 시민과 노예가 잘 정의되어 있을 뿐 아니라, 그들의 관계가 잘 기술되어 있기 때문이다. 아리스토텔레스의 『정치학』에 따르면, 그리스 시대에는 계급이 크게 공민

권을 가진 시민과 노예로 나뉘어 있었다. 노예(doulos)는 소유의 대상일 뿐, 법적으로 평민층 이상이 속한 공동체의 구성원 자격을 전혀 갖지 못한 자이다. 그들은 가축이나 도구처럼 가재(家財)로 인식되어 상품으로 매매 대상이 되었다. 다시 말해 그들은 물적 존재로 규정되어 타인이나 기관의 소유물이 되는 인간인 것이다. 그래서 아리스토텔레스는 '노예는 전적으로 주인에게 속한다'고 말하고 있다. 그리하여 주인에 의해 해방되지 않는 한, 노예는 공동체의 성원이 될 수 없을 뿐 아니라, 사물처럼 철두철미하게 무력한 존재일 뿐이다. 그들은 출생 집단으로부터 뿌리 뽑힌 자일 뿐 아니라, 공동체로부터도 소외되는 완전한 아웃사이더(outsider)이다. 그들은 소나 말처럼 주인을 위해 노동을 제공하고 곡식이나 물품을 생산한다. 그러나 그들은 그것을 향락하지 못한다. 그것을 향락하는 자는 따로 있다. 그것이 바로 주인이다. 노예는 생산하고 주인은 소모하는 관계가 세워지는 것이다. 아리스토텔레스가 '노예는 주인의 향락에 종사한다'고 말하는 까닭이 거기에 있다. 생산을 위한 노예의 기술적 능력이 주인의 향락에 이바지하는 것이다.

아리스토텔레스의 그러한 정치학적 구도는 헤겔의 주인과 노예의 변증법에 그대로 반영된다. 헤겔에 따르면, 인간은 원래 자연 상태의 사물을 직접적으로 향락하기 힘들다. 말하자면, 인간과 동물이 다른 점이 있다면, 그것은 인간이 자연 그대로 날것을 먹는 것이 아니라 요리를 해서 먹는다는 것이다. 그런데 고대 노예 사회에서는 그러한 가공 작업을 떠맡은 자가 바로 노예이다. 따라서 노예는 주인의 명령에 의해 자연적인 사물과 투쟁하며 자연을 가공 생산한다. 그렇다고 그가 사물을 파괴하는 자는 아니다. 그는 자연과 대결함으로써(헤겔식 용어로 자연과 투쟁 관계에 있음으로 해서), 자연으로부터 지식을 습득하고, 그 지식에 따라 사물을 길들일 뿐이다. 오히려 그렇게 노예에 의해 길들여진 사물을 소모하고 향유하면서, 가공된 자연을 파괴하고 소모하는 자는 주인이다. 바로 이 지점에서 주인과 노예의 가치가 뒤집어진다. 왜냐하면 주인의 향락은 전적으로 노예의 지식에 의존하고, 노예를 매개로 간접화되고, 그 결과 자연적 대상과 단절되기 때문에, 노예의 도움을 받지 않으면 허망한 욕망으로 끝나버리기 때문이다. 따라서 주인의 삶은 노예의 삶 — 사물과 주인을 동시에 관조할 수 있는 노예의 위치 — 에 비해 열등하다. 그 결과 주인에 대한 노예의 인정에 의해서만 주인은 주인일 수 있다.

다른 한편, 헤겔에 따르면, 인간의 의식은 대자(對自)적인 자의식으로, 자기 자신(즉 의식 자체)을 대상화하는 의식이기 때문에, 타자의 인정을 통해서만 자기 확신에 이를 수 있다. 따라서 주인의 자의식은 주인의 자의식대로, 노예의 자의식은 노예의 자의식대로 인정을 위한 투쟁에 들어간다.(이것을 헤겔은 <인정 투쟁>이라고 부른다.)[36] 그러나 그 투쟁은 일방적으로 끝날 수밖에 없는 완전히 불평등한 게임이다. 왜냐하면 주인의 의식은 자의식을 지키고자, 타자(즉 노예)의 인정을 그의 명령에 굴복시킬 것이고, 반면에 노예는 생존을 위해 자의식을 포기하고 주인에게 굴복할 것이 뻔하기 때문이다(이것은 주인의 인정을 포기하고 자의식을 사물화한다는 것을 의미한다). 노예의 의식이 사물화된 즉자적(卽自的) 의식이 되는 까닭이 여기에 있다. 그렇지만 바로 그 순간, 주인과 노예의 가치 전도 현상이 일어난다. 왜냐하면 주인이라는 의식은 개념적 차원에서 전적으로 노예에게 예속되어 있기 때문이다. 즉 노예의 인정 없는 주인은 이미 주인이 아니다. 그 결과 주인은 주인의 자리에 오르자마자 노예의 노예로 전락하고 만다.[37]

---

36 이것을 헤겔은 <인정의 욕망(désir de reconnaissance)>이라고 부른다. 한편 라캉은 <인정의 욕망>의 대구(對句)로 <욕망의 인정(reconnaissance de désir)>이라는 표현을 쓰면서, 그것을 정신분석의 목표로 삼는다. 사실 모든 신경증이 인정의 욕망으로부터 나온다면, 정신분석은 신경증 환자로 하여금 그 욕망을 인정하도록 만드는 과정에 다름 아니다.

37 이 순간은 주인이 향락을 상실하고 그 향락이 노예에 의존하고 있다는 진실을 깨닫는 순

그렇다고 노예가 저절로 주인의 주인이 되는 것은 아니다. 노예가 자립적 지위를 획득하기 위해서는 노동에 의한 자기실현의 과정이 있어야만 한다. 즉 자연과 대면하여 그것을 가공하면서 보편적 지식을 획득하고, 또한 그 과정에서 자기 내면에 대한 성찰을, 개별성을 뛰어넘는 보편성의 단계로 <지양(Aufhebung)>한다면, 그는 정신적 가치의 측면에서 주인을 넘어서는 완전한 자유를 구가할 수 있다. 이것이 바로 주인과 노예의 진정한 반전이다. 그것은 주인과 사물(또는 자연) 사이에서 양쪽을 지양할 수 있는 노예만의 특권이다.

한 마디로, 헤겔의 주인과 노예의 변증법은 다음과 같이 요약될 수 있습니다: 주인의 명령이 노예에게 하달되어, 노예가 그 명령에 따라 주인이 향유할 물건을 생산하지만, 정작 주인의 자의식은 노예의 인정(또는 지식)에 예속되어 있음으로 해서 노예의 노예로 전락하고 만다. 그러한 주인의 자의식은 주인에게 의식되지 않는다는 점에서 무의식적이라고 할 수 있다. 따라서 헤겔의 주인과 노예의 변증법은, 라캉이 주인의 담화라고 명명한 공식 — 즉 S_1이 대행자, S_2가 타자, $\$$가 진실, <a>가 생산의 자리에 오는 공식 — 과 정확히 일치한다. 정확히 그것은 지향하는 방향을 나타내는 벡터까지 일치한다.

그런데 문제는 <$>와 <a> — 헤겔식으로 하면 <자의식>과 <생산>

간이다.

— 사이의 차단이 헤겔의 이론으로는 설명되지 않는다는 것이다. 라캉은 그것을 해결하기 위하여 마르크스의 잉여가치 이론을 도입한다. 다 알다시피, 맑스에 따르면, 자본가는 잉여가치를 향유하지 못한다. 왜냐하면 자본주의 사회에서, 자본가가 자본으로 사들인 노동 가치 이상으로 노동자에 의해 생산되는 잉여가치는 잉여가치의 재창출을 위하여 온전히 재투자되어야 하기 때문이다. 따라서 우리는 마르크스의 잉여가치 이론을 라캉의 공식에 맞춰 다음과 같이 그릴 수 있다.

$$\begin{array}{ccc} & \text{불가능} & \\ \uparrow \dfrac{\text{자본가}}{\text{자본}} & \begin{array}{c}\rightarrow \\ \nwarrow\!\!\!\!\times\!\!\!\!\nearrow\end{array} & \dfrac{\text{노동자}}{\text{잉여가치}} \downarrow \end{array}$$

여기서도 자본가는 자본을 통해 간접적으로 잉여가치에 접근할 수 있을 뿐, 잉여가치에 직접적으로 접근하는 방법은 없다. 자본가와 잉여가치는 차단되어 있다. 자본가 역시 노예에 의존하는 주인처럼 노동자(의 지식)에 의존하여 잉여가치를 생산하고 향락할 수밖에 없기 때문에 노동자를 완전히 지배하기는 불가능(impossible)하다.

따라서 대행자에 의해 타자에게 시행되는 <작업 부여(mise au travail)>는 구조적으로 불가능하다. 라캉이 주인의 담화의 도식에서 대행자에서 타자로 가는 <$S_1 \rightarrow S_2$>를 <불가능(impossible)>으로 표시한 까닭이 바로 거기에 있다. 그러나 <불가능>의 표시가 비단 주인의 담화에만 국한되는 것은 아니다. 라캉이 제시하는 네 담화 모두, 대행자에서 타자로 가는 작업 부여는 불가능의 딱지가 붙는다. 왜냐하면 대행자의 향락이 타자에 의존할 수밖에 없는 비직접성의 구조로 되어 있기 때문이다. 따라서 라캉의 네 담화는 사회적 관계가 불가능한 네 업무를 말하는 것이기도 하다. 주인의 담화는 주인과 노예, 히스테리 환자의 담화는 히스테리 환자와 주인, 대학의 담화는 교수와 대학생, 그리고 분석가의 담화는 분석가와 분석자 사이의 불가능의 업무를 보여주고 있다. 다른 한편, 담화 조직을 구성하는 네 요소 중, 담화의 진실로부터 생산을 분리시키는 것은 무능(impuissance)으로 표시된다. 다시 말해 대행자와 타자 사이의 업무의 불가능은, 생산이 진실에게 되돌아가는 회로가 차단되는 것으로 귀결되는데, 라캉은 그러한 차단(blocage)[38]을 <무능(impuissance)>이라고 명명한다. 이제 주인의 담화에서 주인에 의한 노예의 지배의 불가능은, 히스테리 담화에서 주인의 무능으로 밝혀진다. 그것이 라캉이 앞의 <도표1>에서 말하고자 하는 바이다.

5.

그렇다면 히스테리 환자의 담화 공식이 의미하는 바는 무엇인가? 그것은 분열된 주체로 표상되는 대행자가, 주-기호형식으로 대표되는 타자 — 그렇기 때문에 주인으로 나타나는 타자 — 에게 말을 거는 형태로 되어 있다. 따라서 그것은 히스테리 환자와 주인의 사회적 관계를 정신분석의 관점에서 공식화한 것이라고 말할 수 있다.[39]

$$\$ \rightarrow S_1$$

---

38 이 용어는 <폐색(閉塞)>이라고 번역되기도 한다.

39 <히스테리 환자의 담화>라는 명칭이 처음으로 제시된 것은, 『정신분석의 이면』(1969~70)이라는 세미나이지만, 히스테리 환자와 주인의 관계가 구체적으로 논의된 것은 『앙코르』(1972~73)라는 세미나이다.

그렇다면 그것의 의미작용은 무엇일까? 한 마디로, 그것은 히스테리적 주체가 아버지(주인)에게, 주인으로서의 아버지 상 — 즉 높은 세력과 아름다운 이미지 — 을 유지하기를 요구하는 것을 의미한다. 그러한 의미는 이미 주인을 대표하는 <S_1>이라는 주-기호형식에 내포되어 있다. 왜냐하면 <S_1>은 하나의 전체를 의미하기 때문이다. 따라서 분열된 주체가 아버지에게 하나의 전체가 되어주기를 요구하는 것은 당연한 일이다. 그것을 우리는 다른 식으로 해석할 수도 있다. 즉 라캉의 말대로, 히스테리가 <여자란 무엇인가?>라는 질문에 대한 대답의 형태로 주어지는 것이라면, 분열된 주체인 히스테리 환자는 주인인 타자에게 다음과 같이 요구할 것이다: '네가 남자인지 보여 달라. 한 여자에 대해 네가 남자라는 증거 말이다.' 그러나 그러한 청원에 대해 주인은 대답하지 않을뿐더러, 대답할 수도 없다. 왜냐하면 그것은 구조적으로 불가능하기 때문이다. 나 일다시피, 주인이 주-기호형식(S_1)으로 대표된다면, 기호형식의 법 — 가치 결정을 위하여 다른 기호형식에 의존할 수밖에 없는 — 에 따라, 이미 그 기호형식은 <하나(의 전체)>가 아니기 때문이다.(<약간의 하나(de l'Un)>일 뿐이다.)[40] 주인은 이미 결핍되어 있고, 기능상 거세되어 있는 것이다.(기호형식의 장소에 부족한 하나의 기호형식 (−1)을 생각하라!)

그러나 히스테리 환자는 그러한 구조적 거세에도 불구하고, 주인에게 끊임없이 주인이라는 말에 부합하는 주인이기를 요구한다. 그러한 요구가 헛된 것인 줄 알면서도(물론 무의식적으로 안다), 그러한 요구를 계속하는 이유는 무엇일까? 아마 그것은 한 여자를 주인이 남자로서 향락하는 것은 불가능하다 — 거세되어 있기 때문에 — 는 무의식적 지식을 폭로함으로써 주인 위

40 Lacan, *Séminaire XX : Encore*, Seuil, p.12.

에 군림하기 위한 것이다. 말하자면 속말로, 주인의 거세를 알고 있으면서도 주인에게 주인이기를 요구하는 것은, 주인을 물 먹이고 주인을 지배하기 위한 무의식적 전략이다. 그것은 주인이 타자의 자리에서 S_2(지식)를 생산해 내지만, 그 지식은 지식일 뿐이어서 잉여-향락(<a>)에는 직접 이르지 못하는 것으로 나타난다.[41] 라캉이 담화 공식에서 생산이 진실과 직접적으로 만나는 어떠한 방법도 없다고 말하면서, 그것을 무능(impuissance)이라고 명명한 까닭이 거기에 있다.

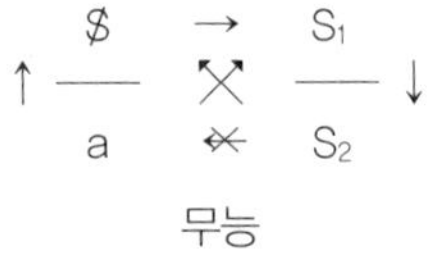

앞에서 말했듯이, 이러한 히스테리 담화는 주인의 담화와 짝을 이룬다. 주인의 담화에서는 <대행자-주인>과 <타자-노예>의 관계(즉 후자에 대한 전자의 지배)가 주를 이루고 있다면, 히스테리 담화는 그것을 뒤집어 <대행자-히스테리 환자>와 <타자-주인>의 관계(즉 후자에 대한 전자의 지배)를 보여주고 있다.[42] 따라서 히스테리 담화는 주인의 담화의 역으로, 주인의 담화와 히스테리 담화는 거울 관계에 있다. 부연하면, 주인의 담화에서 주인이 노예를 지배하려고 할 때, 히스테리 담화에서는 <타자-노예>의 입장에

---

41 그러나 주인에 대한 히스테리 환자의 그러한 지배 의도는, 다른 한편으로 주체 자신의 향락 포기를 가져온다. 왜냐하면 분열된 주체의 무의식적 진실은 주인의 <대상 a>가 되는 것인데, 히스테리적 담화는 그 길을 스스로 차단하는 결과를 가져오기 때문이다. 그리하여 히스테리 환자는 자신이 타자의 욕망의 대상으로 취급되는 것을 견딜 수 없어 하고, 타자의 욕망의 대상이 아니라는 조건 하에서만 큰타자의 욕망을 자신의 욕망으로 유지하려고 한다.

42 네 담화에서 대행자에서 타자로 가는 <대행자→타자>의 화살표(→)는 지배를 뜻한다.

서 주인에게 무의식적으로 요구하는 바를 공식적으로 나타낸다. 그러한 양쪽의 입장을 연결시켜 말한다면, 결국 주인의 담화에서 노예에 대한 주인의 지배 불가능은, 히스테리 환자의 담화에서 주인의 무능으로 끝을 맺는 셈이다.(이것이 <도표 1>이 보여주고 있는 것이다.) 사실 히스테리 환자는 아버지의 무능을 비난하고 멸시한다. 설혹 그것이 표면에 나타나지 않더라도, 아버지에 대한 이상화 뒤에는 반드시 아버지에 대한 비하가 숨어 있다. 그러한 아버지의 무능이 가장 잘 나타나 있는 것이 도라의 사례이다. 특히 보석상자의 꿈의 해석에 잘 나타나 있다.

> "문제의 핵심은 보석이겠지요. 이제 K씨가 당신에게 선물한 보석 상자를 생각해보십시오. 아빠 대신에 K씨가 당신 침대 곁에 서 있던 상황과 병행하여 이루어진 일련의 사고 과정은 거기서부터 시작하고 있습니다. 그는 당신에게 보석 상자를 선물했고, 당신은 그에게 당신의 보석 상자를 선물해야 합니다. 그런 이유로 나는 앞에서 <답례로 줄 선물>이라고 말했던 것입니다. 그러한 사고 과정 속에서 당신의 엄마는 당시 현장에 있었던 K씨 부인으로 대체될 수 있습니다. 따라서 당신은 K씨 부인이 거부했던 것을 K씨에게 줄 용의가 있습니다. 여기서 당신이 있는 힘을 다해 그 생각을 억누르려고 한 덕분에 모든 요소들은 정반대로 변하게 됩니다. 이 꿈에 앞서 당신에게 벌써 말했듯이, 당신이 K씨에 대한 사랑에서 자신을 보호하기 위해 아버지에 대한 예전의 사랑을 동원했다는 것을 꿈이 다시 확인시켜 줍니다. 그러나 이 모든 노력들은 무엇을 증명합니까? K씨를 두려워하는 마음 이상으로, 당신은 자기 자신이 그에게 다가가려는 유혹을 두려워하고 있습니다. 따라서 당신의 노력들은 그에 대한 사랑이 매우 강렬하다는 것을 증명합니다."[43]

프로이트가 도라의 첫 번째 꿈[44] — 특히 보석과 보석함 — 에 대한 해석

43 프로이트, 「도라의 히스테리 분석」, in 『꼬마 한스와 도라』, 열린책들, p.259.

에서 말하려고 하는 것은 간단하다.

첫째는 아버지가 선물한 보석[45]을 어머니가 거부하는데, 어머니와 사랑 경쟁을 벌이고 있던 도라가 그것을 받아들이고 싶어 한다는 것이다.

둘째, 받아들이고 싶다는 것은 어머니가 거부했던 것을 아버지에게 줄 용의가 있다는 것으로 해석해야 한다. 왜냐하면 꿈은 억압된 것을 반대로 표현하기 때문이다.

셋째, K씨가 선물한 보석함이 문제인데, 그것은 여성의 성기를 상징한다.

넷째, 꿈속의 어머니는 K씨 부인을 대체한 것으로 볼 수 있다. 왜냐하면 그 꿈을 꿀 당시 현장에는 어머니가 아니라 K씨 부인이 있었기 때문이다.

다섯째, 지금까지의 네 가지 사실을 종합하면, 도라는 K씨 부인이 거부했던 것을 K씨에게 줄 용의가 있었던 것으로 해석된다.

여섯째, 그러나 도라는 그 생각에 위험을 느끼고 억압한다. 그리하여 꿈속에서는 반대로 나타난다. 즉, 아버지에게 보호의 손길을 요청하는 것이다. 그러나 아버지는 병들었을 뿐 아니라, 도라를 보호해주기는커녕 K씨 부인과의 교환 조건으로 그녀를 K씨에게 팔아넘긴다. 물론 그것은 도라의 생각이다. 그렇지만 그 생각이 사실과 부합하느냐의 여부를 떠나서, 그러한 상행위로 말미암아 도라에게 아버지가 무능하게 비친 것만은 분명하다.

아무튼 프로이트에 따르면, 도라는 K씨를 향한 마음이 매우 강렬한 만큼 그것을 두려워하고 있었다. 그 결과, 그녀는 그 유혹을 억압해야 했으며,

---

44 도라가 이야기한 첫 번째 꿈은 다음과 같다. "집에 불이 났어요. 내 침대 옆에 서 있던 아버지가 나를 깨우고, 나는 급히 옷을 입고 있어요. 엄마는 보석함을 챙기려고 해요. 그러나 아빠는 '당신의 보석함 때문에 나와 두 아이들이 불에 타죽을 수는 없소'라고 말해요. 우리는 서둘러 밑으로 내려와요. 바깥으로 나오는 순간 나는 잠에서 깨어나요."(*Ibid.*, p.252)

45 어머니와 도라는 모두 보석함이 아니라 보석을 좋아했다. 그런데 꿈에서는 보석이 아니라 보석함이 나타난다. 어머니가 그것을 거부한 이유는, 선물이 자신이 원하던 진주 목걸이가 아니라 팔찌라는 사실 때문이었다.

거기서 찾아낸 해결책이 아버지에 대한 사랑으로써, K씨에 대한 욕망을 방어하는 것이었다. 말하자면 현재의 욕망을 누르기 위해 오이디푸스기의 아버지에 대한 사랑을 동원하는 것이다. 그렇게 해서 프로이트는 히스테리의 발생에 있어서 무능한 아버지에 대한 사랑의 중요성을 보여주고 있다. 그러한 각도에서 볼 때, 도라의 히스테리 증상은 오이디푸스 콤플렉스의 후유증이라고 할 수 있다. 결국 프로이트는 도라의 분석 치료를, 무능한 아버지에 대한 사랑이 K씨에 대한 사랑의 방어기제 역할을 한다는 사실을 인정하게 하는 쪽으로 몰아간다.

그러나 라캉의 견해는 조금 다르다. 그는 동성애에 초점을 맞춘다. 사실 프로이트도 K씨 부인에 대한 도라의 동성애를 간과했다고 자인하면서, 도라의 치료가 실패했음을 인정한 바 있다. 그러나 정작 문제가 되는 것은, 해결하지 못한 문제가 있으면 평생 그것을 곱씹으면서 해결해내고야 마는 프로이트[46]가, 도라의 수수께끼를 더 이상 풀려고 하지 않았다는 사실이다. 도라 사례를 발표한 이후, 프로이트는 간간이 히스테리 문제를 언급하기는 하지만, 깊이 있게 다루지 않는다.[47] 그것이 다시 도마 위에 오르기 위해서는 라캉을 기다려야 한다. 다 알다시피, 라캉은 프로이트 이후로 수수께끼로 남아 있던 도라(나아가 히스테리 환자)의 동성애의 문제를, '주체의 욕망은 큰타자의 욕망이다.'라는 유명한 명제를 내세우면서 해결한다. 라캉에 따르

46 가령 「아크로폴리스에서 일어난 기억의 혼란」(1936)은 한 세대 전인 1904년 프로이트가 경험했던 현상인데, 그것을 분석한 것은 그로부터 30여년이 지난 다음이다. 그만큼 프로이트는 어떤 문제건, 완전한 분석에 이를 때까지 집요하게 붙들고 있는 버릇이 있다.

47 프로이트의 히스테리에 대한 탐구는 세 단계로 나눌 수 있다. 첫째는 『히스테리 연구』(1895)의 시기로, 그 당시 프로이트는 신체적 전환이라는 개념으로, 심리와 육체, 기억과 증상의 관계를 집중적으로 조명한다. 둘째는 『꿈의 해석』(1900)에 나오는 정육점 안주인의 꿈을 분석한 시기로, 프로이트는 거기서 히스테리 환자의 불충족의 욕망을 동일시의 기제로 풀어간다. 마지막으로 세 번째는 「도라의 히스테리 분석」(1900)의 시기로, 프로이트는 거기서 동성애와 전이에 주목한다. 그러나 그것을 정신분석적으로 설명하는 데는 실패한다.

면 히스테리 환자는 (큰)타자와 동일시하여 (큰)타자의 욕망을 도용하는 자이다. 다시 말해, <그> 또는 <그녀>, 즉 히스테리 환자는 큰타자의 눈으로 대상을 욕망한다. 따라서 히스테리 환자의 치료에 있어서 가장 중요한 것은 누구의 눈으로 욕망하는가를 밝히는 것이다. 그것이 히스테리 환자에 대한 정신분석의 초점이다. 그것을 도라의 사례에 대입하면, 도라는 K씨의 눈으로 K씨 부인을 욕망한다. 라캉의 결론은 이렇다. '히스테리 환자는 남자를 매개로 하여 여성성의 수수께끼 — 즉 <여자란 무엇인가>라는 질문 — 에 답하려는 자이다.' 도라는 K씨 부인을 거의 숭배하다시피 한다. 그녀는 그녀에게 경의를 표하면서 K씨 부인에게서 여성의 신비를 느낀다.

다른 한편, 히스테리적 욕망의 또 다른 특성은, 그것이 항상 <불충족> 상태로 남으려고 한다는 것이다. 우리는 그것을 정육점 안주인의 꿈에서 목격한 바 있다. 프로이트는『꿈의 해석』에서, 히스테리 환자(정육점 안주인)는 욕망을 충족시키지 않으려는 욕망을 충족시킨다는 명제를 내놓는다. 정육점 안주인의 꿈은 간단하다. 연어를 좋아하는 친구에게 연어를 대접하고 싶은데, 연어를 구할 수 없어서 대접하지 못하게 되는 꿈이다. 그것은 꿈은 소원성취라는 프로이트의 명제를 반박하기 위해 제출된 꿈이다. 프로이트의 해석은 그러한 반박을 무색하게 만들어버린다. 즉 그에 따르면, 남편의 호감을 사고 있던 그 여자 친구가 그녀의 소원대로 살이 찌는 것(남편은 풍만한 몸매를 좋아한다)을 성취하지 못하도록 하는 것이 정육점 안주인의 소원이기 때문에, 결국 그 꿈도 소원 성취의 명제에서 벗어나지 않는다는 것이다. 그런데 문제는 꿈속에서 소원이 성취되지 않는 것은 정육점 안주인 자신이라는 사실이다. 프로이트는 그것을 동일시 기제로 풀어간다. 즉 '꿈속에 나타난 사람은 그녀 자신이 아니라, 그녀의 친구이며, 그녀가 자신을 친구의 자리에 대신 놓은 것'[48]이다. 말하자면, 정육점 안주인은 친구와 동일시한 뒤, 자신과 동일시된 친구의 욕망을 충족시키지 않은 셈이다. 그것은 동시에 정육점 주인의 욕망도 불충족으로 남기는 결과를 가져오고, 궁극적으로 타자(남편)의 향락의 원인이 되기를 거부하는 것으로 이어진다. 이렇게 히스테리 환자는 다른 사람의 욕망의 대상이 되는 것을 견디지 못하는 것이다. “히스테리 환자는 자신이 욕망의 대상이 아니라는 조건 하에서만 큰타자의 욕망을 자신의 욕망으로 유지한다.”[49]고 라캉은 말하고 있다.

도라의 사례도 여기서 예외는 아니다. 도라는 K씨로부터 ‘내 마누라는 나에게 아무것도 아니야!’라는 사랑의 고백을 받는다. 그 순간 도라는 그의 따귀를 때리고 도망간다. 그러나 사실 그 순간은 K씨의 향락이 도라에게 제공될 절호의 찬스였다. 그렇지만 그녀는 그러한 호의를 견딜 수 없어 한다. K씨가 보석 상자를 선물할 때도 마찬가지다.[50] 그녀 또한 그의 욕망의 대상이나 향락의 원인으로 제공되지 않는다. 이것이 바로 담화 구조에서 타자의 생산이 주체의 진실에 이르지 못하는 무능인 것이다.

$$\begin{array}{ccc} \$ & \rightarrow & S_1 \\ \uparrow & \times & \downarrow \\ a & \not\leftarrow & S_2 \end{array} \qquad \begin{array}{ccc} \text{도라} & \rightarrow & \text{K씨} \\ \uparrow & \times & \downarrow \\ a & \not\leftarrow & \text{보석상자} \\ & \text{무능} & \end{array}$$

결국 하나의 전체, 하나의 절대적 큰타자가 되어달라는, K씨에 대한 도라의 요구는 도라의 무의식적인 전략에 의해 K씨의 무능이 폭로되는 것으로

---

48 프로이트, 『꿈의 해석』(김인순 역), 열린책들, 193쪽.

49 Lacan, *Ecrits*, Seuil, p.222.

50 히스테리 환자의 담화에서 생산의 자리에 지식(S_2)이 오는 것과 관련하여, 도라가 원하는 것이 보석이 아니라 보석상자라는 사실은 매우 의미심장하다. 왜냐하면 그것은 욕망이 내용을 대상으로 하는 것이 아니라 기호형식의 껍데기, 즉 외양을 대상으로 하고 있다는 사실을 보여주기 때문이다.

끝이 난다. 라캉은 『에크리』(1966)에서 다음과 같이 결론을 내리고 있다. "히스테리 환자는 다른 여자를 향하는 경의 속에서 자신을 느끼고, 여자(그녀가 이 여자 속에서 자신의 신비를 숭배하는)를 남자(그녀가 향유하지 않으면서 이 남자의 역할을 떠맡는)에게 제공하면서, 끊임없이 여자란 무엇인가를 탐구한다."[51] 사실 도라는 K씨의 눈으로 K씨 부인을 욕망하고 사랑한다. 그러기 위해 그녀는 K씨를 사랑하고, 그 사랑을 이용하여 K씨로 하여금 자신을 사랑하게 한다. 그러나 K씨와의 그 모든 사랑은 K씨 부인에 대한 신비주의적인 사랑을 유지하기 위한 것에 불과하다. 결국 도라 자신과 K씨의 욕망은 불충족 상태로 남는 것으로 막을 내린다.

결론적으로 히스테리 환자의 담화에서 주체는 아버지에게 주인으로서의 아버지이기를 요구하는데, 아버지는 항상 무능으로 전락하고 만다. 정확히 말하면 주체는 그러한 무능화 전략을 통해 주인 위에 군림하고 주인을 지배하려 든다. 그러나 지배는 향락의 포기라는 결말로 이어진다. 왜냐하면 잉여향락인 <a>는 진실의 자리에 있지만, 타자로부터 생산된 지식이 거기에 이르는 길은 없기 때문이다. 그것들 사이에는 뛰어넘을 수 없는 거리가 있다. '지배는 향락의 포기'라는 라캉의 유명한 명제가 빛을 발하는 것은 바로 이 순간이다.

그렇다면 아버지의 무능은 무엇에 대한 무능일까? 모든 무능은 힘의 이상에 비추어볼 때 무능이듯이, 아버지의 무능도 주인의 전능에 비추어볼 때 비로소 무능이 될 수 있다. 여기서 아버지와 주인의 차이가 발생한다. 앞에서도 말했듯이, 주인은 아버지의 죽음이 구조화되면서 발생하는 개념이다. 프로이트의 텍스트에는 세 명의 아버지의 죽음이 있다. 하나는 아들인 오이

51 R. Chemama, <Dora> in *Dicitionnaire de la psychanalyse*, Larousse, 2003, p.118에서 재인용

디푸스에 의해 살해당하는 라이어스의 죽음이고, 다른 하나는 『토템과 타부』에서 기술된 원초적 아버지의 죽음 — 아들들이 동맹해서 죽인다 — 이고, 마지막으로 세 번째 죽음은 모세의 죽음이다. 이들은 각각 왕이고, 창시자이고 예언자이다. 그렇기 때문에 그들은 권능을 가진 이상적인 아버지들로 주인이 될 자격이 있는 아버지이다. 프로이트는 그들의 죽음의 자리에 초자아(또는 자아 이상)와 법을 앉힌다. 달리 말하면, 그들은 죽어서 주체의 심리에 초자아라는 상징적 자리로 구조화된다. 그러나 현실적인 아버지는 상황이 다르다. 라캉은 "아버지는 주인과 아주 먼 관계만을 갖고 있다."[52]고 말하고 있다. 아버지는 주인이 아닌 것이다. 주인은 상징적인데 비해 아버지는 현실적이다. 그러한 관점에서 분석 치료의 개념도 재조정되어야 한다. 즉 이제부터 분석 치료의 초점은 아버지와 주인의 차이를 인식하고, 아버지의 무능을 인정하고 주인과 상징적 동일시로 그를 내입하는 것에 맞춰져야 한다. 그것이야말로 진정한 의미에서 아버지의 애도를 이루는 것이다.

사실 프로이트의 정신분석이 목표했던 것도, 어쩌면 아버지의 애도를 성취하고 상징적 주인을 구하는 것이었다고 말할 수 있다. 왜냐하면 프로이트의 정신분석 치료는 주체를 어머니로부터 분리시켜 아버지의 법을 세울 수 있도록 도와주는 것을 목표로 하고 있기 때문이다. 여기서 아버지(의 법)는 주인의 다른 이름이 아니다. 그것은 상징적 아버지이지 현실적 아버지가 아니다. 현실적 아버지조차 상징적 아버지 앞에서는 거세된 존재일 뿐이다. 물론 상징적 아버지 자체가 큰타자의 결핍으로 구조화되어 있지만 말이다. 그러나 그것은 구조적 결핍이지 상상적이거나 현실적인 부족이 아니다. 그러한 관점에서 정신분석 자체가 히스테리화하고 있고 정신분석의 치료

52 Lacan, *L'Envers de la psychanalyse*, in Ph. Julien, <Hystérie>, *L'Apport freudien*, Larousse, 1998, p.222에서 재인용.

자체가 히스테리화의 과정을 따라가고 있다. 실제로 라캉은 히스테리화를 통해 정신분석 치료가 완성된다고 말하고 있다. 다시 말해 정신분석의 관점에서 정상으로 복귀하기 위해서는, 모든 신경증을 일단 히스테리로 만들어야 한다. 히스테리는 정상화와 불가분의 관계를 맺고 있다. 왜냐하면 보편적인 욕망의 구조가 가장 여실히 나타나는 것은 히스테리이기 때문이다. 이렇게 해서 프로이트가 발견한 것은 결국 히스테리의 진실이었던 것이다. 그에 따라, 프로이트의 글은 히스테리의 진실에 대한 지식이다. 프로이트에 의해 히스테리의 진실이 드디어 우리에게 전해진 것이다.

마지막으로 임상구조로서의 히스테리와 구별되는 사회적 관계로서의 히스테리 환자의 담화를 마감하면서 분명히 짚고 넘어가야 할 사실은, 히스테리 환자의 담화는 히스테리 환자가 말하는 것, 즉 발화내용이 아니라는 사실이다. 따라서 그것은 히스테리 환자의 본질적인 특징을 정리한 증후학이 아니다. 그것은 무의식의 주체가 발화행위를 통해 커뮤니케이션 속에서 실현되는 한 방식 — 네 가지 발화행위 방식 중의 하나인 히스테리적 방식 — 을 보여주고 있을 뿐이다. 병리적인 히스테리는 특수한 상황과 역사적인 조건과 다양한 사회 정세에 따라 구성되는 특이한 히스테리 담화에 불과하다.[53] 따라서 히스테리 구조의 표현 양태에 관한 한, 사회 역사적 조건과 정황은 매우 중요하다. 그렇다고 후자가 전자를 정의하지는 못한다.

2012년 11월 21일 / 11월 28일

---

53 이러한 맥락에서 <Discours de l'Hystérique>를 <히스테리 환자의 담화>로 번역하기보다 <히스테리인(人)의 담화>라고 번역하는 것이 더 나을지도 모른다. 왜냐하면 히스테리 환자는 히스테리적 인(人) 중에 특이한 한 경우에 지나지 않기 때문이다.

X

신경증(2) : 강박증

1. 프로이트의 이론

최초의 방어 증상 : 양심
병적인 타협 증상 : 강박관념
2차적 방어 증상 : 강박행동(반동형성)
정동의 이동, 고립, 소급적 취소
죄책감과 초자아에 의한 자기비난
욕동의 분리와 가학적 항문기로 퇴행

강박증 증상은 오래 전부터 정신 현상에 관심을 갖고 있던 철학자나 정신과 의사에 의해 간헐적이고 산발적으로 기술되어 왔지만, 서로 상이한 그 증상들을 하나의 조건으로 묶으면서 하나의 정신질환 단위로 최초로 분류한 사람은 프로이트다. 프로이트는 1894년에 강박신경증을, 정신신경증 내에서 히스테리와 쌍을 이루는 하나의 진단 범주로 분류한다. 그것은 프로이트가 다양한 증상들을 꿰뚫고 있는, 강박신경증에 고유한 기제와 원인을 발견했다는 것을 의미한다. 왜냐하면 프로이트에 따르면, 하나의 질병이 독립된 단위로 분류되기 위해서는 그것에 고유한 기제와 원인이 있어야 하기 때문이다.

그렇다면 프로이트가 발견한 강박증의 고유한 기제는 무엇인가? 프로이트는 「쥐인간」 사례에서 쥐인간이 다음과 같이 말할 때, 그것이 바로 강박증 자체 — 병의 핵심이자 원형, 즉 기본 조직 — 라고 정확히 꼬집고 있다.

> "나는 6살 때 이미 발기 때문에 고생했어요. 한 번은 어머니에게 불평을 하기도 했어요. 어머니에게 그 사실을 말한 것은 불안을 떨치고 싶었기 때문이었어요. 왜냐하면 발기와 나의 상상과 호기심은 서로 관계가 있다고 느꼈기 때문이에요. 나는 그때부터 내가 생각하는 것을 부모들이 알고 있다고 생각했어요. 나는 내 생각을 말하지도 않고 말했다고 상상했어요. 저는 이것이 내 병의 시작이라고 봐요. 아주 내 마음에 드는 사람들(즉 하녀들)이 있었는데, 그들이 벌거벗은 모습을 강렬하게 보고 싶었어요. 그러나 그러한 욕망을 느끼면, 동시에 섬뜩한(unheimlich) 감정 — 즉 내가 그렇게 생각하면 마치 무슨 일이 벌어질 것 같아, 그 일이 일어나지 않도록 무슨 수라도 써야 할 것 같은 섬뜩한 감정 — 을 가지게 되었어요."
>
> (나의 질문에 대한 대답으로, 그는 <아버지가 죽을지도 모른다.>는 두려움을 예로 들었다.)
>
> "그 어린 나이부터 오랫동안 나의 아버지의 죽음과 관계된 상념이 나를 사로잡고 있었고 나를 아주 우울하게 만들었어요."
>
> 그 때 나는 실제 강박관념의 대상인 그의 아버지가 수 년 전에 죽었다는 사실을 알고 놀랐다. 첫 분석에서 나의 환자가 기술한 예닐곱 살 때 있었던 그 현상은, 그가 생각하는 대로, 병의 시작이 아니라 병 자체였다. 그것은 모든 구성 요소를 갖춘 완벽한 강박증, 후에 나타날 신경증의 핵심이자 원형 — 이를테면 기본 조직(organisme élémentaire) — 이기 때문에, 그것만 연구해도 강박증의 복잡한 구조를 파악할 수 있을 것 같았다. 이미 본 바와 같이 그 아이는 관음증이라는 성욕동의 지배를 받고 있었다. 그래서 그는 그가 관심을 가지고 있는 여성들의 벌거벗은 모습을 보고 싶어 하는 강렬한 욕망을 느끼곤 했다. 그런 욕망이 그 후 강박관념으로 발전된 것이다. 그 당시 그러한 욕망이 아직 강박증적인 성격을 띠지 않은 것은 그의 어린 자아가 그러한 욕망을 구태여

거부하지도, 이상하다고 느끼지도 않았기 때문이다. 그럼에도 그 욕망이 나타날 때마다 불편한 감정이 함께 나타난 것으로 보아 어디선가 그 욕망에 반대하는 힘이 작용하고 있음을 알 수 있다.[1]

프로이트가 말하는 강박증의 기제는 예상외로 간단하다. 한 마디로 "그 어린 방탕한 아이의 마음에 갈등이 진행되고 있었던 것은 확실하다. 강박증적인 두려움이 강박적이 욕망과 나란히, 또한 아주 밀접하게 관련되어 동시에 나타났다. 그 욕망이 나타날 때마다 무엇인가 무서운 일이 벌어지리라는 두려움이 생기는 것을 막을 수 없었던 것이다. […] 쥐인간의 강력한 두려움을 원래의 의미대로 원상복귀하면 다음과 같을 것이다. <내가 발가벗은 여자를 보고 싶다는 생각을 하면 아버지가 죽고 말 것이다.>" 그렇다면 어떻게 주체 자신의 성적 욕망이 아버지의 죽음이라는 관념과 연결되는 것일까? 그것은 쥐인간에게 자주 나타난 자살 충동에 대한 프로이트의 해석에서 실마리를 찾을 수 있다.

> 이 환자에게 자주 나타난 자살 강박은 아주 명확한 예가 되므로 먼저 이야기하겠다. 이 경우는 이야기하는 동안 거의 저절로 분석이 되었다. 그는 한번 그의 여자가 없어서 몇 주일 동안 공부하지 못한 적이 있었다고 내게 말했다. 그 여자는 자신의 할머니를 간호하기 위해 멀리 떠나 있었다. 아주 어려운 부분을 공부하고 있을 때 다음과 같은 생각이 떠올랐다.
>
> <만약 네가 가능한 한 빨리 이번 학기의 시험을 보라는 명령을 받는다면 그대로 할 수 있을지도 모른다. 그러나 만약 너의 목을 면도칼로 자르라는 명령을 받는다면 어떻게 할 거지?>
>
> 그리고 그는 자신에게 이미 그 명령이 주어졌다는 것을 깨달았다. 그래서 서둘러 그의 면도칼을 가지러 선반으로 가다가 다음과 같은 생각이 났다.

1 프로이트, 「쥐인간」 in 『늑대인간』, 열린책들, pp.17~9.

<아니지. 이게 그렇게 간단한 것이 아니야. 그 노파를 죽여야 돼.> 그러고는 심한 두려움으로 인해 주저앉았다.

이 경우 그의 강박증적 관념과 환자의 생활과의 관계는 그의 이야기의 시작을 보면 알 수 있다. 그가 그 여자와 하루라도 빨리 결혼하기 위해 열심히 공부하고 있을 때 그 여자는 없었다. 공부를 하는 동안 그는 그 여자를 보고 싶은 갈망에 휩싸여 버렸고, 그 여자가 없는 이유를 따져보게 되었다. 만약 그가 정상적인 사람이었다면 그녀의 할머니에게 조금 화가 났을 것이다. <그 노파는 하필 내가 그녀를 이다지도 보고 싶어 할 때 아플 게 뭐람?>이라고.

그런데 그와 비슷하지만 그 정도가 훨씬 심한 그 무엇이 그의 마음을 스쳐갔기 때문에 다음과 같은 절규가 나타났으리라고 추측할 수 있다. <아! 내 사랑을 빼앗아가다니. 그 노파를 가서 죽이고 싶구나.> 그와 동시에 다음의 명령이 나타났다. <[차라리 네가] 죽어 버려라. 그런 비열한 살의를 품은 벌로!>

이 모든 과정이 그 강박증 환자에게는 매우 강렬한 감정을 수반하여 역순서로 의식화된 것이다. 벌에 해당하는 명령[자살 명령]이 먼저 나오고, 그 다음에 죄책감에 해당하는 말이 튀어나온 것이다. 내[프로이트]는 이렇게 설명해도 무리가 없다고 생각하며, 또 이렇게 설명하기 위해 여러 가지 가정이 필요하다고 생각지도 않는다.[2]

말하자면 쥐인간의 자살 강박이 나타나는 과정은 이렇다: (1) 우선 쥐인간은 할머니 때문에 볼 수 없게 된 연인을 그리워한다. (2) 그러자 연인을 볼 수 없게 만든 원인 제공자(즉 사랑의 방해자)인 그녀의 할머니에 대한 살해충동이 뒤따른다. (3) 그 순간 그 살의의 비열성 — 즉 그러한 살의는 죄악이라는 사실 — 을 깨닫고, (4) 그러한 죄악에 대한 단죄로 자살을 하라는 명령이 뇌리 속에 들려온다. 그런데 그러한 연상의 순서가 실제에 있어서는 역순으로 나타난다. 자살 충동이 먼저 일어나고 노파에 대한 살해 충동이 이어지는 식으로 말이다. 프로이트 역시 살해충동이 먼저 일어나고 그것에

---

2 *Ibid.*, pp.41~2.

대한 죄책감으로 자살 충동이 일어난다는 사실을 각주를 통해 분명히 밝히고 있다: <[내가 자살하기 전에] 먼저 죽여야 돼.>[3] 이것이 프로이트의 말대로 강박증 자체, 즉 강박증의 기본 구조라면, 우리는 그것을 도식화할 필요가 있다. 그것을 순서대로 나열하면, 우선 성적 욕망이 일어나면, 그와 거의 동시에 강박증 환자의 관념은 그것을 방해하거나 금지하는 자에 대한 살해충동으로 이어지는데, 이번에는 살의 편에서 그에 대한 죄책감과 자기 비난이라는 양심의 소리가 일깨워지면서 살의와 양심이 서로 타협하는 방향에서 증상이 형성된다.

성적 욕망 → (방해 금지자에 대한) 살해충동 → 죄책감 → 타협형성(강박관념이나 정동)

6살 꼬마 쥐인간의 뜬금없는 생각 — <아버지가 죽을지도 모른다.>는 강박적 두려움을 동반하는 관념 — 도 이러한 절차를 밟아서 나온 것이다. 그런데 왜 꼬마 쥐인간에게는 살해 충동과 죄책감이 생략되는 것일까? 사실 꼬마 쥐인간의 강박관념에서도 살해 충동을 찾아볼 수 있다. 단지 그의 관념은 <아버지가 죽을지도 모른다(la crainte que son père ne meure)>든지, <아버지는 죽고 말 것이다(mon père devra mourir)>라는 모호성(imprécision)을 띠고 있을 뿐이다. 말하자면 살해충동이 우연사 내지 자연사로 대체되고 있다. 그러나 그것은 엄밀히 말하면 미움과 사랑, 또는 살해충동과 죄책감이 서로 타협한 결과이다. 즉 어머니로 대표되는 여자에 대한 사랑 — 성욕동이나 관음증 — 에 관한 한, 아버지는 방해자이거나 금지자이기 때문에 주체에게는 미움 — 이것은 살해충동과 결합한다 — 의 대상이다. 그러나 다른 한편으로 주체는 아버지를 사랑하기도 한다.(이 사랑은 아버지를 미워하고

3 *Ibid.*, p.41 각주 참조.

죽이고 싶은 것에 대한 죄책감을 부추긴다.) 그리하여 물리학적으로 말하면, 살해 충동이 숨어 있는 미움과 죄책감과 연결되어 있는 사랑이라는 서로 반대되는 두 힘이 부딪치면서 합력의 방향으로 나아가 <아버지가 죽을지도 모른다>는 타협적인 강박관념이 형성된 것이다.

그러나 강박증에서 문제는 그러한 죽음과 관계된 강박관념이 <섬뜩한(unheimlich)> 감정을 동반하기 때문에, '무슨 수를 쓰더라도 그러한 일이 일어나지 않도록 행동해야 한다.'는 것이다. 사실 <섬뜩함(Unheimlichkeit)>이라는 감정은 너무도 끔찍해서, 그것을 피하기 위해서는 무슨 일이라도 해야 한다. 앞의 사례에서, 쥐인간은 <노파를 죽여야 된다>는 생각에 이르자 갑자기 공포(Entsetzen; épouvante)가 엄습하면서 땅바닥에 주저앉고 만다. 프로이트는 「섬뜩함」(1919)[4]이라는 논문에서 그 감정의 기원과 원인에 대해 정치하게 분석하고 있다. 그러나 여기서 프로이트의 그 논문을 요약하면서 섬뜩함에 대해 논할 생각은 없다. 단지 강박증과 관련해서만 섬뜩함을 이야기하려 한다. 우선 강박증과 관련해서 중요한 것은, 그 감정을 피하기 위해서 주체는 무슨 행동이라도 해야 한다는 것이고, 그 행동은 강박증 환자에게 반복된다는 사실이다. 그것이 바로 강박관념(obsession)에 대한 방어 작용으로 발생하는 증상인 강박행동(compulsion)이고 반복강박이다. 우리는 이러한 강박증의 발생 과정을, 앞의 도식을 보충하여 다음과 같이 그릴 수 있다.

성적 욕망 → 살해충동 → 죄책감 → 타협형성(강박관념이나 정동) → 섬뜩함 → 방어증상(강박행동)

이러한 강박증의 기제는 이미 1896년 1월 1일 「플리스에게 보낸 편지」

4 프로이트, 「섬뜩함」(1919), in 『예술, 문학, 정신분석』, 정장진 역, 열린책들, pp.403~452 참조.

<39>에 동봉된 <원고 K>(일명 크리스마스 이야기)에, 그 개요와 연대기적인 발생과정이 일목요연하게 기술되어 있다. 다소 긴 느낌이 있지만, 프로이트의 원 텍스트를 읽는 것이 그것에 대한 백 번의 해설보다 나을 것 같아 원문 그대로 인용한다.

> 여기서 최초의 경험은 쾌락을 동반한다. 그것이 능동적 경험(소년)이건 수동적 경험(소녀)이건, 그것에는 고통이나 혐오감이 없다. 소녀의 경우, 일반적으로 그것은 비교적 큰 아이(8살가량)까지 포함한다. 나중에 그 경험이 기억으로 되돌아올 때, 그것은 불쾌감을 일으킨다. 특히 그것은 우선 의식적인 자기비난을 일으킨다. 모든 것은 마치 심리 콤플렉스 전체 — 기억과 자기비난 — 가 처음부터 의식적이었던 것처럼 일어난다. 나중에, 새로운 것이 뒤따르지 않으면, 그 둘은 모두 억압되고, 그것들 대신에 대조-증상(antithetic symptom), 즉 어떤 양심의 기미가 의식 속에 형성된다.
>
> 억압이 일어나는 것은, 쾌락의 기억이 몇 년 뒤 재생될 때, 그 자체가 불쾌감을 일으키기 때문이다 — 이것은 성욕론으로 설명해야 할 성질의 것이다. 그러나 사정은 다르게 일어날 수 있다. 모든 강박신경증에서, 나는 예외 없이, 아주 이른 나이에 — 쾌락의 경험이 있기 전에, 순전히 수동적인 경험이 있었다는 것을 발견할 수 있었다. 그것은 우연한 사실로 볼 수 없다. 그렇다면 우리는 수동적인 경험과 쾌락의 색깔을 띤 경험의 만남이 유쾌한 기억에 불쾌감을 덧붙이면서, 억압을 가능하게 만들었다고 가정할 수 있다. 따라서 강박신경증의 임상적인 선행 조건은, 수동적인 경험이 유쾌한 경험의 자연스러운 출현을 방해하지 않을 정도로 아주 일찍 일어나야 한다는 것이다. 따라서 공식은 다음과 같이 된다:
>
> 불쾌감 → 쾌락 → 억압
>
> 결정적인 요인은 그 두 경험 사이의 연대기적 관계와, 그 두 경험과 성적인 성숙 시기의 관계이다.

억압된 것의 회귀(return of the repressed) 단계에서 확인할 수 있는 것은, 자기비난이 변함없이 다시 나타난다는 것이다. 그렇지만 그것이 주의를 끄는 경우는 드물다. 그래서 그것은 완전히 내용이 없는 죄책감으로 나타난다. 그러나 그것은 일반적으로 이중적으로 — 시간적으로 그리고 구성적으로 — 왜곡된 내용과 결부된다. 시간의 차원에서, 그것은 현재나 미래의 행위와 관계하기 때문에 왜곡되고, 구성적인 차원에서, 그것은 실제 사건에 관한 것은 아니지만 실제 사건의 대체에 관한 것이기 때문에 왜곡된다. 따라서 타협의 산물인 강박관념은 정동과 범주의 관점에서 보면 정확하지만, 연대기적인 이동과 유추에 의한 대체 때문에 부정확해지는 것이다.

죄책감은 여러 심리 과정에 의해 다른 정동으로 변하여, 그것보다 더 명확하게 의식에 나타날 수 있다. 예를 들면, 그것은 불안(자기비난과 관계된 행동의 결과에 대한 두려움)으로, 건강염려증(신체적인 결과에 대한 두려움)으로, 박해망상(사회적인 결과에 대한 두려움)으로, 수치심(다른 사람들이 그것을 알고 있는 것에 대한 두려움)으로 변한다.

의식적 자아는 강박관념을 자기에게 이질적인 것으로 여기고, 오래 전부터 형성된 양심이라는 반대 관념의 도움으로 그것을 신뢰하지 않는다. 그 단계에서 자아가 강박관념에 의해 압도당하는 일이, 가끔 — 가령 자아가 일시적인 멜랑콜리의 먹이가 될 때 — 일어난다. 그것과는 별도로, 병적인 그 단계 전체가 강박관념에 대한 자아의 방어 투쟁으로 점철되어 있다. 그러한 투쟁 자체가 새로운 증상, 즉 이차적인 방어 증상을 형성한다. 강박관념의 강박적인 힘이 요지부동임에도 불구하고, 그 관념은 다른 모든 관념과 마찬가지로 논리적 비판을 받는다. 이차적인 증상은 양심의 강화와, 물건들을 검사하고 수집하려는 강박에 있다. 강박이 강박관념에 대항하는 운동 충동으로 옮겨가면, 다른 이차적인 증상이 형성된다. 가령 반추강박, 음주벽(주기성 폭음), 보호 의례(儀禮)(protective ceremonials), 의심증(folie de doute) 등이 그것이다.

그렇게 해서 우리는 세 종류의 증상이 형성되는 것을 볼 수 있다:

a) 최초의 방어 증상 — 양심.
b) 병적인 타협 증상 — 강박관념이나 강박 정동.
c) 이차적 방어 증상 — 반추강박, 수집강박, 음주벽, 의례강박.

기억 내용은 대체를 통해 의식에 도달하지 못하지만, 죄책감은 변형 덕분에 의식에 진입하는 경우들이 있다. 그럴 때 우리는 추론의 사슬을 따라 이동이 일어났다는 인상을 받는다. 나는 어떤 사실 때문에 나 자신을 비난한다. 나는 사람들이 내가 한 일을 알까봐 두려워한다. 그래서 나는 다른 사람들 앞에서 부끄러워한다. 일단 그러한 사슬의 최초의 고리가 억압되면, 강박관념은 두 번째 고리나 세 번째 고리에 뛰어들고, 결국 그것은 두 가지 형태의 관찰 망상 — 그렇지만 강박신경증에 속하는 — 으로 귀결된다. 방어 투쟁은 그것에 결말이 있다면, 일반적으로 의심 망상으로 끝나거나, 무한히 많은 이차적인 방어 증상을 동반하는 괴짜의 생활로 끝난다.

억압된 관념이 그 당시의 심리적인 힘의 도움 없이 저절로 다시 나타나는 것인지, 아니면 그것들이 새로 돌아올 때마다 그러한 도움이 필요한 것인지는 아직 남아 있는 문제이다. 아마 그 당시의 충족되지 않은 리비도 상태가, 자신들의 불쾌감의 힘을 이용하여 억압된 자기비난을 깨우는 것 같다. 일단 그렇게 자기비난이 깨어나고, 자아에 대한 억압된 것의 충격을 통해 증상이 일어나면, 억압된 관념의 재료는 확실히 스스로 움직인다. 그러나 그 재료의 양적인 힘의 변화는, 항상 그 순간의 리비도의 긴장의 몫에 달려 있다. 충족되었기 때문에 불쾌감으로 바뀌지 않은 성적 긴장은 해가 없다. 강박관념에 사로잡힌 사람은, 매일 생산되는 성적 긴장 전체가 자기비난이나 그로 인한 증상으로 바뀔 위험에 노출되어 있다. 그렇지만 그들은 자신이 그러한 원초적인 자기비난 상태에 있다는 것을 인식하지 못한다.

강박신경증은 모든 대체와 정동의 변형을 원상태로 돌림으로써, 원초적인 자기비난과 그것에 속하는 경험을 백일하에 드러내고, 그것을 새로운 판단을 위한 의식적 자아 앞에 세운다면 치료될 수 있다. 그렇게 함으로써, 우리는 순간적으로 강박관념이 되는, 엄청나게 많은 중간 관념이나 타협 관념들을 뚫고 나가야 한다. 그러면 어떤 신념 — 자아가 의식적 사고와 결합된 심리적 에너지의 일부를 억압된 재료 쪽으로 돌리는 것은 불가능하다는 — 이 우리에게 생긴다. 우리는 억압된 관념이 가장 합리적인 연상 속에 있을 뿐 아니라, 아무런 방해도 받지 않고 그 속으로 미끄러져 들어간다고 믿고 있다. 그 기억을 깨우기 위해서는 가장 간단한 암시만으로도 충분하다. ≪도덕성≫은 핑계에 지나지 않는다는 우리의 의심은, 치료 중에 저항은 가능한 모든 방어의 동기를 이용한

다는 사실로 확인되고 있다.[5]

a) 1단계 : 최초의 방어증상 — 양심

이 편지는 강박증의 기제에 관한 최초의 글이기 때문에, 앞에서 우리가 도식화한 과정과 약간 다르다. 우선 강박증의 원인으로 <유혹 장면>에 주목하고 있고,[6] 그것이 <사후 억압>되는 것으로 이해되고 있다. 즉 어린 시절의 유혹 장면은 그것이 수동적인 것이라 할지라도 처음에는 쾌락 경험이었는데, 그것이 기억으로 되돌아올 때 자기비난이 일어나면서 불쾌감이 거기에 덧붙여진다. 그러나 그 뒤 새로운 유혹 경험이 뒤따르지 않으면, 그 기억과 자기비난 모두 억압되면서, 다시 말해 의식에서 추방되어 망각되고, 그 대신 <양심(scrupulosité)>이 형성된다. 이것은 프로이트가 『자아와 그거』(1923)에서 초자아라는 개념을 도입하기 전에 발견한 초기 형태의 초자아이다. 왜냐하면 양심은 나중에 초자아의 세 기능 — 양심(conscience morale), 이상, 자기관찰 — 중의 하나이기 때문이다.[7] 그런데 여기서 흥미로운 것은, 양심을 일종의 증상, 그것도 억압된 것 대신에 그것과 대조적으로 발생하는 <대조 증상>으로 보고 있다는 것이다. 그렇다면 그것을 역으로 말하면, 대조 증상에 선행하는 원증상은 억압된 것이 되는 게 아닌가? 그리

5 프로이트, 「플리스에게 보낸 편지」, in 『정신분석의 탄생』, 임진수역, 열린책들, pp.96~99.
6 그러나 프로이트는 곧바로 유혹장면이 강박증 — 물론 여기에는 히스테리를 비롯한 모든 신경증이 포함된다 — 의 원인이라는 이론을 포기한다. 그러한 사실에 관해서는 이 책 제8장 <히스테리>에 자세히 언급되어 있다(프로이트, 「플리스에게 보낸 편지」<69>(1987년 6월 21일), 『정신분석의 탄생』(임진수 역), 열린책들, p.96 참조)
7 프로이트가 초자아의 기능으로서 양심(conscience morale)을 말할 때는, 여기서 말하는 양심(scrupulosité)과 다른 용어를 사용하고 있다. 후자는 '양심의 가책'이라는 의미이고, 전자는 '도덕의식'이라는 뜻이다. 따라서 후자는 전자보다 죄책감에 가깝다고 할 수 있다.

고 억압된 원증상과 대조-증상은 서로 정반대가 되는 게 아닌가? 억압된 것에 대한 대조-증상으로서의 양심이라는 초기 발상은 앞으로 초자아를 연구하는 데 새로운 관점을 제공할 것이다. 왜냐하면 초자아를 일종의 증상으로 보는 획기적인 관점이기 때문이다. 아무튼 그렇게 양심이 형성된 뒤, 몇 년이 지나(프로이트의 인용문에는 언급이 되어 있지 않지만, 아마 사춘기 때), 그 쾌락의 기억이 되돌아올 때는 불쾌감이 일어나면서 다시 억압이 일어난다.(이것을 사후 억압이라고 한다.) 말하자면 억압은 유쾌한 기억에 불쾌감이 덧붙여지면서 일어난다. 이렇게 억압과 양심은 성적인 성숙과 관계하면서 어린 시절에 일차적으로 구성된다. 그래서 프로이트는 그러한 양심을 <최초의 방어 증상>이라고 명명하는 것이다.

b) 2단계 : 병적인 타협증상 — 강박관념

이제 그렇게 억압된 것은 반드시 의식으로 되돌아오려고 한다. 그러나 그러한 <억압된 것의 회귀>에 변함없이 뒤따르는 것은 자기비난과 죄책감이다. 왜냐하면 애초에 그 억압된 것을 의식 밖으로 추방한 것이 바로 양심인데, 그 억압된 것이 다시 의식으로 되돌아오려고 할 때, 양심이 아무 소리도 안 할 리가 없기 때문이다.(이것을 프로이트는 나중에 <저항>이라고 명명한다.) 그렇지만 그러한 양심의 소리는 소리 없는 소리로 조용히 진행된다. 의식되지 않고 무의식적으로 진행된다는 말이다. 그래서 죄책감은 완전히 내용이 없는 것처럼 나타난다. 아무튼 우리가 여기서 주목해야 할 것은, 앞으로 억압된 것의 회귀와 의식적 자아의 끝없는 투쟁이 일어날 것이라는 사실이다. 그 결과는 어떻게 될까? 물리학적으로 두 벡터(분력)의 충돌은 타협의 방향에서 합력으로 나아가듯이, 심리 역시 증상이라는 타협형성물을 탄생시킨다. 그것이 바로 진정한 의미의 증상으로, 강박관념이 거기에 해당한다. 이것이 「크리스마스 이야기」에서 말하는, 두 번째 단계의 <병적인 타협 증상>이다.

프로이트는 「크리스마스 이야기」에서 "방어 신경증[또는 억압 신경증[8]]에서 일반적으로 병이 전개되는 과정은 다음과 같다"고 말하면서, <신경증의 표준 공식>을 처음으로 제시하고 있다. "1) 외상적인 조숙한 성적 경험(하나 또는 여럿)이 억압되어야 한다. 2) 그 이후의 어떤 조건이 억압된 그 경험의 기억을 일깨운다. 동시에 최초의 증상[역주: 양심]이 형성된다. 3) 최초의 증상을 제외하면, [모든 것이] 건강한 성공적인 방어 단계.[역주: 억압이 순조롭게 이루어지는 단계] 4) 억압된 표상이 다시 나타나는 단계. 이 단계에서는, 억압된 표상과 자아가 투쟁하는 동안 새로운 증상 — 엄밀한 의미에서의 병의 증상 — 이 형성된다. 즉, 이 단계는 타협, 패배, 기형적인 치료의 단계이다."[9] 그 결과 타협 증상은 원래 억압된 것에 비해 왜곡된다. 앞의 인용문에서 읽었듯이, "그것은 일반적으로 이중적으로 — 시간적으로 그리고 구성적으로 — 왜곡된 내용과 결부된다. 시간의 차원에서는 현재나 미래의 행위와 관계하기 때문에 왜곡되고, 구성적인 차원에서는 실제 사건에 관한 것은 아니지만 실제 사건의 대체에 관한 것이기 때문에 왜곡된다." 그러나 죄책감은 그대로이다. 다시 말해 죄책감은 증상의 왜곡된 내용과 관계없이 그대로 유지된다. "따라서 타협의 산물인 강박관념은 정동과 범주의 관점에

8 스트래치는 방어신경증(die Abwehrneurosen)을 'neuroses of repression(억압 신경증)'(S.E., I, 222)으로 번역하고 있다.

9 프로이트, 「플리스에게 보낸 편지」, in 『정신분석의 탄생』, 임진수 역, 열린책들, pp.94~95: 이것은 프로이트가 제시한, 신경증의 발달에 관한 최초의 표준 공식이다. 또한 이 공식은 *Weitere Bemerkungen über die Abwehr-Neuropsychosen*(「방어 정신신경증에 대한 새로운 고찰」, 1896)에서 간단한 도식으로 반복된다. 그러나 그것은 프로이트의 전 저작에 걸쳐(아주 후기의 저작이라도), 신경증이 논의될 때마다 빠지지 않고 거론되고 있다.

서 보면 정확하지만, 연대기적인 이동과 유추에 의한 대체 때문에 부정확해지는 것이다."

꼬마 쥐인간의 사례에서, 쥐인간이 '마음에 드는 하녀들의 벌거벗은 모습을 강렬하게 보고 싶자, 아버지가 죽을 지도 모른다.'는 섬뜩한 강박관념에 사로잡히는 것을, 지금까지 제시한 <신경증의 표준 공식>에 대입하여 그 과정을 풀어보면, (1) 관음증적 충동이 일어나자 그에 대한 양심의 가책이 일어나면서 그것들(관음증적 욕동과 양심의 가책) 모두가 억압된다. (2) 이제 억압된 것이 회귀하면서, 양심의 가책이 원래 결합되었던 표상(성적 표상)과 분리되어 다른 왜곡된 내용으로 이동하여 그것과 결부된다. 그렇게 타협적으로 형성된 것이 '아버지가 죽을지도 모른다'는 강박관념이다. 따라서 정동의 차원에서 보면 성적 충동에 대한 양심의 가책이나 아버지의 죽음(정확히 말하면 살해충동)에 대한 죄책감은 똑같은 것이다. 단지 표상 내용이 여자에 대한 성적 충동에서 아버지의 죽음으로 이동했을 뿐이다. 그러한 예로부터, 우리는 프로이트가 말한 강박증의 본질, 즉 강박증에 고유한 몇 가지 기제를 도출해낼 수 있다: 정동의 이동, 초자아에 의한 자기비난(죄책감), 소급적 취소, 고립, 욕동의 분리, 가학적 항문기로의 퇴행 등이 그것이다.

기제 1 : 정동의 이동

우선 강박증에서는 정동의 이동이 눈에 두드러진다. 죄책감이라는 정동이 억압된 성적 표상에서 아버지로 이동하고 있는 것이다.(욕동의 차원에서는 성욕동에서 죽음의 욕동이 분리되어 나오면서, 축이 성욕동에서 죽음의 욕동으로 이동한다.) 프로이트는 그러한 정동의 이동이 아주 명확하게 드러나는 좋은 예를 제공하고 있다.

이런 이유[정동의 이동]로 강박신경증 환자들이 진짜 이유를 말하면서도, 그의 죄책감이 그 이유에 해당한다는 것을 전혀 눈치 채지 못하는 일이 종종 있다. 그 자신은 죄책감을 다른 이유에서 온 것으로 알고 있는 것이다. 이유가 되는 사건을 이야기할 때 그들은 가끔 놀라기도 하고, 또는 자랑스러워하기도 하면서, <그건 별일이 아니라고 생각했는데요.>라고 덧붙인다.

몇 년 전 내가 본 첫 번째 강박신경증 환자도 그런 현상을 보였다. 나는 그 환자를 보면서 강박신경증의 본질을 이해하게 되었다. 그 환자는 공무원이었는데 셀 수도 없이 많은 것에 양심의 가책을 받고 있었다. 그가 바로 쉔부른 공원에서 나뭇가지와 관련된 강박증적인 행동을 보였던 사람이다. 나는 그가 치료비로 내는 돈이 언제나 깨끗하고 구김이 없다는 것을 알아차렸다. (이 일이 일어난 시기는 오스트리아에서 은화가 쓰이기 이전이었다.) 나는 그에게 그가 재무성에서 새 돈을 가져오니까 누구든 그가 공무원인 줄 알아보겠다고 말했다. 그랬더니 그는 자기 돈은 새 돈이 아니고, 그가 집에서 다림질한 것이라고 일러주었다. 그리고 그는 누구에게든 더러운 지폐를 주지 않는 것이 그의 양심에 따른 철칙이라고 하였다. 그는 더러운 지폐에는 여러 가지 위험한 균이 있어서, 그것을 받는 사람에게 해를 미칠 수 있기 때문이라고 설명했다. 그때쯤 나는 그의 신경증이 그의 성생활과 관계가 있으리라는 추측을 하고 있었기 때문에, 어느 날 그에게 그의 성생활은 어떠냐고 물었다.

"아, 괜찮죠. 그 방면으로는 운이 나쁘지 않죠. 몇몇 괜찮은 집안에, 나는 마음씨 좋은 아저씨라고 알려져 있죠. 가끔 여자 아이를 한 명씩 시골 구경시켜 준다고 데리고 나가죠. 그러고는 어찌 어찌 해서 집으로 가는 기차를 놓치고, 자고 갈 수밖에 없는 상황이 되게 만듭니다. 언제나 방은 두 개를 잡죠. 모든 일은 아주 훌륭하게 처리됩니다. 그렇지만 여자아이가 자러가고 나면, 그 아이 방으로 가서 내 손으로 아이의 성기를 만집니다."

"헌데, 당신의 더러운 손으로 아이의 성기를 만지면 아이에게 해를 끼칠 것이라는 걱정은 되지 않았습니까?"

이 말을 듣고 그는 화를 냈다.

"해를 끼친다고요? 아니 성기를 만지는 것이 어떻게 해가 된다는 말입니까? 그 아이들 중에 어떤 해를 입은 아이는 하나도 없었다고요. 그 아이들도 모두 즐겼단 말이에요. 그 중 몇몇은 결혼도 했고요. 그것 때문에 해를 입은 아이는 아무도 없어요."

그는 나의 지적을 매우 기분 나쁘게 받아들였다. 그 후 그는 다시 오지 않았다. 그는 지폐를 쓰는 데는 결벽성을 보이고, 그를 믿고 따라간 아이들을 욕보이는 것에 대해서는 염치없는 태도를 보였는데, 그런 태도는 그의 죄책감이 이동되어서 그렇게 나타나는 것이라고밖에 설명할 수 없다. 그렇게 이동된 목적은 거의 분명하게 드러나 있다. 그의 죄책감이 있어야 할 곳에 있었으면 그는 그가 즐기던 성행위를 그만둘 수밖에 없었을 것이다. 그런데 그는 유아기에 형성된 어떤 결정 요소 때문에 그런 성행위를 하지 않을 수 없었던 것이다. 이동 때문에 그는 병으로부터 상당한 이익을 얻었던 것이다.[10]

요컨대 돈을 다림질해서 가져오는 강박증 환자에게 프로이트가 그 이유를 물어봤더니, 환자는 더러운 지폐를 다른 사람에게 주면 양심의 가책(scrupule)을 느끼기 때문이라고 대답한다. 그래서 이번에는 언제부터 그랬느냐고 프로이트가 환자에게 묻으니까, 환자는 여자아이들을 시골로 데리고 가 성기를 만져준 다음부터라고 명확히 기억해낸다. 여기서 프로이트가 여자아이의 성기를 더러운 손으로 만지는 것이 오히려 그녀들에게 해가 되지 않느냐고 되물으니까, 환자는 도리어 그녀들도 즐거워했는데 그것이 왜 해가 된단 말이냐고 화를 내며 반문한다. 그 뒤, 그는 분석 치료에 다시 나타나지 않는다. 프로이트는 여기서 두세 가지 사실에 주목한다. 하나는 죄책감이 있어야 할 곳에서는 정작 사라지고 없고, 없어도 될 곳에 그것이 나타난다는 사실이다. 프로이트에 따르면, 이것이 바로 정동의 이동인데, 그렇게 죄책감이라는 정동이 다른 곳으로 이동하는 까닭은 아동기호증적인 성행위에 죄책감이 있으면 성행위를 하지 못하기 때문이다. 따라서 정동의 이동 때문에 강박증이 생겼지만, 강박증 환자는 그러한 이동 때문에 아동기호증적인 성

10 프로이트, 「쥐인간」 in 『늑대인간』, 열린책들, pp.51~3.

행위를 계속 즐길 수 있다는 이득을 얻는 것이다.(이것을 프로이트는 <병의 이득>이라고 말한다.) 다른 하나는 그러한 이동의 결과, 환자 자신은 그러한 죄책감을 눈치 채지 못한다는 것이다. 즉 그는 아동기호증적 성행위는 물론 이려니와 지폐를 다리미로 다림질하는 것이 죄책감의 소산이라는 것에 주목하지 못한다. 이러한 정동의 이동은 강박증의 핵심 기제이다. 앞의 인용문에서도 프로이트는 지폐를 다림질하는 강박증 환자를 통하여 '강박신경증의 본질을 이해하게 되었다'고 말하면서, 정동의 이동을 강조하고 있다. 또한 프로이트는 플리스에게 보낸 다른 <편지 18>에서 이미 정동의 세 가지 기제 — 전환(conversion), 이동(déplacement), 변질(transformation) — 를 발견하고, 그것을 각각의 신경증 — 히스테리, 강박증, 불안신경증 — 에 연결시키고 있다. "[…] 신경증에 대한 나의 개념에는 아직도 크고 작은 빈틈이 수없이 남아 있다. 그러나 나는 전체적인 조망과 일반적인 개념에 좀 더 가까이 가고 있는 중이다. 나는 세 가지 기제를 알아냈다: (1) 정동의 전환(전환 히스테리), (2) 정동의 이동(강박증), 그리고 (3) 정동의 변질(불안신경증, 멜랑콜리)이 그것이다. 어느 사례나 그러한 변화를 겪는 것은 성적 흥분이다. 그러나 그러한 변화를 자극하는 것이 반드시 성적인 것은 아니다. 다시 말해, 후천적인 신경증의 경우, 그것은 성생활의 혼란의 결과로 획득된다."[11]

11 프로이트, 「플리스에게 보낸 편지」(<편지 18> 1894.5.21.), in 『정신분석의 탄생』, 임진수역, 열린책들, p.37.

기제 2 : 죄책감과 초자아에 의한 자기비난

정동의 이동과 함께, 강박신경증에서 언급하지 않을 수 없는 것이, 강박신경증의 주된 정동은 죄책감이라는 사실이다. 사실 성적인 것이 억압되었다가 되돌아올 때, 쾌락이었던 성적 흥분은 신경증에 따라 서로 다른 정동으로 변형된다. 앞에서도 말했듯이, 히스테리는 성욕에 대한 억압의 결과, 성적인 것에 대한 혐오감이 발생하는 데 반해(제8장 <히스테리> 참조), 강박신경증은 그에 대해 죄책감으로 대응한다. 프로이트는 『자아와 그거』에서 다음과 같이 말하고 있다. "어떤 형태의 강박신경증의 경우도, 죄책감은 지나치게 떠들썩하고 자아 앞에서 정당화되지 않는다. 따라서 환자의 자아는 죄를 뒤집어쓰는 데 반발하고 의사의 도움을 얻어 그것을 거부하려 한다. 죄책감에 굴복하는 것은 어리석은 일일 것이다. 왜냐하면 그렇게 하는 것은 아무런 효과도 가져오지 못하기 때문이다."[12]

다 알다시피, "죄책감은 주체가 비난받아 마땅하다고 생각하는 행위 — 이것이 내세우는 이유가 다소 적절하다고 하더라도 — 의 결과로 나타나는 정동 상태(죄인의 양심의 가책이나 외견상 불합리한 자책)를 가리키거나, 주체가 자책하는 구체적인 행위와는 아무 관계없이 자신을 무가치하다고 여기는 막연한 감정을 가리킨다."[13] 프로이트는 그것을 심리장치 내의 체계들 사이 — 자아와 초자아 — 의 관계로 설명한다. 다시 말해 그는 자아에 대한 비판적이고 처벌적인 심역으로서 초자아를 따로 구별하여, "죄책감을 초자아의 비판에 상응하는 자아 내부의 지각"[14]으로 정의한다. 따라서 강박신경증의

12 프로이트, 『자아와 그거』, 열린책들, p.396.
13 라플랑슈 & 퐁탈리스, <죄책감>, 『정신분석 사전』(임진수 역), 열린책들, p.429.
14 프로이트, 『자아와 그거』, 열린책들, p.398.

주된 정동이 죄책감인 만큼, 강박증에서는 초자아에 의한 자아의 비난 또는 비판이 현저하게 나타난다. 그러나 강박증은 죄책감이 아무리 심하다고 하더라도, 우울증에서처럼 자기 파멸적 행동, 즉 자살은 하지 않는다.[15] 왜냐하면 "강박신경증의 경우, 문제가 되는 것이 자아 밖에 있는 부적당한 욕동의 움직임이었던 반면, 우울증의 경우는 초자아의 분노의 대상이 동일시를 통해 자아 속으로 들어온 것이기 때문이다."[16] 또한 강박신경증에서는 자기비난에 대한 방어 작용으로 성적 충동을 바깥의 대상에 대한 공격충동으로 변환시킨다. 한 마디로 강박신경증에서의 초자아에 의한 자아의 공격은 자아의 부적절한 성욕에 대한 것이지, 우울증에서처럼 자아 자체에 대한 것은 아니다. 그래서 강박증에서는 자기비난을 대상에 대한 비난과 공격으로 외부화하는데 반해, 우울증에서의 공격은 동일시를 통해 자아가 된 대상에 대한 것이기 때문에, 대상과 동시에 자아를 죽이는 자살에 이르게 된다. 그 결과, 우울증의 경우, 초자아가 의식을 장악하고 있다는 인상은 강박증에서보다 더욱 강하다. 우울증에서 자아는 초자아에 감히 반대를 하지 못한다. 그것은 자신의 죄를 인정하고 처벌을 감수한다.

반면에 히스테리에서 죄책감은 억압되어 무의식적인 상태로 남게 된다. "히스테리에서 죄책감이 무의식적 상태로 남게 되는 기제를 발견하기는 어려운 일이 아니다. 히스테리성 자아는 참을 수 없는 대상 리비도 투여에 대해, 습관적으로 억압 행위로써 자신을 방어하는 것과 똑같이, 초자아의

15 "어떤 형태의 강박신경증에서도 양심의 가책은 다른 것 못지않게 고통스럽고 괴롭다. 그러나 거기서는 상황이 덜 분명하게 드러난다. 우울증의 경우와는 대조적으로 강박신경증 환자들은 사실상 자기 파멸적 행동을 결코 하지 않는다는 사실은 주목할 만하다. 그들은 마치 자살의 위험에 면역되어 있는 것 같고 심지어는 히스테리 환자들보다도 그런 위험으로부터 훨씬 더 잘 보호받고 있다."(*Ibid.*, p.399)

16 프로이트, 『자아와 그거』, 열린책들, p.396.

비판으로부터 유래하는, 자신을 위협하는 고통스런 지각에 대해서도 자신을 방어한다. 따라서 죄책감이 무의식적인 것은 자아 탓이다. 원칙적으로 자아는 초자아를 위해서, 그리고 초자아의 명령으로 억압을 수행한다. 그러나 히스테리의 경우, 그것[자아]은 가혹한 그의 주인[초자아]에 대해 똑같은 무기[억압]를 사용한다. 반면에 강박신경증의 경우, 반동형성 현상이 지배적이다. 여기서 자아는 단지 죄책감이 관계된 장치를 멀리하는 데 성공할 뿐이다."[17]

다른 한편, 강박증에서 자아에 대한 초자아의 위력은 비단 비난과 가책에만 머물러 있는 것이 아니다. 그것은 초자아의 다른 기능 — 특히 자기관찰 — 으로 확산된다. 즉 자아는 초자아에 의한 자기비난에 괴로워하면서, 동시에 자기가 잘못한 일을 다른 사람들이 알까봐 두려워한다. 여기서 <다른 사람들>은 강박증 환자의 초자아(또는 자아이상)가 밖으로 투사된 것에 지나지 않는다. 강박증 환자가 다른 사람들 앞에서 부끄러워하는 것도 이와 무관하지 않다.(이것이 수치심의 기원이다) 타자의 시선이 자신의 도덕적 결함을 무의식적으로 일깨우기 때문이다. 아무튼 초자아의 자아 관찰은 심하면 관찰망상으로 귀결되기도 한다. 꼬마 쥐인간의 경우, 발기와 성적 호기심과 상상 모두를 부모들이 알고 있다는 생각[18]에 사로잡혀 있었고, 뒤에 우리가 다룰 환자의 경우도, 자위를 할 때 아무리 문을 잠가도 어머니가 보고 있다는 관찰 망상에 시달린다. 그것은 쥐인간의 경우도 마찬가지다. 아버지가 돌아가신 다음에도 죽은 아버지는 쥐인간의 자위 현장에 나타난다.

"우리는 그가 시험공부를 하고 있으면서 그의 아버지가 아직 살아 있어서

17 *Ibid.*, p.397.
18 이러한 타자를 라캉은 <안다고-가정되는-주체(sujet-supposé-savoir)>라고 명명한다.

어느 순간에 다시 나타나리라는 상상을 하고 있었을 때 보인 이상한 행동[자위]을 같은 맥락[금지와 명령에 대한 반항]에서 살펴보아야 한다. 그는 될 수 있는 대로 늦은 시간까지 공부하도록 시간표를 짰다. 자정에서 밤 한 시 사이에, 그는 공부를 중단하고 그의 아버지가 현관 앞에 있기라도 한 것처럼 현관문을 열었다. 그러고는 거실로 들어와서 자기 성기를 꺼내어 거울 속에서 들여다보았다. 이 미친 듯한 행동을 이해하려면 그가 영혼이 돌아다니는 그 시각에 아버지가 자기를 찾아올 것을 기대하고 있는 것처럼 행동했다고 가정해야 한다. 그의 아버지가 살아 계실 때는 그는 공부를 열심히 하지 않았으며, 아버지는 그것 때문에 가끔 화를 냈다. 이제 영혼이 되어 돌아와서 그의 아들이 열심히 공부하는 것을 보면 매우 기뻐할 것이다. 그러나 그 다음 행동을 보고 기뻐할 수는 없었을 것이다. 그러니 그 두 번째 행동은 그가 반항하는 것이었다. 즉, 그는 이해할 수 없는 강박행동으로 아버지와 자신과의 관계에 있는 두 가지 측면을 표현했던 것이다."[19]

한 마디로, 쥐인간은 아버지가 돌아가신 뒤, 늦게까지 공부하고 나서 아버지가 생전에 방문할 시간에 맞춰 현관문을 열어놓고는, 다시 말해 죽은 아버지의 영혼이 나타나 자신의 자위행위를 볼 수 있도록 문을 열어놓고는, 거울 앞으로 가서 미친 듯이 자위를 한다. 그것은 현실적으로 죽은 아버지가 아직 쥐인간에게는 상상적으로 살아 움직인다는 것을 뜻하고, 그러한 아버지의 감시에 비추어볼 때, 늦도록 공부하는 것은 아버지의 바람을 충족시키는, 다시 말해 아버지를 기쁘게 하는 일이고, 반대로 자위를 하는 것은 아버지의 금지를 위반하는 반항적인 행위이다.

"쥐인간의 자위에는 특이한 점이 있었다. 그는 사춘기에 특별히 언급할 만한 자위행위를 하지 않았는데, 그러니 어떤 이들은 그가 신경증에 걸릴 염려가 없다고 말했을 것이다. 자위를 하고 싶은 충동은 그가 스물한 살이

19 프로이트, 「쥐인간」 in 『늑대인간』, 열린책들, pp.58~9.

넘었을 때, 즉 그의 아버지가 돌아가신 직후에 나타났다. 그는 그런 식의 만족을 따라가는 것을 매우 창피하게 느껴 다시는 그러지 않겠다고 맹세했다. 그 후 그 행위는 아주 예외적인 경우에만 드물게 나타났다. 이후로는 그가 특히 기분이 좋거나 특히 좋은 문장을 읽게 되었을 때 그 버릇이 나타났다고 말했다. 예를 들어 한번은 아름다운 여름날 오후에 나타났는데, 그때 그는 빈 한가운데 있었다. 한 쌍두마차의 기수가 매우 듣기 좋게 경적을 울렸는데, 시내에서는 경적을 울리는 것이 금지되어 있었기 때문에 경찰이 그를 저지했다. 그리고 다른 한 번은 그가 『시와 진실』을 읽고 있을 때였다. 괴테가 젊었을 때, 그의 질투심 많은 애인이 어느 여자든 그녀 다음에 그의 입술에 키스하면 저주를 받을 것이라고 한 것을 매우 부드러운 방법으로 벗어났다는 이야기였다. 괴테는 오랫동안 거의 미신적으로 자신을 억제하고 있다가, [사랑을 하게 된 이후로] 자기가 사랑하는 여자와 즐겁게 키스하고 또 하였다고 한다. 그 환자[쥐인간]는 그렇게 아름답고 기분이 좋아지는 상황에서 자위를 하고 싶어지는 것이 하나도 이상하지 않았다고 말했다. 그러나 나는 그가 말한 두 경우에 공통점이 있다는 것을 지적하지 않을 수 없었다. 그것은 금지와 명령에 대한 반항이었다."[20]

이렇게 자위는 금지와 명령에 대한 반항을 나타내는 행동이었다. 그러나 여기서 중요한 것은, 아버지가 죽은 직후에 그러한 반항적 자위가 시작되었다는 것이다. 그것은 아마 평소 아버지가 자위 금지의 역할을 자임하고 나섰기 때문일 것이다. 그런데 그러한 금지자로서의 아버지는 실제 아버지가 죽은 다음에도 그 기능을 계속한다. 아니 실제 아버지가 죽은 다음에 그 기능은 더욱 강화된다. 마치 『토템과 타부』에서 원시 유목민의 아버지가

20 *Ibid.*, p.58.

아들들에게 살해된 뒤, 법으로서의 아버지의 위력이 아들들에게 더 강화되었듯이 말이다. 그래서 현실적 아버지가 죽었는데도 불구하고, 아버지가 마치 살아 있는 것처럼 아버지의 망령에 시달리는 것이다. 이렇게 강박증 환자에게는 현실적 아버지는 죽었을지라도 상상적 아버지는 죽지 않는다. 그래서 그는 아직 아버지가 살아 있는 것처럼 행동하고, 아버지가 자신을 보고 있고, 자신의 마음을 알고 있다고 생각하는 것이다. 심지어 쥐인간은 실제 아버지가 죽은 다음에도, 종종 아버지에게 끔찍한 일 — 즉 죽음 — 이 일어날지 모른다는 섬뜩한 감정에 휩싸인다. 사실 쥐인간이 프로이트를 찾아온 이유도 그 때문이다: "대학 교육을 받은 젊은이 하나가 찾아와서 어려서부터 강박에 시달렸으며 최근 4년간은 증세가 특히 심하다고 호소했다. 주요 증상은 그가 매우 좋아하는 두 사람 — 아버지와 그가 호감을 가지고 있는 여자 — 에게 무슨 일이 일어날지 모른다는 두려움을 느끼는 것이었다."[21]

> "더 명확하게 구별하기 위하여, 나는 예를 하나 들겠다. 이것은 우리 환자의 증례 중 적당한 곳에 삽입되어야 할 것이다. 나는 이미 그가 시험공부를 하던 중에, 이상한 행동을 했다는 것을 말한 적이 있다. 그것은 그가 한밤중까지 공부하다가 그의 아버지의 유령에게 문을 열어주고는 거울에서 자신의 성기를 들여다보았던 행동이다. 그는 아버지가 살아 계셨다면 그 모든 행동을 보고 뭐라고 하셨을까 자문하여 정신을 차리려고 해보았다. 그러나 그 의문이 그렇게 합리적 형태로 되어 있는 동안은 아무런 효과가 없었다. 그가 그와 같은 생각을, 말도 안 되는 그와 같은 짓을 다시 하면 다음 세상에서 아버지에게 나쁜 일[죽음]이 생길 것이라는 망상적 생각으로 바꾸자, 그 행태가 사라졌다."[22]

21 *Ibid.*, p.14.
22 *Ibid.*, pp.76~7.

앞에 인용된 글에서도, 쥐인간이 "그 어린 나이부터 오랫동안 나의 아버지의 죽음과 관계된 상념이 나를 사로잡고 있었고 나를 아주 우울하게 만들었어요."라고 말하자, 프로이트가 실제 강박관념의 대상인 그의 아버지가 수 년 전에 죽었다는 사실을 알고 깜짝 놀라고 있다. 말하자면 강박증 환자는 이미 죽고 없는 상상적 아버지의 금지 처벌에 시달리고 있는 것이다. 그는 그러한 상상적 아버지와 현실적 아버지를 혼동하고, 후자를 전자와 동일시하고 있는 것이다. 그렇기 때문에 자신을 못살게 구는 상상적 아버지가 죽었으면 하고 바라는 것이고, 현실적 아버지가 죽은 뒤에도 그 바람은 계속되는 것이다. 그러나 그러한 바람의 상상적 실현은 또 다른 죄책감을 양산하면서 섬뜩한 느낌을 들게 하고, 그 결과 그 죄책감에 대한 방어 작용이 다시 작동하게 된다. 다시 말해 그러한 일이 일어나지 않도록 무슨 수라도 써야 한다. 그것이 3단계의 강박행동이다.

c) 3단계: 2차적 방어증상 — 강박행동

기제 3 : 반동형성

이제 환자의 의식적 자아는 2단계의 타협 형성물인 강박관념 — 꼬마 쥐인간의 경우 '아버지가 죽을지도 모른다'는 생각과 그에 따른 섬뜩함 — 을 방지하기 위하여 무슨 수라도 써야 한다. 다시 말해 그 관념이 떠오르지 않도록 하기 위해 무슨 일이라도 해야 한다. 그것은 강박관념이 섬뜩한(unheimlich) 감정을 동반하기 때문에, 그것을 피하기 위한 자아의 방어 전략이다. 그렇게 해서 나타나는 것이 <2차적 방어증상인 강박행동>이다. 돈을 강박적으로 다리는 환자의 경우도, 두 번째 단계가 잘 눈에 띄지 않아서 그렇지, 세 단계를 거쳐 강박행동에 이른다. 즉 아동기호증적 도착 행위에, 소녀들의 순결을 오염시켰다는 양심의 가책이 뒤따르고(강박관념), 그 죄책감이 돈으로 이동하여(정동의 이동), 돈을 다리는 강박행동이 나타난 것이다.

성적 흥분		강박관념		강박행동
아동기호증적 도착 행위	→	오염, 죄책감	→	돈 다림질
	양심		정동의 이동	

여기서 다시 한 번 강조해야 할 사항은, 중간 단계의 죄책감은 주의를 끌지 못한다는 점과, 그 결과 강박행동에는 내용이 없는, 즉 쓸데없고 터무니없는 양심의 가책이 나타나거나 아니면 아예 죄책감이 사라지고 없다는 사실이다. 그럼에도 프로이트가 강박관념을 강박행동에 선행하는 것으로서 강박증의 본질 자체라고 말하는 것은, 거기에 이미 강박증에 고유한 모든 기제와 정동이 다 나타나 있기 때문이다. 이렇게 프로이트는 심리적인 차원에서 구조적으로 강박증을 정의한다. 그러한 프로이트의 관점에 따르면 강박행동은 강박관념에 대한 이차적 방어 증상이기 때문에 후자에 비해 부수적이다. 그에 반해 『DSM IV』에서는 강박행동에 초점을 두고 그것을 현상적으로 그리고 통계적으로 분류하고 있다.[23] 아무튼 1차적인 강박관념에 대한 강박행동은 전자에 동반되는 섬뜩한 감정을 피하기 위한 회피 전략으로, 전자를 그 속에 숨기고 있다. 즉 후자는 전자의 불안을 덮어 가리고 있는 덮개 행동 — 또는 위장술 — 에 불과하다. 우리는 그러한 사실을 손을 자주 씻는 결벽증 환자에게 손을 못 씻게 하면 불안발작이 일어난다는 것을 통해 알 수 있다. 강박관념에 대한 반동형성으로 나타나는 강박행동을 열거

23 <강박 장애(obsessive-compulsive disorder)>, in 『DSM IV』, 하나의학사, pp.546~553).

해보자.[24](강박증(OCD : Obsessive-Compulsive Disorder)의 유형은 『강박증 이제 안녕』과 『DSM IV』에 잘 분류되어 있고, 그 예의 구체적인 모습은 『이보다 더 좋을 순 없다』라는 영화에서 확인할 수 있다.[25])

C-1. 오염에 대한 강박행동

이 강박행동의 가장 큰 특징은 오염이 끝없이 한 대상에서 다른 것으로 옮긴다는 것이며 신체적 접촉 없이도 일어난다고 믿는다는 것이다. 또한 오염에 대한 두려움은 병균이나 병과는 물론이려니와, 대상의 자질과도 전혀 관계가 없다. 그것에 대한 반동형성으로,

1) 몸을 반복해서 씻는 결벽증이 나타난다. 『이보다 더 좋을 순 없다』에서 주인공은 비누를 한 번 쓰고 버리고, 손 소독을 위해 델 정도의 뜨거운 물로 손을 씻는 행위를 반복한다.
2) 오염된 장소를 반복해서 청소한다. 청소 시간은 1시간에서 10시간

---

24 반동형성(formation réactionnelle: Reaktionsbildung: reaction-formation)은 무의식적인 욕망과 반대 방향으로 나아가고, 그것의 반작용으로 구성되는 심리 태도나 습관을 말한다. 가령 노출 욕동에 대한 반작용으로 수치심이 형성된다. 그러한 반동형성은 「방어 신경증에 관한 새로운 고찰」(1896)에서 강박증을 최초로 기술할 때, 이미 그것의 주요 기제로 거론되고 있다. 즉 앞에서도 인용한 바와 같이(<크리스마스 이야기>), 고통스러운 표상에 대해 ≪일차적인 방어 증상≫이나 ≪반대-증상(contre-symptôme)≫으로 대체하는 것이 그것이다. 따라서 반동형성은 강박증에 특징적으로 나타나는 기제로(그렇다고 히스테리에 없는 것은 아니다), 성욕동에 대한 자아의 반작용으로 발생하기 때문에, 자아의 변질이나 성격적 특징을 구성한다.

25 포아 & 윌슨, 『강박증 이제 안녕』(박형배 역, 하나의학사, 2000); 미국정신의학회, 『DSM IV』(이근후 외역, 하나의학사, 1995, pp.546~553); 제임스 엘 브룩스(James L. Brooks) 감독 『이보다 더 좋을 순 없다』(잭 니콜슨 주연 영화, 1998년) 참조

또는 며칠 씩 다양하다. 『이보다 더 좋을 순 없다』에서도 주인공은, 애인이 기다리다 지쳐 잠이 들 때까지 샤워를 반복한다.

3) 오염된 것을 접촉하지 않으려고 하거나, 오염된 방을 폐쇄하여 그것에 접근하는 것을 금지시킨다.(이것을 프로이트는 <접촉 금지>라고 부른다) 『이보다 더 좋을 순 없다』에서 흑인이 주인공의 멱살을 잡으려 하자 주인공은 <Don't touch>라고 말한다. 그 말은 <접촉 금지> 강박을 가장 잘 보여주는 말이다. 그밖에 주인공은 남이 쓰던 식기를 사용하지 않기 위하여 식당에 갈 때도 일회용 플라스틱 식기를 가져간다든지, 비닐장갑을 끼고 개를 만진다든지, 물건을 나를 때는 반드시 일회용 장갑을 끼고 한다든지, 사람과 부딪치지 않기 위하여 사람을 피해 다니는데, 그 모든 행동은 오염된 것에 대한 접촉금지를 나타낸다.

C-2. 의심에 대한 강박행동

프로이트는 의심이야말로 강박증 환자의 심리를 지배하는 강박관념으로(그래서 전통적으로 <의심증(folie de doute)>으로 불려왔다), '사랑이 미움에 의해 억제된 결과'라고 말하면서 의심과 강박의 관계를 다음과 같이 설명하고 있다.

> "강박신경증의 정신세계에서 볼 수 있는 강박과 의심의 지배에 대해 살펴보자. 의심은 환자가 자신의 불확실성을 느끼는 것에 해당한다. 그 불확실성은 그의 사랑이 미움에 의해 억제된 결과이며, 그가 무엇이든 하고자 하면 그를 사로잡는다. 그런데 그 사랑이야말로 그의 마음에서 가장 확실한 것이어야 한다. 그리고 그 의심은 다른 모든 것으로 퍼지고 특히 가장 의미가 없고 작은

것으로 옮겨가기 쉽다. 자신의 사랑을 의심하는 사람은, 사랑보다 더 작은 가치의 다른 모든 것들을 의심해도 된다. 아니 의심해야 된다는 것이다. [원주] 햄릿이 오필리어를 향한 사랑을 읊은 시에도 나타나 있다(2막3장)

당신이 별은 불이라는 것을 의심해도
해가 움직인다는 것을 의심해도
진실이 거짓이라고 의심해도
내가 사랑하는 것은 의심하지 말라."[26]

사실 의심은 어떤 대상에 대해 사랑의 충동이 일어날 때 그것을 미움이 밀어내는 마음의 움직임이다. 그래서 확실한 사랑의 감정을 불확실한 것으로 만드는 것이다. 따라서 그것은 사랑으로부터 환자를 멀어지게 하는 가장 좋은 수단이다.(나중에 알려지겠지만, 이러한 기제를 프로이트는 <고립>이라고 한다) 그러한 맥락에서, 꼬마 쥐인간이 성적 흥분에 아버지의 죽음으로 대응하는 것도 성적인 현실로부터의 고립이라는 점에서 의심이라고 말할 수 있다. 그러한 의심은 사랑보다 가치가 작은 다른 것으로 계속 확대 이동한다. 그렇게 함으로써 강박증 환자는 불확실성과 의심을 쫓아가는 것이다. 다음의 여자 환자는 그러한 의심의 이동 확산을 잘 보여주고 있다.

"강박증 행동이 주 증상인 어느 여자 환자에게 의심 증상이 있었다. 그 여자는 뉘른베르크에서 남편과 함께 산보를 갔다가 상점에 들렀다. 그녀는 아이를 위해 이것저것 사고, 미리 빗도 하나 샀다. 그 남편은 아내가 물건을 사는 시간이 너무 오래 걸린다고 생각해서, 오는 길에 고물상에서 꼭 사고 싶은 동전이 있는 것을 보고, 그것을 사서 다시 그 상점으로 돌아오겠다고 말했다. 그러나 그녀가 보기에 남편은 너무 늦게 돌아왔다. 그래서 남편이 돌아왔을 때 어디

26 프로이트, 「쥐인간」 in 『늑대인간』, 열린책들, pp.94~5.

갔었느냐고 물었다. '고물상에 간다고 하지 않았소?'라고 남편이 대답했다. 바로 그 순간 그녀는 조금 전 아이를 위해 샀던 빗이, 사실은 그녀가 항상 가지고 있었던 것이 아닌가 하는 견딜 수 없는 의심에 사로잡혔다. 당연히 그녀는 어떤 정신 작용의 연결로 그런 의심이 생긴 것인지 알지 못했다. 그것은 간단하다. 의심이 이동되었다고 간주하고 다음과 같이 무의식에 있는 관념을 연결시키면 확실해진다. '당신이 정말 고물상에만 갔었다면, 또는 내가 그것을 그대로 믿어야 한다면, 내가 바로 전에 산 이 빗도 내가 오래전부터 가지고 있었던 것이라고 믿을 수 있을 것이다.'"[27]

심지어 강박증 환자 중에는 "시계를 아주 싫어해서(시계는 최소한 몇 시인지 확실하게 알려주므로), 그 의심할 수 없는 기계가 힘을 발휘하지 못하게 하는 무의식적 술책을 쓰는" 경우도 있다. 반면에 강박증 환자는 "확신할 수 없는 주제, 또는 정의나 판단이 보류되어야 하는 주제를 좋아한다." 말하자면 불확실한 주제를 좇아가는 것이다. "그런 종류의 주제로는 기원, 수명, 사후 세계, 그리고 기억 등이 있는데, 그는 그렇게 믿을 만한 보장이 하나도 없는 기억이나 주제를 믿는 습관을 가지고 있다."[28]

다른 한편, 그러한 의심을 보상하기 위해 2차적 방어 증상으로 강박행동이 나타나기도 한다: "강박행동은 의심을 보상하고, 의심이 증거가 되는 참을 수 없는 억제 상태를 바로잡으려고 하는 것이다. 환자가 결국 이동의 도움으로 금제된 결정 중의 하나를 선택하기로 정한다면, 그것은 실행되어야만 한다. 그것은 물론 그의 본래의 결정은 아니지만, 거기에[본래의 결정에] 축적되어 있었던 에너지를 대체 행동으로 방출할 기회를 놓치지 않는다. 그리하여 그 대체 행동은 사랑의 욕동이 방출의 길을 얻느냐 아니면 미움의

27 *Ibid.*, p.79.
28 *Ibid.*, p.86.

욕동이 방출의 길을 얻느냐에 따라 명령과 금지로 나타난다. 만약 강박적인 명령이 실행되지 않는다면, 긴장은 참을 수 없게 되고, 그것은 아주 강한 불안의 형태로 지각된다. 그러나 그러한 대체 행동을 향한 길 자체가 아주 사소한 것으로 이동된 것이라 하더라도, 격렬하게 쟁취한 것이어서, 그 행동은 흔히 고립시켜야 할 충동과 밀접한 관계가 있는 방어 수단의 형태로 빛을 보게 된다."[29] 그러한 대체행동에는 반복확인, 이해강박, 사고강박(정리정돈 강박과 보호강박) 등이 있다.

1) 반복 확인 : 화재에 대한 두려움 때문에 난로나 전기 기구를 반복 확인하고, 도둑에 대한 두려움 때문에 문이 잠겼는지 반복해서 확인한다. 이것은 때로 의식(ritual)을 동반하기도 한다. 가령 『이보다 더 좋을 순 없다』에서 주인공은 문을 닫고 불을 켤 때, 'one, two, three, four, five'를 세며 다섯 번 확인한다. 그것은 의심과 확인이 교대 반복되는 것을 나타낸다. 또 어떤 강박증 환자는 자가용으로 집으로 돌아오다, 네거리에서 사고로 보행자를 치었을 것 같은 섬뜩한 감정이 들어, 사고 장소로 돌아가 확인하고 또 확인하다 지쳐서 돌아오기도 한다. 그 경우, 환자는 확실하게 확인했기 때문에 돌아온 것이 아니라, 거듭된 확인 작업에 몸이 녹초가 되어 돌아온 것이다. 그는 다음 날 뉴스에 그 사고 소식이 나올 거라 생각하고 다시 뉴스를 확인하는 해프닝을 벌인다.

2) 이해강박 : 강박증 환자는 과제에 대해 확실히 이해했는지 확인하기 위해 같은 구절을 반복해서 읽거나, 논문에 실수가 없는지 확인하기 위해 다음 줄로 넘어가는 데 많은 시간이 걸리곤 한다. 프로이트에 따르면, 이러한 이해강박의 기원에는 사랑하는 사람에 대한 오해강박이 있다.

29 *Ibid.*, p.97.

"사랑하는 사람이 떠난 후, 쥐인간은 '이해해야 한다.'는 강박증에 시달렸는데, 이것 때문에 주위 사람들이 곤욕을 치렀다. 즉 그는 그렇게 하지 않으면 매우 귀중한 보물을 잃는다는 듯이, 누군가 그에게 한 말을 음절 하나하나까지 정확하게 이해하려고 안간힘을 썼다. 그래서 그는 '지금 방금 뭐라고 했지?'라고 반복해서 되물었다. 그리고 상대방이 다시 말해주면, 처음에는 그렇게 들리지 않았다는 생각이 들어서 만족할 수 없었다. 그가 여름휴가 전에 빈에서 그 여자와 헤어질 때, 그 여자가 무슨 말을 했는데, 그는 그 여자가 함께 모인 친구들 앞에서 그와 헤어지겠다고 발표하려 한다는 말로 알아들었다. 그래서 그는 매우 우울했다. 여름 휴양지에서 그는 그 여자와 그 이야기를 의논할 기회가 있었는데, 그 결과 그가 오해했었으며, 사실 그 여자는 그가 여러 사람에게 우습게 보이는 것을 막으려 했을 뿐이었다는 것을 이해하게 되었다. 그래서 그는 다시 행복해졌다. 그의 '이해해야 한다.'는 강박증은 이 사건에 영향을 받은 것이 분명하다. 즉 그것은 그가 자신에게 '이것을 경험 삼아 다시는 남을 오해해서 쓸데없는 마음 고생하지 말아야지'라고 다짐한 것 같다. 이 결정은 한 가지 일을 다른 일에까지 일반화한 것일 뿐 아니라, 가장 중요한 사람인 그 여자가 그 자리에 없었기 때문일지는 모르나 다른 모든 덜 중요한 사람들에게 이동된 것이다. 그리고 그 강박증은 그가 그 여자의 말에 만족했기 때문에 일어난 것만은 아니다. 왜냐하면 그 강박증은 다시 말한 것이 원래의 말을 정확하게 되풀이한 것인지 의심하는 것으로 끝나므로, 다른 뜻이 포함되어 있다고 보아야 하기 때문이다."[30]

3) 사고 강박 : 이것은 누군가 — 특히 사랑하는 사람 — 가 사고를 당하지 않을까 하는 두려움(사고 강박)에, 사고를 일으킬 모든 물건과 요인을 없애는 강박행동을 말한다.[31] 꼬마 쥐인간이 '아버지가 죽을지도 모른다.'는 섬뜩한

---

30 *Ibid*., pp.44~5.

31 『이보다 더 좋을 순 없다』로 유명해진 강박행동이 있다. 바로 주인공 멜빈 유달이 보도블록의 금을 밟지 않으려고 깡충깡충 금을 건너뛰는 걸음걸이다. 그러나 이 영화는 강박적인 그 방어 행동의 심리적 기원이 된 강박관념에 대한 단서를 제공하지 않는다. 그 기원은 그 영화와 전혀 관계없는 엉뚱한 곳에서 우연히 발견된다. 『강박증 이제 안녕』에도 금을

생각에, 그 일이 일어나지 않도록 무슨 수라도 써야 할 것 같다고 했는데, 바로 그 <무슨 수>가 바로 여기에 해당하는 강박행동이다. 『강박증 이제 안녕』에 제시된 사례에 따르면, 어떤 강박증 환자는 '딸이 콘크리트 바닥에 떨어져 죽을지도 모른다.'는 섬뜩한 생각에 바닥에 부드러운 카펫을 깔고, 모든 뾰족한 것과 책상 모서리에 안전장치를 하고, 그것도 모자라 계단을 폐쇄한다. 또 어떤 환자는 부모님이 죽었으면 좋겠다는 끔찍한 생각을 방지하기 위하여 바닥에 떨어진 물을 닦고(이것은 청소 강박으로 이어진다), 위험한 물건을 치우는 것으로부터 시작해서 모든 물건을 강박적으로 정리 정돈한다.

3-1) 정리정돈 강박 : 『강박증 이제 안녕』에 제시된 사례에 따르면, 35세의 여성 환자인 사라는 모든 물건을 벽장에 특별한 방식으로 배치하는데, 아이들이 서랍과 옷을 사용할 때 그것을 흐트러뜨릴까 봐 극도로 신경을 쓴다. 그녀는 하루 종일 이 방에서 저 방으로 흐트러진 물건을 정리하는데 시간을 다 보낸다. 침대 덮개를 똑바르게 덮어두고, 주름이 있으면 몇 시간에 걸쳐 다시 펴고, 약품, 신발, 필기도구 등도 복잡한 방식으로 배열한다. 특히 약품은 가족들이 볼 수 있는 꽃 모양으로 식탁 위에 올려놓는데, 누군가 그것을 건드리면 심하게 화를 내고 다시 한다. 그녀에게는 좌우대칭의 유지도 중요하다.(한국에서는 이런 환자를 <깔끔이>이라고 칭송하며 칭찬해주는 경향이 있는데, 이것은 오히려 강박증 증상을 강화할 위험이 있다.) 『강박증 이제 안녕』의 저자에 따르면, 그 목적과 내재된 근거는 불분명하지만, 사물이

밟지 않으려는 강박증 환자의 예가 나오는데, 그 환자는 어머니가 병으로 누워계실 때, 어머니의 허리를 밟아 다치지 않게 해야 한다는 생각을 한 다음부터 금을 밟지 않는다. 따라서 이 경우도 사고 강박에 대한 반동형성으로 나타난 강박행동이다.(포아, 『강박증 이제 안녕』, 박형배 역, 하나의학사, p.48)

똑바로 되어야 한다는 완벽주의 때문인 듯하다고 말한다. 그러나 나중에 알려지겠지만, 라캉에 따르면, 강박증 환자는 완벽을 지향하는 자가 아니라 완벽과 동일시하는 자이다. 『이보다 더 좋을 순 없다』에서도 주인공은 여행을 가기 위해, 옷가지와 여행 가방을 완벽하게 꾸릴 뿐 아니라, 여러 상황 — '분위기 잡을 때', '기분이 뜰 때' 등 — 에 맞는 각종 음악을 분류하고 빈틈없이 배열한다.

3-2) 보호 강박 : 정리정돈 강박이 사랑하는 사람을 다치게 할 물건을 치우거나 피해가는 것이라면, 보호 강박은 사랑하는 사람이 아프지 말라고 그의 몸을 보호해주는 것이다. 가령 "어느 날 쥐인간이 여자와 보트 놀이를 하고 있을 때 바람이 세게 불었다. 그는 '그 여자에게 아무 일도 일어나서는 안 된다'는 명령이 그의 마음에 떠올라, 그 여자에게 자기 모자를 씌워주었다. 그것은 <보호강박증>이었는데, 그 강박증은 그 외에 다른 형태로도 나타났다. 어느 천둥 번개가 치던 날에 그들은 함께 앉아 있었는데, 그는 번개가 치고 천둥이 울리기 전마다 마흔이나 쉰까지 '세야 한다.'는 생각에 사로잡혔다."[32] 그러나 그것은 사고를 더 부추기는 행동이다. 왜냐하면 바람에 모자가 날아가, 여자가 그것을 잡으려다 사고를 당하면 어쩌겠는가? 따라서 "'보호해야 한다.'는 그의 강박증적 행동은 정반대의 충동, 즉 그 여자와 문제를 분명히 하기 전에 그가 그 여자에게 느꼈던 적개심에 대한 반응으로 나타났다고 말할 수밖에 없다."[33] 천둥 번개 강박도 마찬가지이다. 그것은 누군가 — 특히 사랑하는 사람 — 가 죽을지도 모른다는 두려움에 대한 방어 증상에 지나지 않는다. 그 섬뜩한 강박관념을 몰아내기 위해 강박증 환자는 수를 세는 것이다.

---

32 프로이트, 「쥐인간」 in 『늑대인간』, 열린책들, pp.43~4.
33 *Ibid.*, p.45.

따라서 그러한 강박행동들은 서로 반대되는 두 가지 충동을 나타낸다고 말할 수 있다. 그 충동은 항상 사랑과 미움일 것이다. 말하자면 양가감정이 하나의 행동에 따라붙은 것이다. 그러나 히스테리에서는 보통 서로 반대되는 경향을 동시에 표현하는 일석이조의 해결책을 찾아내는데 반해, 강박증에서는 두 반대되는 경향이 연속적으로 나타나며, 그 반대되는 표현을 논리적으로 서로 연관 지으려고 한다. 그러한 사랑과 미움의 갈등은 쥐인간의 기도에서도 나타난다. "예를 들어 그가 '신이여 그를 보호하소서.'라고 기도하면, 악마가 서둘러 나와 '하지 마소서'로 만드는 것이었다. 그러다가 하루는 저주를 해야겠다는 생각이 났다. 왜냐하면 그때도 역시 그 반대되는 말이 끼어들 것이라고 확신을 했기 때문이었다. 그의 기도에 의해 억압되었던 원래의 의도가 마지막에 나타난 그의 생각('하지 마소서')을 통해 드러난 것이다. 결국 그는 기도를 그만두고 여러 가지 기도문의 첫 글자나 음절을 따서 만든 짧은 주문을 외우는 것으로 그 당혹스런 상황에서 벗어났다. 그리고 그는 다른 것이 끼어들지 못하도록 이 주문을 아주 빨리 외웠다."[34] "그러나 이런 기술적인 방법은 길게 효과를 내지 못한다. 만약 사랑의 충동이 어떤 사소한 행동으로 성공적으로 이동되면, 적개심의 충동이 곧 따라와서 사랑의 충동이 해놓은 일을 모두 없었던 일로 해놓기 때문이다."[35] 이러한 기제를 프로이트는 소급적 취소라고 부른다.

34 *Ibid.*, p.47.
35 *Ibid.*, p.96.

기제 4 : 소급적 취소

보호 강박과 병행해서 언급해야 할 강박증의 고유한 기제가 있다. <소급적 취소(annulation rétroactive; Undoing [what has been done]; Ungeschehen machen)>이다. 소급적 취소는 주체가 어떤 행위나 사고가 한 번도 일어나지 않은 것처럼 행동하려고 하는, 강박신경증에 특징적인 방어 기제이다. 그것은 두 시기로 나타나는데, "두 번째 행위가 첫 번째 행위를 없애는 것이다. 그 결과 실제로 두 행위가 일어났는데도, 모든 것이 아무것도 일어나지 않은 것처럼 된다."[36] 예컨대, 쥐 인간은 어느 날 길을 가다가 돌에 발이 부딪친다. 그는 그 돌을 길에서 치워버린다. 왜냐하면 그의 여자를 실은 마차가 몇 시간 뒤에 그 장소를 지나기 때문이다. '그 돌 때문에 그 여자에게 사고나 나면 어떻게 하나?'라는 걱정을 한 것이다. 그러나 얼마 뒤, 그는 그 행동이 불합리한 것이라고 생각하고, 다시 돌아가 그 돌을 길 한가운데 다시 갖다 놓는다. 이렇게 강박증 환자는 어떤 명령과 금지, 또는 명령과 반대명령의 교대를 무한히 계속한다. 그러나 소급적 취소의 문제를 단순화시켜, 첫 번째 행위는 충동과, 두 번째는 금지와 일치한다고 생각할 수 없다. 왜냐하면 두 번째 행위에서 표현되는 것은 금지가 아니라 오히려 적대적이고 공격적인 충동이기 때문이다. 따라서 첫 번째 행위가 여자에 대한 보호와 사랑과 일치한다면, 두 번째 행위에서 표현되는 것은 적대적이고 공격적인 충동이다. 프로이트는 이러한 소급적 취소에 대해, 강박신경증에 특징적인 '마술(magie)'적 차원을 강조한다. 그것은 사건의 결과뿐만 아니라 사건 자체에 '(마술적) 입김을 불어넣음으로써 그것들을 지워버리는' 것이다.

---

36 *Ibid.*, p.46.

쥐인간이 훈련 중에 잃어버린 안경 값을 대신 내준 사람에게 돈을 갚지 못하고 계속 왔다 갔다 하는 것도 소급적 취소라고 할 수 있다. 쥐인간의 강박증의 재발은 이렇다. 가끔 일어나는 그의 증상은 군대 시절에 일어난다. 그것은 한 마디로 그에게 지시된 방식에 따라, 얼마 안 되는 돈 — 궁극적으로는 우체국 여직원에게 진 빚 — 을 그녀에게 갚기 불가능하다는 것이었다. 잔인한 것으로 알려진 어떤 체코 대위(C)가 쥐인간에게, 병참 장교인 A 중위가 안경 값을 대신 갚았으니 3.80 크로네를 그에게 지불하라고 명령한다. 쥐인간은 A 중위에게 상환하라고 돈을 건넨다. 그러나 에른스트 — 쥐인간의 진짜 이름은 에른스트 란저(Ernst Lanzer)이다 — 는 C가 틀렸다는 것을 알고 있었다. 왜냐하면 쥐 형벌 이야기와 A 중위에게 돈을 갚으라는 C의 말 사이에, 우체국 아가씨의 친절에 관한 이야기를 들어 알고 있었기 때문이다. 즉 원래 그 임무를 수행한 사람은 Z 마을에 사는 B 중위였는데, 여자 우체국원이 B 중위를 신용해서 그녀가 대신 처리해준 것이다. 따라서 쥐인간은 우체국 여직원에게 돈을 갚으면 되는 것이었다. 그는 그러한 사실을 알고 있었다. 그럼에도 (이미 새 근무지로 발령받아 간) A에게 갚으러 가려고 했다는 것은, 우체국 아가씨에게 갚아야 한다는 기억을 억압했다는 것과, 동시에 그가 C의 명령을 실행해야 한다는 강박에 사로잡혀 있다(이러한 사실을 보면 C는 아버지나 다름없다)는 것을 의미한다. 그러한 강박은 그에게 귀중한 사람들에게 엄청난 불행이 일어나는 것을 피하기 위함이었다. 그리하여 그 빚은 여자 우체국 직원에게 배상되기 전에 세 사람과 그들이 있는 장소를 돌아야 한다는 엄청난 고통을 야기한다. 여기에 Z 마을의 여관집 딸이 우체국 아가씨의 경쟁자로 가세한다. 그녀는 돈이 있고 예쁠 뿐 아니라, 쥐인간에게 호감을 가지고 있었다. 그리하여 쥐인간은 우체국에 직접 가지 못하고, 계속 돌아가고 싶은 유혹에 시달리는 것이다. 즉 두 여자 사이의 망설임은 두 장교사이의 망설임으로 이동하고, 두 장소(A 중위의 새 근무지와 B 중위가 살고 있는 Z 마을) 사이의 망설임으로 나타난다.

C-3. 외설 강박과 의식화(ritualization)

강박증 환자는 양심의 가책이 큰 만큼, 그것이 억압하는 외설적 환상 또한 크다. 『강박증 이제 안녕』에는 다음과 같은 사례가 나온다. “폴은 성당 활동에 꽤나 열성적인 가톨릭 가정에서 성장했다. 그는 사제의 복사로 성당의 가르침을 철저히 따르며 모임과 고백성사에도 규칙적으로 참석했다. [⋯] 그러던 중 폴의 강박 문제는 약 18세부터 시작되었다. 모임이 끝나고 성당에서 오던 어느 날, 그의 마음에 동정녀 마리아 상을 덮치는 장면이 상상되었다. 비록 일순간이었지만, 그 상이 너무도 생생하였다. 이것을 불경스러운 것으로 간주한 폴은 극도로 놀랐고, 신이 자기에게 벌을 주리라 생각했다. 시간이 지남에 따라 성모 마리아를 덮치는 상과 운동장에서 그녀를 후려치는 상이 더욱 자주 떠올랐다. 그는 신의 처벌이 더욱 두려워졌다. 그는 수치심과 죄책감을 느꼈고 특히 모임에서 이런 생각을 통제할 수 없을 때 더욱 심했다. 그는 혼란스러워 예배동안 집중할 수 없었다. 폴은 그러한 상을 가지고 있는 동안 반복적으로 어떤 행동을 취하면 불안과 수치심이 감소하는 것을 발견했다. 이유는 모르지만 4가지 행위의 반복의 결과가 특히 도움이 되었다. 그러나 과정은 간단한 것이 아니었다. 불편을 줄이기 위해 비록 순간적이긴 하나, 이 행동을 하기 위해서도 정해진 순서로 반복해야 한다. 예를 들면 머리를 빗다가 덮치는 상이 떠오르면 반드시 왼손으로 빗질을 해야 하고 정수리 뒷부분, 머리 양옆을 4번 가볍게 쳐야 한다. 만일 이 순서가 방해받으면 폴은 처음부터 다시 시작해야 한다. [⋯] 하루 동안 그는 7~8시간을 동정녀 마리아 상을 덮치는 상에 대항하거나 기도하는 의식적 행위를 하며 시간을 보내야 했다. […] 반복해서 어떤 행동을 하는 사람의 의식적 행위는 논리적인 힘보다는 신비함을 가진다."[37]

이 사례에서 특징적인 것은, 기도 중에 갑자기 끼어드는 불경한 환상 — 즉 동정녀 마리아를 강간하고 때리는 외설 강박 — 이 기도와는 반대되는 충동의 소산이라는 점 — 따라서 그 환상을 기도로 억압하고 있었다는 점 — 과, 그 환상에 의해 야기된 수치심과 죄책감을 떨쳐버리기 위해 강박행동을 창안한다는 점이다. 그러한 강박행동은 우연히 발견되는데 — 예컨대 외설적 환상이 떠오를 때 우연히 머리를 두세 번 톡톡 쳤는데 환상이 없어지는 것을 발견한다 — , 그 뒤부터 그 행동을 반복할 뿐 아니라, 그것을 정교하게 의식화한다. 즉 그 순서와 방식이 정확하지 않으면, 정확해질 때까지 몇 시간씩 계속 반복한다. 이러한 의식은 계속 다른 것으로 확산되어, 심지어는 보는 이로 하여금 종교적인 의식처럼 신비함을 느끼게 한다. 『이보다 더 좋을 순 없다』에서도 주인공은 신발을 신을 때, 가톨릭의 의식처럼 성부와 성자와 성신의 성호를 그린다. 그래서 이러한 의식만 가지고는 외설강박 자체는 물론이려니와, 그 의식이 그러한 강박관념에 대한 이차적 방어투쟁이라는 사실을 알 수 없다:

> "의식은 강박관념 자체만을 잘못 알아보게 하는 것이 아니다. 예를 들어 보호하는 처방 같은 이차적인 방어 투쟁도 잘못 알아보게 한다. 이와 관련된 좋은 예를 두 가지 들어보겠다. 우리 환자는 방어적 처방으로 부정하는 몸짓을 하며 빠르게 <aber(그러나)>라고 말하곤 했다. 그는 최근에 이 처방이 바뀌었다고 나에게 말했다. 그는 더 이상 앞에 강세를 두고 <áber>라고 하지 않고 뒤에 강세를 두어 <abér>라고 말한다고 했다. 왜 그렇게 바꾸었는지 물어보니 그는 둘째 음절에 있는 발음하지 않는 <e>는 외부의 침입에 안전한 느낌을

37 포아, 『강박증 이제 안녕』, 박형배 역, 하나의학사, pp.70~1.

> 주지 못하기 때문에, <e>에 강세를 두기로 결정했다고 말했다. 이 설명은 강박신경증의 스타일을 아주 잘 나타내주지만, 이유를 설명하기에는 모자랐다. 기껏해야 합리화한 것이라고 해야 할 것이다. 사실은 <aber>를 뒤에 강세를 두어 발음하면 <Abwehr(방어)>와 소리가 비슷해진다. 이 <방어>라는 말은 그가 정신분석을 받는 동안 배운 말이다. 이렇게 함으로써 그는 치료를 불합리하고 망상적으로 이용하여 자신의 방어적 처방을 강화하려 한 것이다. 또는 그는 모든 나쁜 것들을 쫓는 힘이 있는 주문에 대해 이야기한 적이 있다. 그 주문은 그가 하는 기도 중에서 가장 강하게 은혜를 베푸는 기도들의 첫 글자를 따서 모아, 그 끝에 <amen>을 붙인 것이었다. 나는 그 기도문을 그대로 되풀이할 수 없었다. 그가 그 주문을 말했을 때, 나는 그 단어는 그의 여자의 이름에서 철자의 순서를 바꾸어 놓은 것(즉 Glejisamen)이라는 것을 곧 깨달았다. 그는 그 여자의 이름에 있는 <s>를 단어의 제일 나중, 즉 <amen> 바로 앞에 놓았다. 이렇게 해서 그는 그의 <Samen(정액)>을 사랑하는 여자와 접촉하도록 했다고 말할 수 있다. 즉 상상 속에서 그는 그 여자와 수음을 한 것이다. 그 자신은 이렇게 명백한 관계를 알아차린 적이 없었다. 그의 방어 처방이 억압되어 있는 방어적 힘에 의해 속임을 당한 것이었다. 이것은 시간이 지남에 따라 지워버리려고 하는 것이 지워버리려는 방법 안으로 숨어들고 만다는 규칙을 보여주는 좋은 예이다.”[38]

말하자면 쥐인간은 <그러나(aber)>라는 접속사로 분석가의 말을 <부정>하면서 자신을 <방어>했는데, 그 접속사의 첫음절에 강세를 두고 둘째 음절을 약하게 발음하면(즉 [á:bɚr]라고 발음하면), <e>의 발음이 외부의 침입을 제대로 방어하지 못하는 것 같아, 앞으로 둘째 음절에 강세를 두어 [abé:r]라고 발음해야겠다고 말했다는 것이다. 그러나 프로이트는 후자에 액센트를 두고 발음하면 <방어>를 의미하는 독일어 <Abwehr[ápve:r]>와 거의 동음이 된다는 것을 발견하고, 결국 강박증 환자에게서 문제가 되는

38 프로이트, 「쥐인간」 in 『늑대인간』, 열린책들, pp.78~9.

것은 <방어 작용>이라는 사실을 밝혀낸다. 그런데 여기서 눈여겨보아야 할 사실은, <그러나>라는 접속사 자체가 반박과 부정을 나타내는 말인데, 그 말이 방어에 불충분한 것처럼 느껴져 발음을 달리 함에 따라, 두 번째 발음 [abé:r]이 Abwehr[ápve:r]를 드러내는 방식이다. 즉 <aber>라는 말의 숨은 의도가 <방어Abwehr[ápve:r]>라는 사실을, 두 번째 모음에 악센트를 옮김으로써 폭로하고 있는 것이다. 이것은 강박증은 어떤 강박관념에 대한 방어 증상으로 발생한다는 것을 스스로 드러낸 아주 좋은 사례이다.

<Glejisamen>도 마찬가지이다. 그 주문은 기도에 끼어드는 여자에 대한 외설적 환상을 물리치기 위하여, 기도문을 별도로 작성하고 그것을 구성하는 각 문장의 첫 글자들을 조합한 단어(Glejis) 뒤에 <amen>을 붙여 만든 것인데, 결과적으로 자신이 사랑하는 여자의 이름(Gisela)의 아나그람(Glejisa)과, <정액>이라는 의미의 <Samen>이 결합된 합성어가 된다. 여기에 대해 프로이트는 이 강박증 환자가 <Glejisamen>이라는 주문으로써, "상상적으로 여자와 접촉하면서 수음을 하고 있다"고 말하면서, 방어 수단에 그것이 방어하려는 것이 숨어드는 현상이라고 말하고 있다. 말하자면 방어 수단이 그것이 억압하려는 것에 의해 속임수를 당한 것이고, 지워 버리고 쫓아버리려고 하는 환상적 대상이 지워버리려는 방식과 수단 안으로 숨어들고 만 것이다. 그리하여 강박적 사고 자체가 자위행위처럼 진행된다.

> 진정한 강박행동은 상반되는 두 충동의 일종의 화합 덕분으로 가능해진다. 그것은 타협 형성에 의한 것이다. 그 신경증이 확장되면서 강박행동은 점점 더 자위행위의 성질을 가진 유아기의 성 행위와 비슷해진다. 그러한 형태의 신경증에서는 사랑의 행위도 그런 식으로 일어나는 것이다. 그렇지만 그것은 오로지 새로운 퇴행의 도움을 받아, 사랑이나 증오의 대상이 되는 사람을 향한 행위에 의해서가 아니라, 어린 시절처럼 자기성애적인 행위를 통해서 그렇게 되는 것이다.[39]

기제 5 : 고립

여기서 우리는 <소급적 취소>와 함께, 강박증에 가장 전형적인 방어 기제인 <고립(isolation; Isolierung)>[40]을 발견할 수 있다. 고립은 "하나의 생각이나 행위를 고립시켜, 다른 생각이나 환자의 그 나머지 존재와 관계를 끊어버리는 것을 말한다. 고립의 방법으로는 사고 흐름의 중단, 틀에 박힌 말투, 의례적인 행위, 그리고 일반적으로 연속적인 사고나 행위에 단절을 가져오는 모든 수단을 거론할 수 있다."[41] 그것은 주체가 받아들일 수 없는 표상에 대해 자신을 보호하는 방어 방식이다. 예컨대 앞에서 예로 든 강박증 환자의 경우, 도저히 용서할 수 없는, 마리아를 범하는 성적 환상에 대한 방어 작용으로 머리를 일정한 순서로 톡톡 치는 의식(즉 강박행동)이 창안되는데, 그 행동에는 어떠한 정동 — 수치심이나 죄책감 — 도 없을뿐더러, 그것에 대해 연상되는 바도 없다. 이렇게 고립은 신경증의 발생의 차원에서 의미 있고 기분 나쁜 주체의 행위나 생각 뒤에, 아무것도 일어날 수 없고 아무런 느낌도 일어나지 않도록 흐름을 끊어놓는 일시적 중지를 중간에 끼워 넣는다. 그래서 주체는 그가 고립시킨 두 개념 사이의 연결을 완전히 부인할 수 있다.

39 *Ibid.*, pp.97~8.

40 여기서 <고립>으로 번역된, 강박증의 가장 대표적인 기제인 <Isolation>은 지금까지 보통 <격리>라고 번역되어 왔다. 그런데 우리가 여기서 그것을 <고립>이라는 말로 고쳐 번역하려고 하는 것은, <격리>라는 말이 지금까지 <억압>으로 번역되어 오던 <Verdrängung>의 번역어로 아주 적합하기 때문이다. 사실 프로이트는 「Die Verdrängung(억압에 관하여)」(1914, 박찬부역, 열린책들)라는 논문에서 "그것의 본질은 오직 <격리(mise à l'écart)>(독어로 die Abweisung)와, 의식으로부터 <멀리 떼어놓는 것>(le fait de maintenir éloigné)(독어로 die Fernhaltung)에 있다."고 말하고 있다. 따라서 <Verdrängung>을 <억압>이라는 오역에서 <격리>로 바로 잡는 것은 학문적으로 지극히 당연한 일인 것처럼 보인다. 그에 따라 <Isolation>도 <격리>에서 <고립>으로 수정 번역되는 것이 좋을 것이다.

41 라플랑슈 & 퐁탈리스, <격리> , 『정신분석 사전』(임진수역), 열린책들, p.43.

그것이 구체적인 모습을 띠고 나타나는 것이 <접촉 금지>이다. 왜냐하면 고립은 접촉 가능성을 제거하여 어떤 사물이나 관념을 접촉하지 못하게 하는 것이기 때문이다. 말하자면 "강박신경증 환자가 어떤 인상이나 활동을 중단 고립시킬 때, 그는 그것들과 관련이 있는 생각이 다른 생각과 연상적으로 접촉하지 못하도록 만들고 있는 것이다."[42] 이러한 맥락에서 프로이트는 표상의 정동 분리를 넓은 의미에서 고립으로 간주하고 있을 뿐 아니라, 방어 전체를 하나의 고립으로 간주할 수 있다고 말하고 있다. "방어는 참을 수 없는 표상과 그것의 정동으로부터의 분리를 통하여 일어난다. 그 표상은 고립 약화되었을지라도 의식 속에 남아 있다."[43] 게다가 프로이트는 『억제, 증상 그리고 불안』에서, 고립이 어떤 한정된 형태의 증상으로 축소되지 않고 좀 더 일반적인 영향력을 갖고 있다는 것에 주목한다. 그것은 히스테리에 억압에 필적하는 것이나. 만약 외상적 체험이 무의식 속으로 억압되지 않는다면, 그것의 "[…] 정동은 없어지고 그것의 연상적 관계는 진압되거나(unterdrückt) 끊어진다. 그 결과 그 체험은 마치 고립된 것처럼 존속하고 사고 활동의 흐름에서 재생되지 않는다."[44] 강박증의 증상에서 발견되는 고립이라는 방법은, 앞에서 일어난 그러한 분리를 계속해서 재연하고 강화할 뿐이다.

42 프로이트, 『억압, 증상 그리고 불안』, 1926, p.249.
43 프로이트, *Die Abwehr-Neuropsychosen*, 1894, S.E., III, 58.
44 프로이트, 『억압, 증상 그리고 불안』, 1926, p.247.

기제 6 : 욕동의 분리와 가학적 항문기로 퇴행

우리는 앞에서 강박신경증의 주된 정동은 죄책감이고, 그 죄책감은 자아에 대한 초자아의 비난 — 즉 자기비난의 모습 — 으로 나타난다고 지적한 바 있다. 강박신경증에서, 초자아가 자아에 대해 그처럼 가혹한 태도를 취할 수 있는 원동력은 무엇인가? 프로이트는 다음과 같이 말하고 있다. "초자아는 관련된 사람에게서 가능한 사디즘의 전부를 쥐고 있는 것처럼 보인다. 우리의 사디즘에 대한 견해에 따르면 파괴적 요소는 초자아 속에서 지반을 굳히고 자아에 대항한다고 말할 수 있다. 이제 초자아 속에서 지배적인 세력은, 말하자면, 죽음의 욕동이라는 순수한 문화이다. 그리고 그것은 사실상 자아를 죽음으로 내모는데 — 만약 자아가 제 때에 조증으로의 변신을 통해 그 폭군을 비껴가지 않는다면 — 성공하는 경우가 비일비재하다."[45] 그렇다면 강박신경증은 실로 죽음의 욕동의 산실이 아닌가? 다시 말해 죽음의 욕동이 강박신경증 전체를 휘감고 있는 것이 아닌가? 왜냐하면 꼬마쥐인간의 강박증에서 보았듯이, 강박신경증은 성적 충동에 대해 아버지의 죽음(-소원)으로 대응하는 것으로부터 시작해서, 그 죽음(-소원)에 대해 초자아의 자기비난으로 마무리하는 것에 이르기까지, 모두 죽음의 욕동에 의해 움직이고 있기 때문이다. 사실 아버지에 대한 살해충동과 초자아의 자기비난을 이렇게 죽음의 욕동에 기반을 둔 쌍생아였던 것이다.

그렇다면 초자아가 어떻게 그렇게 죽음의 욕동의 화신이 될 수 있었을까? 프로이트는 이 문제를 후기 욕동 이론의 틀에서, 즉 삶의 욕동(에로스)과 죽음의 욕동(타나토스)의 관계에서 풀어나간다. 프로이트의 후기 욕동 이론

45 프로이트, 「자아와 그거」 in 『정신분석학의 근본 개념』, 열린책들, pp.389~9.

에 따르면, 그 두 욕동은 근본적으로 대립적 관계에 있다. 그것들은 때로 결합하기도 하고 때로 분리되기도 한다. 그러한 욕동의 결합-분리는 상당한 지면의 논의를 요하지만, 강박신경증과 관련하여 특히 주목해야 할 것은, 프로이트가 욕동의 결합-분리를 에로스와 (죽음의) 공격성의 결합과 분리로 이해한다는 사실이다. 즉 욕동의 결합은 에로스가 공격성을 자기 것으로 포함시킨 혼합물이기 때문에, 에로스와 공격성이 온갖 비율로 배합되어 있다. "가학증과 피학증은 두 종류의 욕동 — 에로스와 공격성 — 이 결합하는 두 가지 훌륭한 예를 보여준다.[성적 대상을 공격함으로써 성적 쾌락을 얻는 성애의 가학증적 요소를 상상해보라!] 우리는 그러한 관계가 하나의 원형이며, 우리가 연구하는 모든 욕동의 움직임은 그러한 두 가지 욕동의 결합이나 합금이라고 가정하고 있다. 물론 그것은 아주 다양한 비율로 된 결합이다. 그 결합 속에 다양한 성적인 목표를 끌어들이는 것은 성애적인 욕동이다."[46]

반면에 분리는 각각의 욕동에 자율적인 목표를 만들어주는 과정의 결과로 정의될 수 있다. 말하자면 프로이트가 분리라고 말할 때 외연적이든 내포적이든, 공격성이 성욕과의 모든 관계를 끊는 데 성공했다는 것을 의미한다. 그런데 "프로이트가 생명체의 신화적인 기원에 있다고 가정하고 있는, 그러한 두 가지 큰 욕동의 자율성은 극단적인 상태로밖에 이해될 수 없다. 임상 경험은 그것의 근사치만을 제공할 수 있을 뿐이다. 그 근사치는 일반적으로, 항상 공격성을 성적인 기능에 통합하는 이상적인 진행에 비해 퇴행으로 간주된다. 프로이트에게 있어서, 강박신경증의 양가감정은 욕동의 분리의 가장 좋은 예 중의 하나이다."[47]

따라서 아버지와의 동일시에 의해 구성되는 초자아는 탈성화의 과정을

46 프로이트, 『새로운 정신분석 강의』, 열린책들, 1933, pp.140~1.
47 프로이트, 「자아와 그거」 in 『정신분석학의 근본 개념』, 열린책들, p.384.

밟기 때문에 당연히 욕동의 분리의 대표적인 산물이다. "초자아는 모델로서 취해진 아버지와의 동일시를 통해 생겨난다. 그러한 모든 동일시는 탈성화나, 심지어는 승화의 성격에서 찾을 수 있다. 그런 종류의 변형이 일어날 때는 동시에 욕동의 분리가 발생하는 것 같다. 승화 현상이 있은 후, 성애적 요소는 그것과 결합되어 있던 파괴적 요소의 전부를 묶을 힘을 더 이상 가지지 못한다. 따라서 그것은 공격과 파괴에 대한 경향이라는 형태로 방출된다. 이러한 분리가 자아 이상이 보여주는 가혹함과 잔인함의 일반적인 성격 — 독재성을 띤 <그대는 … 할 지어다>류의 — 의 원천이 되는 것이다."[48]

> "두 종류의 욕동에 대해 자아의 태도는 공평하지 않다. 동일시와 승화 작업을 통해 자아는 그거 속에 있는 죽음 욕동에게 리비도를 통제하는 데 필요한 도움을 준다. 그러나 그렇게 하는 과정에서 자아는 죽음 욕동의 대상이 되어 그 자신이 멸망할 위험을 무릅쓴다. 이런 식으로 도울 수 있기 위해서 자아는 자신이 리비도로 가득 채워진 상태가 되어야 한다. 그리하여 자아는 에로스의 대변자가 되고, 그 후부터는 살고 사랑받기를 갈망하게 된다. 그러나 자아의 승화 작업이 욕동의 분리와 초자아 속에 있는 공격욕의 해방이라는 결과를 낳으므로 자아의 리비도에 대한 투쟁은 자신을 학대와 죽음의 위험에 노출시킨다. 초자아의 공격 하에서 고통을 겪거나 심지어는 그 공격에 굴복하는 과정에서 자아는 원생동물과 비슷한 운명을 맞이하게 된다. 이 원생동물은 그 자신이 만들어낸 분해 산물로 인해 죽음을 맞는다. 경제적인 관점에서 볼 때 초자아 속에서 기능하는 도덕성은 이것과 비슷한 분해의 산물처럼 보인다."[49]

그렇다고 리비도와 공격성을 대극을 이루는 두 성분으로 생각해서는 안

48 *Ibid.*, p.401.
49 *Ibid.*, pp.403~4.

된다. 다 알다시피, 리비도는 프로이트에게 있어서 구속(Bindung)과 결합의 인자이고, 반대로 공격성은 단독으로 그 관계를 와해 분리시키는 경향이 있다. 말하자면 공격성이 우세할수록 욕동의 결합은 분해되는 경향이 있고, 역으로 리비도가 우세할수록 결합은 더욱 더 잘 이루어진다. 이것은 리비도의 발달 단계에 그대로 적용될 수 있다. 즉 구강기에서 성기기로 진행 발달할수록 욕동은 결합되고, 반대로 후자에서 전자로 퇴행할수록 욕동은 분리된다고 말할 수 있다. "리비도의 퇴행 — 예를 들면 성기기에서 가학적 항문기로의 퇴행 — 의 본질은 욕동의 분리에 근거를 두고 있는 반면에, 앞선 단계에서 결정적인 성기기로의 진행은 성애적인 요소의 첨가를 조건으로 하고 있다."[50]

이러한 욕동의 분리, 죽음의 욕동의 현격한 출현, 리비도의 퇴행 — 즉 성기기에서 가학적 항문기로의 퇴행, 그리고 양가성의 특징이 일치한다는 사실은 강박증에서 증명된다. 왜냐하면 그것들은 강박증에서 동시에 나타나는 주된 특징이기 때문이다. "일단 두 종류의 욕동이 결합할 수 있다는 생각이 인정되면, 어느 정도 완전한 분리의 가능성도 인정하지 않을 수 없다. 성욕동의 사디즘적 요소가 하나의 목적을 위한 욕동의 결합의 고전적인 예가 될 것이다. 반면에 도착증의 형태로 독립한 사디즘은 분리 — 사실대로 말하면 분리가 극단적인 것은 아니지만 — 의 모델을 제공한다. 이러한 사실은 그런 관점에서 조명되지 않은 넓은 영역의 사실들에 대한 창구를 열어놓는다. 그리하여 우리는 파괴욕동이 방출의 목적으로 에로스에 규칙적으로 종사하게 된다는 것을 알게 되었고, 간질병 발작은 욕동의 분리의 산물이자 징후라고 가정된다. 많은 심각한 신경증 — 예컨대 강박신경증

50 *Ibid.*, p.384.

— 의 결과 중에는, 특별히 욕동의 분리와 월등하게 자리를 차지한 죽음의 욕동이 두드러진다고 생각된다. 서둘러서 일반화한다면, 우리는 리비도 퇴행(이를테면 성기기에서 사디즘적 항문기로의 퇴행)의 본질이 욕동의 분리에 근거를 두고 있다고 가정할 수 있다. 반대로 초기 성기기에서 결정적 성기기로의 발전은 성애적 요소들의 공동출자를 조건으로 하고 있다. 또한 우리는 신경증의 기질적 성향에서 흔히 강화되는 일반적인 양가성은 분리의 결과로 간주될 수 있는 것은 아닌지 자문해볼 수 있다. 그러나 양가성은 하도 근원적인 현상이라서 그것은 차라리 아직 완성되지 않은 욕동의 결합으로 간주해야 한다."[51] 그래서 강박증 환자는 똥과 냄새에 민감하고 항문과 관계된 공격적인 욕설을 많이 한다.(『이보다 더 좋을 순 없다』는 영화에서 강박증 환자인 주인공이 얼마나 똥과 항문과 관계된 표현이나 욕설을 많이 하는가를 생각해 보라!) "다시 강박신경증 환자의 욕동에 대해 한 마디 더 하려 한다. 우리 환자는 이제까지 이야기한 특징 외에도 다른 특징이 있었는데, 그가 코를 훌쩍이는 버릇이 있다는 것이었다. 그의 말을 빌리면 그는 어렸을 때 개처럼 사람을 냄새로 알아보았다. 어른이 된 다음에도 그는 다른 사람들보다 냄새에 민감했다.(그는 어렸을 때 기분증적 경향을 강하게 나타냈었다. 이와 관련하여 그의 항문 성애를 언급할 수 있다.)"[52]

사실 쥐인간의 강박증이 다시 나타난 것도, 군대 훈련 중 휴식 시간에 잔인한 체코 장교(대위)가 이야기해준 동양의 형벌(미르보Mirbeau가 쓴 『형벌의 정원』에 기술되어 있는) — 즉 어떤 발가벗긴 인간을 굶주린 쥐가 들어 있는 양동이 위에 앉히고 묶는 체벌(그러면 감염된 쥐가 천천히 직장 속으로 빠져들어 간다) — 에 관해 들은 다음부터였다. "쥐인간은 그 장교가 이야기하는 동안

51 *Ibid.*, pp.383~4.
52 프로이트, 「쥐인간」 in 『늑대인간』, 열린책들, p.100.

중요한 시점에서 얼굴에 아주 이상하고 복잡한 표정이 떠올랐다. 나[프로이트]는 그 표정을 그 자신도 모르는 향락에 대한 공포라고 해석할 수밖에 없었다. 그는 어렵사리 말을 이어갔다. '그 순간 내가 아주 좋아하는 어떤 사람에게 바로 그 일이 일어나고 있다는 생각이 스쳐지나갔다.(환자는 생각이라고 말했지만, 좀 더 강하고 의미 있는 말인 소원이나 두려움을 걸러내고 한 말이 틀림없다. 그의 표현들은 모두 이상하게 모호한 빛을 띠었는데 안 된 일이지만 내 재주로는 그것을 그대로 전달하지 못하겠다.)' 내가 단도직입적으로 묻자 그는 자신이 그 벌을 시행하지는 않으나 그것은 아주 비인간적으로 무심하게 자행되고 있었다고 말했다. 조금 더 캐물으니 그 생각의 대상은 그가 좋아하는 여자라는 것이 드러났다."[53] 한 마디로, 쥐인간은 <항문 속에 쥐를 삽입하는 중국의 형벌>에 대해 들으면서, 그 형벌이 가져다주는 항문 성애[54]와 그 향락이 떠올랐고, 그 향락이 사랑하는 사람(특히 여자)에게 일어나고 있다는 생각이 든 것이다. 그런데 그 생각은 그의 강박증의 효시이다. 다시 말해 그러한 생각에 대한 방어 작용으로 강박증이 발생한다. "그는 이야기를 중단하고 이런 생각들은 그 자신에게도 낯설었고, 또 아주 혐오스러웠다고 나를 설득하려 했다. 또 그는 이런 생각들은 그냥 화살이 스쳐가듯 빠르게 지나갔을 뿐이라고 말했다. 이 생각과 동시에 항상 <제재(sanction)>, 즉 환상이 현실로 나타나는 것을 막기 위해 그가 해야 했던 방어적 행동이 나타났다. 장교가 그 지독한 벌에 대해 이야기하고 있을 때, 환자에게는 이상과 같은 생각들이 지나갔고, 곧 그가 하는 방식(<그러나>라고 하며 부정하는 몸짓을 하고, <도대체 무슨 생각을 하는 거냐?>라고 말하는 것)을 행동으로

---

53 *Ibid.*, pp.22~3.

54 "그 장교 이야기에서 쥐가 쓰인 자리에 남근이라는 말을 쓰면, 항문으로 하는 성행위를 나타내는 이야기가 된다. 이런 성행위를 그의 아버지나 그가 좋아하는 여자와 연관해 생각하게 되면, 그에게 특히 불쾌감이 느껴질 것이 틀림없다."(*Ibid.*, pp.68~9)

옮겨 두 가지 모두 예방하도록 했다. <두 가지>라는 말을 나는 금방 알아차리지 못했다. 아마 독자들도 의아하게 생각했을 것이다. 왜냐하면 아직 한 가지 생각 — 쥐를 이용한 벌을 그의 여자에게 실행하는 — 밖에는 듣지 못했기 때문이다. 이제야 그는 거의 동시에 나타난 두 번째 생각을 이야기할 수밖에 없었다. 그것은 그 벌을 그의 아버지에게 행한다는 것이었다. 그의 아버지는 수년 전에 죽었기 때문에 아버지에 관한 강박적 두려움은 더욱 어리석게 보였고, 그래서 고백하는 것을 조금이라도 더 피하려 해본 것이다."[55]

2012년 12월 5일 / 12월 12일

55 *Ibid.*, p.22.

XI

신경증(2) : 강박증

2. 라캉의 이론

강박증의 질문 구조
불가능의 욕망
주체이 아파니시스 공포
주체의 욕망과 큰타자의 요구의 일치
〈이해의 시간〉의 지연

구조 1 : 강박증의 질문 구조

라캉은 지금까지 설명한 프로이트의 강박증 이론 — 그것은 강박증에 고유한 기제에 대한 연구였다 — 에 기초하여, 그것을 더욱 심화시켜 강박증을 기본 구조와 연결시킨다. 즉 그는 강박증을 히스테리와 마찬가지로 일련의 증상이 아니라 기본 구조로 정의한다. 따라서 그 구조는 그것과 연관되어 나타나는 증상들의 유형 속에 드러날 수도 있지만 드러나지 않을 수도 있다. 구조와 증상의 관계는, 말하자면 랑가주(langage) — 즉 보편적인 언어 체계 — 와 파롤(parole) — 즉 개인적인 사용 — 의 관계에 있기 때문이다. 그 결과 라캉의 이론에 따르면 강박 증상이 드러나지 않더라도 강박 신경증 환자로 진단할 수 있다. 라캉은 그러한 구조의 개념이 이미 프로이트에게 있다고 강조한다.

> 프로이트가 새로운 지형학[제2지형학]과 함께, 자아 기능의 상상적 특징을 강조할 때 가져온 것의 의미는 무엇인가? 그것은 정확히 신경증의 구조이다.[1]

그러한 신경증의 구조는 질문의 구조이다: "프로이트의 자아 지형학은 여자나 남자 히스테리 환자가, 그리고 강박증 환자가 질문을 제기하기 위하여, 다시 말해 정확히 [더 이상] 질문을 하지 않아도 되기 위하여, 어떻게 자신의 자아를 사용하는지를 보여주고 있다. 신경증의 구조는 본질적으로 질문이다. 그래서 그것은 오랫동안 우리에게 순전히 질문이었다. 신경증 환자는 대칭 위치에 있다. 그는 우리가 우리에게 제기하는 질문이다. 왜냐하면 진실로 질문은 신경증 환자만큼 우리와 관련이 있기 때문이다. 우리는 그 질문을 보다 정확히 공식화하는 것을 가장 혐오한다."[2] 그러니까 라캉에 따르면, 프로이트가 제2지형학에서 자아의 문제를 공식화할 때, 그의 핵심적 관심사는 자아의 지형학적 위치에 대한 자아 자신의 의문이었다. 그것은 질문의 형태로 나타나고, 그 질문은 크게 두 가지로 대별된다. 하나는 남성이냐 여성이냐 하는 성적 위치의 문제이고, 다른 하나는 존재하느냐 존재하지 않느냐 하는 삶과 죽음의 문제이다. 라캉은 전자를 히스테리 환자의 위치에 관한 질문으로 보고, 그 예를 도라의 사례에서 발견한다. "도라는 그녀의 신경증으로 무엇을 말하고 있는가? 그 여자-히스테리

1 Lacan, *Le Séminaire III : Les Psychoses*, Seuil, 1981, p.196.
2 *Id.*

환자가 무엇을 말하고 있는가? 그녀의 질문은 다음과 같다. '여자가 된다는 것은 무엇인가?'"[3]

그러나 라캉은 프로이트와 다르게, 자아를 중심으로 일어나는 그 질문을 상상적으로 규정하고, 그렇게 상상적인 자아의 질문이 발생할 수밖에 없는 것은 기호형식에 의해 상징적 주체가 표상됨에 따라 상상계와 상징계의 변증법이 생기기 때문이라고 말한다. "우리는 바로 그러한 사실[도라의 질문]로 해서 오이디푸스 콤플렉스에서 상상계와 상징계의 변증법 속으로 좀 더 들어간다."[4] 어떻게 그렇게 되는가? 이미 히스테리의 장에서 설명했듯이, 존재가 기호형식을 빌어 말을 하는 순간, 기호형식에 의해 표상되는 주체가 발생하고, 그에 따라 존재와 주체 사이는 서로 동화될 수 없는 괴리가 생긴다. 말하자면 인간이 말하는 존재인 이상, 존재와 주체 사이에는 뛰어넘을 수 없는 거리가 생기는 것이다. 게다가 주체는 기호형식 사이에서 분열되고(왜냐하면 기호형식의 원리에 따라, 하나의 기호형식은 다른 기호형식을 향해 주체를 표상하기 때문이다.), 그에 따라 기호형식에 의해 분열된 주체는 기호형식의 장소인 큰타자에게 자신의 진실을 보증해달라고 요구할 수밖에 없다. 그것이 바로 앞에서 말한 질문인데, 그 질문이 존재가 주체에 대해 상상적으로 제기하는 질문의 형태로 나타나는 것이다. 라캉에 따르면, 강박증은 상징계(즉 기호형식)의 개입으로 말미암아 존재가 사라진 주체(<구조 3 : 주체의 아파니시스> p.292 참조)에 대해, 죽었는지 살았는지(이것이 유명한 햄릿의 질문 'To be or not to be? That's the question'이다.), '나는 왜 존재하는지?' 묻는 본질적인 질문에 다름 아니다.

3 *Ibid.*, p.197.
4 *Id.*

"각 신경증은 인간과 기호형식의 관계가 제기하는 질문에 기초하여, 기호형식의 질서 속에서 특수한 순환을 재생한다. 사실 기호형식과 근본적으로 동화될 수 없는 어떤 것이 있다. 그것은 아주 단순하게 말하면 주체의 독특한 존재이다. 왜 그[주체]는 여기 있는가? 그는 어디서 왔는가? 그는 여기서 무엇을 하고 있는가? 왜 그는 사라지는가? 기호형식은 그에게 대답을 줄 수 없다. 왜냐하면 기호형식이 그를 죽음 너머에 위치시킨다는 바로 그 이유 때문이다. 기호형식은 그를 이미 죽은 것으로 간주한다. 그것은 본질적으로 그를 불멸화 한다."[5]

따라서 강박증 환자의 질문은 존재의 우연성과 죽음에 대한 것이기 때문에, 성별화와 관계된 히스테리 환자의 질문보다 더 본질적이다. 강박증 환자는 히스테리 환자와 다르게 남성과 여성의 문제를 떠나 있다. 그래서 역설적으로 강박증 환자는 남성과 여성을 모두 포함한다.

"우리는 지나는 길에 히스테리 환자의 위치를 특징짓는 것은 질문 — 정확히 남성과 여성을 의미하는 두 극과 관계된 질문 — 이라고 지적했다. 히스테리 환자는 온 존재로 그 질문을 제기한다. 우리는 어떻게 남성이거나 여성일 수 있는가? 그것은 히스테리 환자가 그것을 참조하고 있다는 것을 동시에 내포한다. 그 질문은 히스테리 환자의 전 구조가 개입되고, 매달리고, 유지되는 것이다. 그는 자신과 반대되는 성을 가진 개인과 기본적으로 동일시하면서 자기 자신의 성에 대해 의문을 갖는다. 히스테리 환자가 질문하는 방식 — <또는… 또는…(ou…ou…[either… or…])> — 의 질문 방식과 강박증 환자의 대답 — <이것도 아니고 저것도 아닌(ni…ni…[neither…nor…])> 부정, 즉 남성도 여성도 아닌 부정 — 은 반대이다. 그러한 부정은 죽음의 경험에 기초해서 이루어진다. 그것은 그 질문에 자신의 존재를 숨겨 정지된 상태로 머무르는 방식이다. 강박증 환자는 정확히 전재[남성]도 아니고 후재[여성]도

5 *Ibid.*, p.202.

아니다. 우리는 그가 전자와 동시에 후자라고 말할 수 있다."[6]

이것을 라캉의 수학소에 따라 다시 요약하면, 모든 설명은 라캉의 주체 이론의 출발 명제에서 출발한다. 즉 <하나의 기호형식은 다른 기호형식을 향해[위해] 주체를 표상한다>는 주체의 정의 말이다. 그 정의에 따라 원시적 주체(S)는 큰타자의 장소에서 기호형식(S1)을 빌려 자신을 표상하는데, 그 기호형식은 기호형식의 원리에 따라 다른 기호형식(S2)을 향하게 되어 결국 주체는 두 기호형식 사이에서 분열된다.($) 그 결과 분열된 주체는 존재 결정 작용에 실패하고 자신의 진실을 보증해달라고 큰타자의 장소에 의뢰한다. 그러나 큰타자는 대답이 없다. 왜냐하면 첫째 큰타자는 말하는 존재가 아니라 말이 없는 기호형식의 장소일 뿐이기 때문이고, 둘째, 그 큰타자의 장소 또한 의미를 확정지을 수 있는 마지막 기호형식이 결핍(−1) 되어 있는 장소이기 때문이다.(이것을 라캉은 Ⱥ라는 약호로 표시하고 '큰타자의 결핍'이라고 읽는다) 그래서 주체에 대한 존재의 상상적 질문은 확정적인 대답에 닻을 내리지 못하고 끝없이 유예 반복되는 것이다. 그런데 이 때, 라캉에 따르면, 신경증 환자가 히스테리 환자냐 강박증 환자냐에 따라 큰타자에 대해 서로 다른 위치를 차지하면서 서로 다른 질문을 하게 된다. 즉 주체의 존재 상실에 초점이 맞춰지면, 주체 자체에 존재가 있느냐 없느냐, 즉 주체가 살아 있나 죽었나 하는 질문이 상상적으로 발생하고, 그것은 곧 강박증의 기본 구조를 결정한다. 반면에 히스테리 환자는 주체의 대상 상실 — <대상 a> 중에서도 특히 남근 상실 — 에 초점을 맞춰, 주체가 남성인가 여성인가 하는 '여성이란 무엇인가?'라는 질문을 제기한다. 말하자면 전자에서는 주체 자체의 존재 결핍이 문제되고, 후자에서는 주체의

6 *Ibid.*, p.283.

대상 결핍이 문제되는 것이다.

구조 2 : 불가능의 욕망

강박증을 규정하는 욕망의 <불가능한> 특성도 그러한 각도에서 조명해야 한다. 그 특성을 설명하기 위해, 대상에 대한 라캉의 개념을 좀 더 부연해 보자. 앞에서 이미 말했듯이, 주체가 기호형식에 의해 표상될 때, 기호형식의 장소인 큰타자의 결핍으로 말미암아 주체는 온전히 표상되지 못하고, 주체의 일부분이 상징계 밖으로 떨어져나가는데, 그것이 바로 상실된 <대상 a>이다. 라캉은 그것을 주체가 기호형식에 의해 표상되고 남은 나머지, 또는 표상의 찌꺼기라고 정의한다. 그것을 공식화하면 다음과 같다.

$$\text{표상} \uparrow \frac{S_1}{\$} \quad \rightarrow \quad \frac{S_2}{a} \downarrow \text{나머지}$$

그런데 문제는 기호형식에 의해 표상됨으로써 발생하는, 즉 언어 상징계에 외-재(ex-sister)하는 주체와, 기호형식에 의해 표상되고 남은 나머지, 즉 상징계로부터 영원히 추방 상실된 실제 존재의 일부분인(따라서 실재계에 속하는) <대상 a> 사이에는 절단(◇)이 가로놓이기 때문에, 분열된 주체는 절단 너머의 <대상 a>를 영원히 만나지 못하고 그리워하게 된다. 그것이 바로 라캉이 말하는 고유한 의미의 욕망(désir)[7]이다. 그러한 맥락에서 라캉은 <대상 a>를 욕망의 원인으로서의 대상이라고 규정하고, 그와 병행해서 환상의 공식을 아래와 같이 표시한다.[8]

$\$ \diamond a$

이 공식은 분열된 주체와 그의 욕망의 원인이 되는 대상의 절단을 환상으로 충전(obturation)한다고 읽어야 한다. 말하자면 환상은 상징계의 주체와 실재계의 대상 사이를 땜질하는(souder) 모르타르인 셈이다. 그래서 라캉은 결핍을 특징으로 하는 상징계나 상실을 특징으로 하는 실재계와 달리, 상상계의 특징을 견고성(consistance)으로 보는 것이다.

라캉은 여기서 한 걸음 더 나아간다. 즉 그는 그러한 정상적인 환상 체계를 공식화한 뒤, 그것에 입각하여 신경증 환자들의 환상을 분석한다. 그 결과, 그는 그들의 꿈과 수많은 이미지의 이면에는 하나의 무의식적인 기본 환상(un fantasme fondamental)이 있다는 것을 밝혀낸다.

> "나는 여러분에게 단순히 다음의 질문을 제기한다: 그의 환상에서 무엇이 남아 있는가? 여러분이 알다시피, 나는 좀 더 멀리 갈 수 있다. 기본 환상이 있다고 가정한다면, 나는 <그의> 환상을 말할 수 있다."[9]

물론 신경증— 히스테리와 강박증— 에 따라 기본 환상이 다르다. 라캉에 따르면, 히스테리 환자는 자신의 욕망을 대상 속에 숨긴다. 즉 그녀[또는

7 désir은 어원적으로 라틴어 동사 desirare에서 파생한 명사인데, 후자는 '[대상]의 부재를 그리워하다'라는 뜻이다.

8 환상의 이 공식은 <욕망의 대상 앞에서 사라지는 주체>라고 읽는다: "기호 ◇ 은 관계 — <포장-발달-결합-분리(enveloppement-développement-conjonction-disjonction> — 를 기록하고 있다. 그것이 의미하는 연결은 빗금 친 $\$$를 다음과 같이 읽도록 허락한다. 즉 욕동($\$ \diamond D$)과 환상($\$ \diamond a$)은 각각 <요구의 절단 속에서 페이딩(fading)하는[사라지는] 주체(S en *fading* dans la coupure de la demande)>, 그리고 <욕망의 대상 앞에서 페이딩(fading)하는[사라지는] 주체(S en *fading* devant l'objet du désir)>라고 읽는다."(라캉, 『에크리』, Seuil, p.634 각주)

9 Lacan, *Séminaire VIII: Le transfert*, Seuil, 1991, p.127.

그]는 자신이 타자의 욕망을 지속시킬 수 있는 대상이라고 생각하고, 자신을 타자의 욕망의 대상으로 위치시킨다. 그럼으로써 그녀[또는 그]의 욕망은 대상 뒤로 물러나고, 그에 따라 그의 욕망은 <불충족>으로 남는다.[10] 말하자면 타자의 욕망을 위해 자신의 욕망을 양보하고, 타자의 욕망의 대상이 됨으로써 자신의 욕망을 타자의 욕망으로 우회시키는 것이다. 자신의 욕망을 위한 공간이 타자 안에 마련되는 것이다. 그러니 정작 자신의 욕망은 불충족으로 남을 수밖에 없다. 브루스 핑크는 다음과 같이 말한다: "히스테리 환자는 강박증 환자처럼 대상을 자기 자신을 위한 것으로 간주하기보다, 타자가 무엇을 욕망하는지 알아내려 한다. 그녀는 스스로 타자의 욕망을 지속시킬 수 있는 특정한 대상이 되려고 한다. 그녀는 환상 공식에서 주체의 자리에 위치한 자신을 <대상 a>의 자리에 위치시킨다."[11] 라캉은 그러한 히스테리 환자의 기본 환상을 다음과 같이 공식화한다.

> 히스테리 환자의 [환상의] 수학소가 강조하는 것은, 히스테리 환자는 (소문자) 타자에게서 환상의 대상을 찾는 것이 아니라 절대적인 큰타자를 찾는다는 것이다. 반면에 그는 (소문자) 타자의 환상의 대상과 자신을 동일시하고, 보이지 않게 남근의 결핍과 동일시한다.[12]

$$\frac{a}{(-\phi)} \diamond A$$

이 수학소와 환상의 공식의 비교에서 두드러지게 눈에 띄는 히스테리

10 "히스테리 환자의 경우, 그녀는 대상으로서 환상 속에 숨음으로써 욕망은 불만족으로만 유지된다."(라캉, 「주체의 전복」, in 『에크리』, Seuil, pp.823~4)

11 브루스 핑크, 『라캉과 정신의학』(맹정현 역), 민음사, p.210.

12 Lacan, *Séminaire VIII: Le transfert*, 1961년 4월 17일 세미나, Seuil, 1991, p.289.

환자의 기본 환상의 특징은, 첫째, 분열된 주체의 자리를 <대상 a>가 차지하고 있다는 것(이것은 주체가 자신을 대상과 동일시한다는 것을 뜻한다)과, 둘째, <대상 a>의 자리에 결핍되지 않은 큰타자를 위치시킨다는 것이다. 이것은 히스테리 환자가 스스로를 큰타자의 욕망의 대상에 위치시키면서, 완전하고 절대적인 큰타자(의 대상이 되기)를 꿈꾼다는 것을 의미한다.[13] 그리고 부수적인 특징으로 그러한 주체의 대상화 뒤에는 남근의 거세가 숨어 있다는 점을 들 수 있다.

반면에 "강박증 환자의 수학소가 써 보여주는 것은, 그가 겨냥하는 <대상 a들>의 다양성과 교환 가능성이다. 이 때 모든 것은 남근의 기호형식의 색인 하에 놓이게 된다. 다시 말해 아주 성애화된다."[14]

$$\not{A} \diamond \varphi\ (a,\ a',\ a'',\ a''',\ \cdots)$$

이 수학소가 보여주고 있는 특징은, 첫째, 환상의 공식의 대상 자리에 대상이 위치하기는 하나, 그것은 남근의 꼬리표를 달고 있을 뿐 아니라 다른 대상들로 계속 교체되고 있다는 사실과, 둘째, 주체의 자리에 큰타자가 위치하나(즉 주체가 자신을 큰타자와 동일시하나), 곧바로 결핍의 큰타자가 된다는 점이다.[15] 이것은 강박증 환자가 대상에게서 욕망의 원인을 찾지만

13 이에 대해 브루스 핑크는 "히스테리 환자의 기본 환상은 $a \diamond \not{A}$로 표기될 수 있다"고 말하면서, "『세미나 XVII』과 『세미나 XX』에서 히스테리 담화에 대한 라캉의 공식을 참조한다면 그 공식을 수정해야 할 수도 있다"고 각주를 덧붙이고 있다.(*Ibid.*, p.212) 결국 핑크의 그 공식은 큰타자의 무능을 강조하는 히스테리 환자의 담화 공식에 의거하여 절대적 큰타자(A)를 결핍의 큰타자($\not{A}$)로 바꾸어놓은 것에 불과하다. 물론 그것은 라캉의 전후기 이론을 아우른다는 점에서 일리가 있는 수학소이다. 그러나 히스테리 환자의 기본 환상 또는 구조와 히스테리 환자의 담화는 엄연히 다른 차원에 있다는 점이 고려되어야 한다. 전자는 임상 구조인데 반해, 후자는 일반 담화 이론일 뿐이다.

14 Lacan, *Séminaire VIII: Le transfert*, 1961년 4월 26일 세미나, Seuil, 1991, p.295.

(대상이 남근의 기호형식의 색인 하에 놓이기 때문에 굉장히 성애적 대상이 된다), 대상을 수단으로밖에 여기지 않거나 항상 대체 교환 가능한 것으로 무화(annulation)시킨다는 것을 의미한다. 게다가 주체가 큰타자와 동일시하는 것이 그러한 대상의 무화를 가속화한다. 왜냐하면 큰타자의 입장에서 성애의 대상은 하찮기 때문에 무시해도 좋은 것으로 전락하기 때문이다. 그에 따라, 즉 대상이 무화됨에 따라, 강박증 환자의 욕망의 실현은 <불가능(impossble)>의 형태를 띠게 된다. 이것은 자신의 욕망을 타자의 욕망으로 간접화하고 자신을 대상에 위치함으로써, 그나마 <불충족(insatisfait)>으로 끝나는 히스테리 환자의 욕망과는 대조적인 것이다.

구조 3 : 주체의 아파니시스에 대한 두려움

불가능한 욕망과 대상의 무화와 함께 생각해야 할 점은, 강박증 환자가 주체의 사라짐(라캉은 이것을 존즈의 용어를 빌려 아파니시스(aphanisis)라고 부른다)을 두려워한다는 것이다. 강박증 환자가 성행위에서 파트너에게 몰두하지 않고 다른 상상적 대상으로 그녀를 대체하는 것은, 오르가슴이 사고의 흐름을 중단시키기 때문이다. 강박증 환자는 한 순간도 자신을 잃지

15 이에 대해 브루스 핑크는 "강박증 환자가 자신을 완전한 존재로 생각한다는 점에서 라캉의 환상 공식을, 일반적인 기본 환상의 주체에게 그어진 빗금을 제거하고 S◇a로 고쳐 쓸 수 있다"(브루스 핑크, 『라캉와 정신의학』(맹정현 역), 민음사, pp.216~7)고 말한다. 그러나 브루스 핑크의 이 공식은 강박증 환자가 완벽주의자(완벽주의자는 완벽을 지향하는 자가 아니라 자신을 완벽하다고 생각하는 자이다!)라는 사실을 잘 보여주고 있다는 점에서 강박증의 한 측면을 확연히 드러내주지만, 다른 한편으로, 강박증의 핵심인 대상의 교체 가능성과, 큰타자와 주체의 동일시(그리하여 완벽주의자가 되는 것이다!)를 드러내지 못한다는 점에서, 라캉의 공식을 오히려 개악한 점이 없지 않다.

않기 위해 의식적인 주체로 남으려고 한다. 그것은 대상의 무화와는 반대되는 것으로, 주체의 무화를 막기 위해 주체를 계속 보완한다는 것을 의미한다. 그리하여 큰타자의 욕망의 원인으로서의 대상이 되려고 하는 히스테리 환자와는 대조적으로, 강박증 환자는 큰타자의 욕망 자체를 부정하고, 큰타자에 의해 파괴되는 주체를 사유로써 떠받치려고 한다. 마치 호랑이 굴에 들어가도 정신만 차리면 산다는 격언처럼 말이다. 그러나 강박증 환자가 잃지 않으려고 애쓰는 <정신일도하사불성(精神一到何事不成)>의 정신은, 역설적이게도 하나의 정신이 아니라, 단진자 운동을 거듭하는 온갖 의심과 걱정이다. 그래서 라캉은 "강박증 환자의 경우는 큰타자의 욕망을 부정하고 주체의 사라짐의 불가능성을 강조하는 환상을 형성한다."[16]고 말한다.

지금까지 살펴본 프로이드의 심리 기제로부터 라캉의 기본 구조에 이르기까지, 히스테리와 강박증의 대립을 체계적으로 정리하면 다음과 같다.

	히스테리	강박증
성별화된 성	여성	남성
주체에 대한 존재의 질문	성의 문제 : 남자냐 여자냐? 또는 여자란 무엇인가?	죽음과 존재의 문제 : 죽음이냐 삶이냐?
증상학	자발적으로 육체적 (소란스럽고 연극적)	순전히 정신적 (오랫동안 숨겨져 있다)
심리 기제	억압, 전환	정동의 이동, 고립, 소급적 취소
욕망의 실현의 장애 형태	불충족	불가능

16 라캉, 「주체의 전복」, in 『에크리』, Seuil, pp.823~4.

으뜸가는 대상과 큰타자에 대해 구체화된 변증법	큰타자에게 이루어지는 요구를 상징하는 젖가슴	큰타자에 의해 이루어지는 요구를 상징하는 똥
주요 성감대	구강	항문
성욕에 대한 태도 (불안의 결정 조건)	혐오감 (사랑의 상실)	죄책감 (초자아 앞에서의 불안)
주체성	주체성의 표출 (증상학: 소란스럽고 연극적)	주체성의 파괴를 위한 시도 (증상학: 오랫동안 숨겨져 있다)
기본 환상	$\frac{a}{(-\phi)} \lozenge A$ 또는 $a \lozenge \cancel{A}$[17]	$\cancel{A} \lozenge \phi(a, a', a'', a'''...)$ 또는 $S \lozenge a$
존재에 대한 전략	타자의 욕망의 원인되기	사유 속에 있기
분열을 극복하기 위한 전략	타자를 보완하기	주체를 보완하기
주체와 큰타자의 욕망과 요구 (두 원환면의 껴안기)	주체의 요구가 큰타자의 욕망과 일치[18]	주체의 욕망이 큰타자의 요구와 일치[19]
담화의 차원	주체성이 주인의 자리에 오는 담화(히스테리 환자의 담화) $\frac{\cancel{S}}{a} \to \frac{S_1}{S_2}$	강박신경증에 히스테리 담화의 특징이 존재할 가능성

이러한 라캉의 강박증 이론은 전기 이론으로, 그의 이론을 완전하게 그려내려면 라캉의 후기 신경증 이론을 덧붙여야 한다. 그의 후기 이론은 크게 둘로 대별된다. 하나는 위상학적 정신분석과 관련하여 라캉이 제시한

17 $a \lozenge \cancel{A}$ 와 $S \lozenge a$ 은 브루스 핑크가 『라캉과 정신의학』(맹정현역, 민음사)에서 라캉과 별개로 스스로 작성한 수학소이다.

18 이것은 (1) 주체의 요구가 큰타자의 <대상 a>와 일치한다는 것과, (2) 큰타자의 대상이 주체의 요구의 지주로서 간주된다는 것을 의미한다.

19 이것은 (1) 주체의 <대상 a>가 큰타자의 요구와 일치한다는 것과, (2) 큰타자의 요구가 주체의 욕망의 대상으로 간주된다는 것을 의미한다.

신경증 이론이고, 다른 하나는 논리적 시간과 관계된 신경증 단상이다.

구조 4 : 강박증 환자의 욕망은 큰타자의 요구와 일치

라캉은 1962년 위상수학의 모델 — 뫼비우스의 띠, 원환면, 크로스-캡 등 — 을 도입하여 자신의 이론과 개념을 설명하기 시작한다. 이 중에서 특히 신경증 이론과 관련이 있는 위상학적 모델은 원환면이다.[20] 라캉은 자신의 개념인 요구, 욕망, <대상 a>의 관계를 원환면을 통해 보여준다. 한 마디로, 요구(D)는 말에 의한 사랑의 요구이기 때문에, 기호형식의 사슬로 나타난다. 그러나 기호형식의 사슬은 큰타자의 마지막 기호형식의 결핍으로 말미암아 출발점으로 되돌아오는 순환 운동을 반복한다. 그 결과 기호형식의 사슬의 움직임은 코일처럼 감기면서 그 안에 빈 공간을 만들게 되고, 기호형식의 사슬의 움직임에 따라 그 빈 공간에 자력의 흐름이 생기면서 따라 돌게 된다. 라캉은 그것을 욕망(d)이라고 정의한다. 그런데 그 욕망의 움직임은 또 다시 중앙의 빈 공간을 돌게 되는데, 라캉에 따르면 그 중앙의 빈 공간은 욕망의 대상(a)이 떨어져나간 구멍이다. 그리하여 요구는 어떤 대상 주위를 도는 것 같지만, 다른 데 위치한 욕망의 진정한 대상 — 즉 <대상 a> — 을 만나는데 실패한다. 이것이 바로 라캉이 원환면을 통해 보여주려고 했던 요구, 욕망, 대상 a의 관계이다.

---

20 이것을 집중적으로 다룬 2008년 1학기 세미나를 책으로 발간한 것이 졸저, 『위상학적 정신분석』(파워북, 2010)이다. 이 중에서 라캉이 자신의 신경증 이론을 위상학의 모델에 맞춰 설명한 부분을 다룬 것은 제7장 <원환면과 크로스-캡>이다.

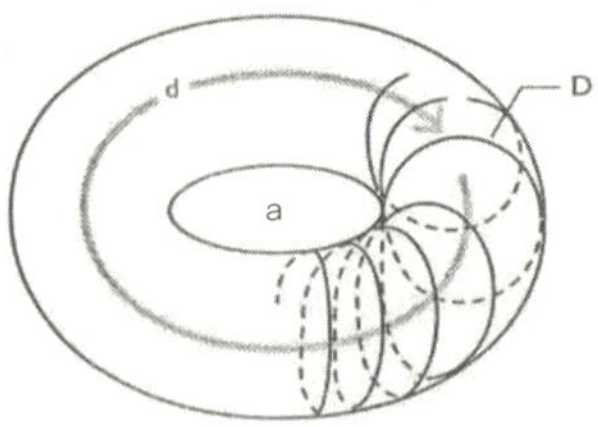

다른 한편, 주체의 요구가 거듭되지만(원환면 상에서 말하면, 원환면의 표면을 나선적으로 계속해서 돌지만), 중앙의 구멍에 위치하는 욕망의 진정한 대상을 만나는데 실패함에 따라 그 구멍에 큰타자의 원환면이 나타난다. 즉 순환의 반복은 큰타자의 원환면의 표면을 도는 코일을 생산한다는 말이다. 그 결과 주체의 원환면의 구멍에 큰타자의 원환면이 끼워진다. 그것은 주체의 요구와 욕망이 큰타자의 욕망과 요구와 연결되는 결과를 가져온다. 그런데 주목해야 할 것은 주체의 요구와 욕망이 큰타자의 원환면에서는 서로 뒤바뀐다는 사실이다. 즉 주체의 요구는 큰타자의 욕망과 일치하고, 주체의 욕망은 큰타자의 요구와 일치한다. 다음의 두 원환면의 껴안기 도형은 그러한 사실을 잘 보여주고 있다.(이 책 pp.105~8 참조)

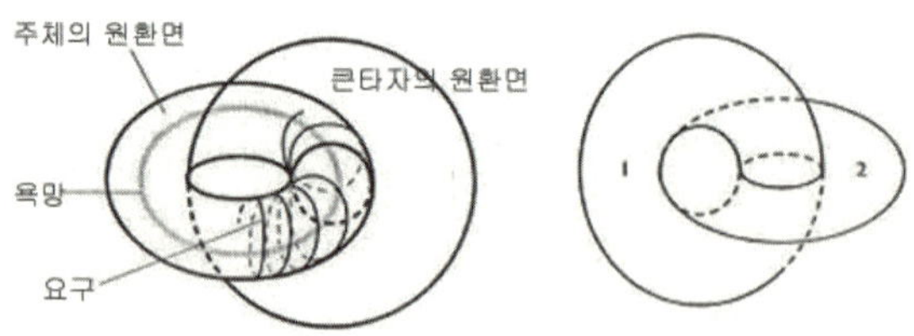

위 도형을 보면, 큰타자의 원환면 내부의 빈 공간은 주체의 원환면의

중앙 구멍에 일치하고, 큰타자의 원환면의 중앙 구멍은 주체의 원환면 내부의 빈 공간과 일치한다. 라캉은 그러한 구조를, 신경증에 있어서 주체의 욕망과 큰타자의 요구의 관계, 또는 그 역 관계를 보여주는 데 사용한다. 말하자면 신경증 환자는 자신의 욕망을 큰타자의 요구와 혼동하거나, 역으로 큰타자에 대한 요구를 큰타자의 욕망과 혼동한다. 라캉에 따르면, 그러한 요구와 욕망의 도치는 신경증적 상황에서 전형적으로 일어난다.

우선 히스테리 환자의 경우는 주체의 요구가 큰타자의 욕망과 일치한다. 그(또는 그녀)는 요구를 반복하면서 자신의 욕망을 불러오는 것이 아니라, 큰타자의 욕망을 불러오고, 그에 따라 그의 요구는 자신의 욕망의 대상이 아니라 큰타자의 욕망의 대상에 도달한다. 다시 말해 그는 자신과 대상과의 관계를 비워버리고, 그 대신 큰타자의 욕망을 부추긴다. 그 결과 그는 자신의 진정한 대상인 이러저런 타자의 욕망에 양분을 공급하는 데 전념한다. 우리가 이미 공부한 도라의 사례를 기억해보자. 도라는 아버지의 욕망 — 이것이 큰타자의 욕망이다 — 을 떠받친 결과, 그의 욕망의 대상인 K 부인에 도달한다. 그리하여 도라는 동성애적이 된다. 그러나 그녀는 아버지와 K 부인의 관계를 위해, 자신과 K 부인의 관계를 뒷전으로 물린다. 그것이 바로 그녀가 아버지의 욕망을 지탱하는 방식이고 또한 지탱한 결과이다. 그 결과 자신의 욕망은 큰타자의 욕망을 위해서 희생되고 항상 불충족 상태로 남게 된다.[21]

반면에 강박증 환자는 자신의 욕망을 큰타자의 요구와 일치시킨다. 그렇게 되면 강박증 환자에게는, 그의 욕망이 문제될 때, 항상 그것과 함께

---

21 우리는 이러한 관계를 <도식 L>로 그린 바 있다(이 책 p.196 참조).

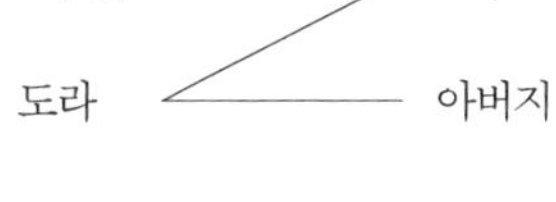

큰타자의 요구가 함께 나타난다. 그러면서 그들은 그들에게 건네지는 큰타자의 요구에 완전히 사로잡혀, 그의 요구를 충족시키려고 노력한다. 가령 <쥐 인간>에서, 그의 욕망은 그것을 금지하면서 그것의 영역을 한정하는 아버지의 요구에 의해 구성된다. 대표적인 몇 가지 경우를 들어보자.

첫째, 그는 여자들이 발가벗은 모습을 보고 싶을 때마다 불안한 예감이 든다. 그 예감은 다름 아닌 아버지가 죽을지도 모른다는 두려움이었다. 그러한 생각은 쥐 인간을 내내 우울하게 만든다.

둘째, 아버지의 죽음에 대한 상념은 여자에 대한 사랑이 싹틀 때마다 항상 따라 다닌다. 그러한 상념은 세 번 나타나는데, 첫 번째는 친구의 누이를 좋아할 때이다. 그러나 그 소녀가 그의 사랑에 대한 반응을 보이지 않자, 그는 자신에게 불행 — 즉 아버지의 죽음 — 이 생기면 그 소녀의 태도가 달라질 것이라고 생각한다. 두 번째는 아버지가 돌아가시기 6개월 전에 어떤 여자와 사랑에 빠졌을 때이다. 그 때 그는 아버지가 돌아가시면 돈이 생겨 결혼할 수 있을 것이라는 생각을 한다. 그렇지만 그는 곧바로 그 생각의 발칙함에 대해 스스로 방어적인 생각을 만들어낸다. 즉 그는 아버지가 아무 것도 유산으로 남기지 않기를 바라는 것이다. 그러다가 돌아가시기 하루 전에, 그는 마지막으로 '아버지가 아닌 다른 누군가 — 즉 사랑하는 사람 — 를 잃으면 더 마음이 아플 거야'라는 생각으로 되돌아온다. 아버지의 죽음을 스스로 정당화하는 것이다.

그러나 그것보다, 쥐인간의 욕망과 큰타자의 요구의 관계가 압축적으로 잘 나타나 있는 것은, 아버지가 죽은 직후 느닷없이 찾아온 그의 자위 충동이다. 그것은 아주 이상한 상황에서 나타난다. 즉 경적을 울리는 것이 금지되어 있는 빈의 한 공원에서, 쌍두마차가 경적을 울리자, 자위 충동에 사로잡힌다. 우리는 그 증상으로부터 금지와 위반 그리고 자위 충동으로 이어지는 사슬을 발견할 수 있다. 여기서 큰타자의 요구가 바로 금지라는 사실을 상기하자. 사실 라캉은 우리가 초자아라고 부르는 것에는, 큰타자의 요구 외에 다른 의미가 없다고 말하고 있다. 라캉에게는 큰타자의 요구가 바로 초자아의 공식 자체인 것이다.

다른 한 번은 그가 괴테의 『시와 진실』에서, 괴테가 어느 질투심 많은 여인의 주문 — 자기 다음에 괴테의 입술에 키스하는 여자는 저주를 받을 것이라는 주문(괴테는 오랫동안 이 주문에 사로잡혀 그 이후의 애인과 키스를 하지 못한다) — 을 깨뜨리고, 사랑하는 여자와 키스를 하고 또 했다는 이야기를 읽을 때였다. 그는 그 이야기를 프로이트에게 하면서 "그렇게 아름답고 기분이 좋아지는 상황에서 자위를 하고 싶어지는 것은 하나도 이상하지 않다고 말한다." 그러나 프로이트는 그가 말한 두 경우에 공통점이 있다는 것을 지적한다. "그것은 금지와 명령에 대한 반항이었다."[22] 이러한 경우를 통해서, 우리는 쥐인간의 자위 충동은 큰타자의 금지와 명령에 의해 억제되고, 반대로 그 금지의 위반과 함께 다시 살아난다는 것을 알 수 있다. 우리에게 가장 잘 알려져 있는, 아버지의 유령 앞에서의 자위행위는 그러한 사실을 확인시켜준다.

쥐인간은 밤늦게까지 — 정확히 밤 12시와 1시 사이까지 — 시험공부를 하다가, 돌아가신 아버지가 다시 살아서 나타나리라는 상상과 함께, 공부를 중단하고 아버지가 현관 앞에 있기라도 한 것처럼 현관문을 열어놓은 뒤, 거실로 들어가 거울 앞에서 자신의 성기를 꺼내고 들여다보며 자위를 한다. 그것은 아버지 유령에게 보이는 노출증적 행동이다. 사실 아버지는 살아 계실 때, 쥐 인간이 공부를 열심히 하지 않는다고 야단을 쳤을 뿐 아니라, 아마 12시나 1시쯤 그가 공부하는지 안 하는지 감시하

22 프로이트, 「쥐인간」, in 『늑대 인간』(김명희 역), 열린책들, p.58.

러 그의 방을 방문했을 것이다. 따라서 그의 그러한 행동은 한편으로는 공부를 하는 모습을 아버지에게 보여줌으로써 아버지를 기쁘게 하는 것이고, 다른 한편으로는 아버지에 의해 금지되고 있다고 상상하는 자위행위를 함으로써, 그에게 반항하는 것이다. 따라서 그 행위는 모두 아버지의 명령과 금지 — 라캉의 용어로 요구 — 에 대한 것이다. 이렇게 강박증 환자의 욕망은 큰타자의 요구에 맞춰져 있다. 그래서 라캉은 "강박증 환자는 자신의 욕망의 대상이 되는 것을 요구 속으로 지나가게 하려고 애쓴다."[23]고 말한다.

결론적으로 두 원환면의 <껴안기> 도형으로부터 알 수 있는 사실은, 신경증의 두 측면 — 강박증과 히스테리 — 에 따라 서로 다른 측면이 강조된다는 것이다. 즉 강박신경증에서 악센트는 욕망의 대상으로서 간주되는 큰타자의 요구에 주어져 있고, 히스테리 환자에서 악센트는 그[주체]의 요구의 지주로서 간주되는 큰타자의 욕망과 그 대상에 주어져 있다.

구조 5 : 〈이해의 시간〉의 지연

마지막으로 라캉은 강박증 환자의 환상이 도착증과는 다른 논리적 시간 속에서 전개된다는 사실을 보여준다. 그에 따르면, 강박증에서 진실의 시간은 계속 지체되고 지연된다. 가장 대표적인 예가 햄릿이다. 햄릿은 돌아가신 선왕의 혼령의 간청에도 불구하고, 아버지의 암살자이자 숙부이자 어머니의 애인인 클로디어스를 죽이지 못한다. 그것은 그가 타자의 진실을

23 Chemama et al., <névrose (formalisation de la)> in *Dictionnaire de la psychanalyse*, Larousse, 2003, pp.271~2에서 재인용.

이해하는 데 매달려 있기 때문이다. 그만큼 햄릿은 타자의 진실에 대한 <이해의 시간>에 정지되어 있고, 그 때문에 그에게 <결정의 순간>은 참으로 요원해 보인다. 우리에게 햄릿이 우유부단해 보이는 것은 아마 그 때문일 것이다.

라캉은 강박증에서 논리적 시간의 세 차원이 비틀리는 방식을 <늑대 인간>의 예로 보여주고 있다. 그에 따르면 늑대 인간은 분석가에 의해 <결론의 순간>이 예상된다는 사실로 해서 <이해의 시간>을 갖지 못하고 <응시의 순간>으로 되돌아간 경우이다. 말하자면 <결론의 순간>으로 내닫던 흐름이 벽에 부딪혀 퇴행해버린 것이다. 우리는 그것을 늑대 인간이 그의 생의 마지막에, 그에게 늑대 인간이라는 별명을 안겨준 꿈의 풍경을 다시 그린다는 사실로 알 수 있다. 그는 응시의 순간에 고착된 것이다. 만약 그의 증상이 일말의 진실을 내포하고 있다면(아니 모든 증상은 일말의 진실을 내포하고 있다.), 그것은 그의 증상이 <사후>의 진실의 시간을 <사전>으로 회귀시켰기 때문이다. 다시 말해 그는 그의 진실의 시간을 응시의 시간 속으로 소외시켰던 것이다. 이를테면 증상은 사후 진실의 사전 역류인 셈이다. 이것이 바로 프로이트의 <사후 작용>에 대한 라캉의 새로운 정의이자 재해석이다.[24]

2012년 12월 19일

24 라캉의 <논리적 시간>에 대해서는, 졸저 『위상학적 정신분석』(파워북, 2010)의 제9~10장을 참조할 것.

정신분석치료의 임상구조

2014년 6월 20일 초판 인쇄
2014년 6월 25일 초판 발행

지은이 | 임진수
발행인 | 유제구
발행처 | 파워북
www.powerbook.kr
주 소 | 서울 마포구 독막로 291-5 대동빌딩 4층
전 화 | (02) 730-1412
팩 스 | (02) 730-1410
등 록 | 1997. 1. 1 제 300-1997-13

정 가 20,000원
ISBN 978-89-8160-231-4 (93100)